MÉNAGE ET FINANCES

DE VOLTAIRE

OUVRAGES DU MÊME AUTEUR:

Études sur les Grands Hommes. 1 vol. in-8° . . . 5 fr. »

Ménage et Finances de Voltaire. 1 vol. in-8°. (*Épuisé.*)

Histoire de la Table. Curiosités gastronomiques de tous les temps et de tous les pays. 1 vol. grand in-18. . . . . 3 fr. 50

Journal de Louis XVI. 1 vol. grand in-18, papier vergé. 5 fr. »

Les Cours et les Salons au dix-huitième siècle, 1 vol. grand in-18. . . . . 3 fr. 50

La Confession de Sainte-Beuve. 1 vol. grand in-18. 3 fr. 50

L'Impeccable Théophile Gautier et les Sacrilèges romantiques. Brochure . . . . 2 fr. »

La Fontaine et la Comédie humaine, suivi du Langage des Animaux. 1 vol. in-18 . . . . 3 fr. 50

MÉNAGE ET FINANCES

DE VOLTAIRE

PAR

LOUIS NICOLARDOT

NOUVELLE ÉDITION

> Pour qu'un homme soit un coquin, il faut qu'il soit un grand personnage, il n'appartient pas à tout le monde d'être fripon.
>
> VOLTAIRE.

PREMIER VOLUME

PARIS
DENTU ET Cⁱᵉ, ÉDITEURS
PALAIS-ROYAL, 15-17-19, GALERIE D'ORLÉANS

1887

PRÉFACE

> On n'est rien sans les mœurs.
> (VOLTAIRE, *les Pélopides*, acte II, scène II.)

Pourquoi ce nouveau volume sur Voltaire ? — En voici la raison.

J'avais dit, à la page 204 de mes *Études sur les grands hommes* :

« A Potsdam, Voltaire se fait assurer deux bougies par jour et tant de livres de sucre, de café, de thé et de chocolat. Il faisait vendre les douze livres de bougies qu'on lui donnait par mois ; et, pour s'éclairer chez lui, il avait soin tous les soirs de revenir plusieurs fois dans son appartement, sous différents prétextes, et de s'armer chaque fois de l'une des bougies allumées dans les salles de l'appartement du roi, bougies qu'il ne rapportait pas. Ayant un deuil de cour à porter, et ne voulant point faire la dépense d'un habit noir, il emprunta celui d'un négociant, qui n'osa le lui refuser. L'habit était bien pour la longueur, mais il était trop large. Voltaire le fit rétrécir, et, après s'en être servi, le renvoya au négociant, qui ne s'aperçut de la manœuvre que quand il voulut remettre son habit noir. »

Ces lignes, qui décèlent chez Voltaire des habitudes de lésine et de friponnerie, ont blessé la susceptibilité de deux journalistes, qui ont daigné consacrer un article à mes *Études sur les grands hommes*. Il a semblé à l'un que j'avais regardé comme une autorité une *Vie de Voltaire* qu'il n'abandonne qu'aux sots et aux malveillants. L'autre n'a pas été moins sévère. Parce que les anecdotes précitées lui paraissent invraisemblables et un conte de portière, il m'a traité d'esprit léger et crédule. Si ces jugements n'étaient qu'individuels, je ne m'y serais pas arrêté. Il serait ridicule de répondre à des personnalités. Qui s'occuperait de si peu de chose ?

Ce qu'ont écrit deux journalistes qui ne sont pas sans connaissances, beaucoup d'esprits le pensent encore et répéteraient volontiers que rien n'est moins vraisemblable et ne ressemble plus à un conte de portière que les anecdotes précitées et d'autres analogues, et qu'il n'appartient qu'aux sots et aux malveillants de s'en prévaloir pour noircir celui qui a fait, défait et refait tant de réputations pendant soixante-dix ans. Est-ce à dire que Voltaire a été injustement accusé ou suffisamment justifié? Non, puisque la critique ne m'oppose aucun ouvrage où la question ait été tranchée au nom de la science. Le caractère de Voltaire reste donc encore inconnu. Il n'est pas sans exemple qu'un homme célèbre se soit enrichi par des voies ridicules, invraisemblables ou illicites. De toutes les passions, l'avarice n'est certes pas la moins ingénieuse. Il ne serait par conséquent pas impossible que Voltaire, malgré ses immenses talents, n'eût été qu'un avare et un fripon.

On répugne à admettre qu'un homme avare et fripon ait exercé un empire absolu sur toute son époque. Le XVIIIe siècle a-t-il été assez vertueux et assez généreux pour qu'il soit téméraire de juger qu'il n'aurait pas refusé de se laisser conduire aveuglément par un caractère vil et bas? Doit-on regarder comme le modèle de la probité et de la délicatesse un siècle qui ne laissa que des ruines, qui finit par voter la destruction de toute propriété, l'anéantissement de toute distinction, et ne remit ses pouvoirs qu'entre les mains de la Terreur, fièrement assise sur une guillotine déjà arrosée du sang d'un roi, d'une reine et d'une myriade de princes, de prélats, de magistrats, de généraux et d'individus de tout âge, de tout sexe, de toute condition?

Les historiens ont évité jusqu'à présent de sonder cette plaie. De là la diversité des opinions sur le caractère du xviiie siècle. Aux yeux des catholiques, c'est l'époque la plus honteuse. Les rationalistes, au contraire, la célèbrent comme l'ère du progrès et la perfection de la civilisation. Aussi, dans la dernière leçon de son cours sur l'*Histoire générale de la civilisation en Europe*, M. Guizot n'a-t-il pas hésité à déclarer que, s'il avait à opter entre tous les siècles chrétiens qu'il avait étudiés, sans doute avant de les apprécier, il donnerait ses conclusions en faveur du xviiie siècle, parce que ce siècle lui paraissait un des plus grands siècles de l'histoire, celui peut-être qui a rendu à l'humanité les plus grands services, qui lui a fait faire le plus de progrès et les progrès les plus généraux, bien que sa prodigieuse hardiesse et son aversion illégitime pour les faits établis et les idées anciennes ne l'aient conduit qu'à l'erreur et à la tyrannie. Si M. Guizot a raison, le christianisme a été inutile au monde, puisque le siècle qui aurait fait le plus de progrès, serait précisément celui qui se glorifiait d'abjurer tout principe religieux.

C'est au nom de la raison, c'est au nom de la science que je suis mis en demeure de prouver que Voltaire était avare et fripon; car j'ai cité deux anecdotes qui décèlent en lui des habitudes d'avarice et de friponnerie; il me serait facile de prouver tout de suite que ces anecdotes sont vraies, en nommant les auteurs graves auxquels je les ai empruntées. Ce ne serait pas répondre au défi de la critique. Du moment que je suis appelé à démontrer que ces anecdotes sont vraisemblables, je suis obligé de rechercher si la vie privée de Voltaire nous autorise à les donner comme vraisemblables, avant d'arriver à établir qu'elles offrent tous les caractères de la certitude historique.

Voltaire était-il réellement avare et fripon? Tel doit être l'objet de mes recherches. Dans un moment de colère, Voltaire avait dit du président de Brosses : « Il ne s'agit pas de le rendre ridicule;

il s'agit de le déshonorer. » Voilà ma position à l'égard de Voltaire ; la critique me somme avec fierté, non seulement de le rendre ridicule, mais même de le déshonorer, et c'est au nom de la raison qu'elle requiert un jugement définitif. La matière est grave et délicate, et par sa nature, et par les conséquences qui doivent résulter de ces investigations sans exemple dans la biographie. J'accepte le débat avec la conscience de l'historien et du logicien. Je donnerai hardiment toutes mes découvertes, quelque minutieuses qu'elles paraîtront à plusieurs ; car s'il fallait toujours écrire pour répéter les phrases déjà approuvées, l'esprit humain resterait dans une éternelle enfance. Si je suis obligé de dire un mot, comme le mandait Voltaire, le 23 avril 1674, à Damilaville, ce ne sera qu'en faveur de la liberté de penser, et de ce qui me paraît la vérité ; car ce n'est point la peine d'écrire pour ne point dire la vérité, avouait-il, le 7 janvier 1760, à Mme d'Épinay. De là cette plainte adressée, le 20 juin 1764, à Mme du Deffand : « On écrit l'histoire en France comme on fait un compliment à l'Académie française ; on cherche à arranger ses mots de façon qu'ils ne puissent choquer personne. » Le

26 mars 1764, dans une lettre à Damilaville, il donna son dernier mot sur la manière d'écrire. « J'ai tout examiné, sans passion et sans intérêt, j'ai toujours dit ce que j'ai pensé, et je ne connais aucun cas dans lequel il faille dire ce qu'on ne pense point. »

Ces maximes me serviront de règle de conduite; je suis obligé de m'identifier avec les principes de Voltaire, afin de n'être point accusé de le juger d'après des axiomes qu'il eût désavoués. Il est évident que Voltaire ne saurait trouver de juge meilleur que Voltaire lui-même.

Mon âge et mon inexpérience de la polémique, devraient me faire abandonner une entreprise aussi considérable que celle d'une étude approfondie du caractère de Voltaire. Mais Voltaire ne vient-il pas m'encourager? Il a reconnu que tout homme peut écrire l'histoire. Pourquoi? « Peignez avec vérité, et votre ouvrage sera charmant, » me répond-il dans sa lettre, du 26 novembre 1733, à Cideville. Tout homme pouvant découvrir la vérité, il s'ensuit que tout homme est capable d'écrire une page d'histoire. Aussi Voltaire mandait-il, le 11 mai 1764, à Damilaville : « Si nous n'avons point de talents, tâchons au moins d'avoir la raison. » Puisse cette raison nous aider à défricher les terrains incultes de la biographie, avec la curiosité d'un Suétone et la persévérance d'un Peignot!

Il nous faut donc la vérité, car Voltaire nous dit : « Il n'y a pas plus de demi-certitude que de demi-vérité. Une chose est vraie ou fausse, point de milieu. » Mais à quels signes reconnaîtrons-nous la vérité? Voltaire nous répond? « Nous n'admettons pour vérités historiques que celles qui sont garanties. Quand des contemporains confirment le même fait dans leurs Mémoires, ce fait est indubitable; quand ils se contredisent, il faut douter : ce qui n'est point vraisemblable ne doit point être cru, à moins que plusieurs contemporains, dignes de foi, ne déposent unanimement. » Comment appliquer ces principes à Voltaire?

Il faut y regarder à deux fois, quand il s'agit de perdre un tel homme. Il n'a été donné à aucun mortel d'exercer une influence aussi grande et aussi continue. Tous les souverains ambitionnaient l'honneur de le courtiser. En 1749, Stanislas lui écrivait : « Vous connaissez comme je suis gourmand de vos ouvrages. » Le 27 juillet 1754, l'électeur Palatin lui annonçait qu'il lui envoyait du vin de Hongrie, et le 15 juillet 1761, il lui rappelait qu'il avait commandé une traduction de *la Henriade* en vers allemands. Le 10 janvier 1777, Gustave III lui mandait : « Je prie tous les jours l'Être des êtres qu'il prolonge vos jours si précieux à l'humanité entière, et si utiles au progrès de la raison et de la vraie philosophie. » En février 1769, l'impératrice Catherine lui expédiait une boîte tournée de ses augustes mains ; le 30 mars 1772, c'étaient des noix de cèdre. Elle ne cessait de le complimenter sur ses ouvrages. De là ces mots du 12 janvier 1771 : « J'ai reçu vos livres et je les dévore. » Et ces autres du 14 mars suivant : « Avant vous, personne n'écrivit comme vous, et il est douteux qu'après vous quelqu'un vous égale jamais. Vos vers et votre prose ne seront jamais surpassés ; je les regarde comme le *non plus ultra* de la littérature française, et je m'y tiens. Je ne veux pas perdre une seule ligne de ce que vous écrivez. » Enfin ces autres, du 2 auguste, de la même année : « Je serai contente de moi, toutes les fois que j'aurai votre approbation. » Frédéric le Grand ne fut ni moins généreux ni moins excentrique. Le 7 novembre 1736, il offrit à Voltaire un buste de Socrate; le 25 mai 1737, c'était son propre portrait; le 27 janvier 1739 et le 24 juin 1740, il était question de vin de Hongrie; le 19 novembre 1772, il recevait des remerciements sur son présent de tasses de porcelaine. Il avait composé une *préface* pour *la Henriade* que les circonstances ne lui permirent pas d'éditer lui-même. Les épithètes ne lui coûtèrent pas beaucoup. Le 13 novembre 1736, il appelait Voltaire l'Apollon du Parnasse français, devant lequel les Corneille et les Racine ne sauraient se soutenir; le 20 septembre 1737, il le saluait comme un homme qui valait seul plus que toute sa nation; le 9 novembre 1738, il révérait en lui l'homme le plus respectable de toute sa nation; le 21 juin 1760, il le vantait comme le plus beau génie que les siècles eussent produit; le 25 novembre 1769, il le nommait le héros de la raison, le Prométhée de son époque. C'est pourquoi, le 8 août 1736, il lui adressait ces lignes : « Je me croirai plus riche en possédant vos ouvrages que je ne le serais de la possession de tous les biens passagers et méprisables de la fortune qu'un même hasard fait acquérir et

perdre. » Le 9 mai 1737, nouvelle confidence :
« Je vous compte à la tête de tous les êtres pensants ; certes le Créateur aurait de la peine à produire un esprit plus sublime que le vôtre. »
Le 19 novembre suivant, autre extase : « Votre correspondance m'est devenue une des nécessités indispensables de la vie. Vos idées servent de nourriture à mon esprit. » La papauté ne traita pas de puissance à puissance avec Voltaire ; elle se contenta de le ménager et de répondre poliment à ses avances. Benoît XIV agréa la *dédicace de Mahomet*. Par sa lettre du 28 février 1770 et une autre de l'année suivante, le cardinal de Bernis apprit à Voltaire que Clément XIV ne lui était pas défavorable. Ce de Bernis avouait, le 4 juin 1762, à Voltaire, qu'il voyait en lui le sujet qui faisait le plus d'honneur au royaume. Plusieurs cardinaux auraient souscrit peut-être à cet éloge. Louis XV ne partageait pas cette opinion. Il ne cessa de mépriser et d'humilier Voltaire ; s'il le combla de bienfaits, ce ne fut que pour céder aux importunités de la Pompadour. La Dubarry hérita de l'amour de cette dernière pour Voltaire ; elle eut la galanterie de lui envoyer deux baisers par procuration.

La plupart des ministres, à l'instigation de ces deux favorites, favorisèrent Voltaire de tout leur crédit et fermèrent les yeux sur tous ses écarts. Toutes les classes de la société brûlèrent d'envie de flatter son amour-propre. C'est sous ses auspices qu'un armateur lança un vaisseau sur mer. Sur les ordres de son père, le jeune Franklin s'agenouilla devant Voltaire pour recevoir sa bénédiction. Quant aux acteurs, ils étaient fous de lui; il faillit mourir de joie dans le tourbillon des honneurs qu'ils lui rendaient. La populace escortait son équipage; tous les princes et les philosophes lui demandaient une entrevue. Peu s'en fallut qu'il ne fût présenté à Versailles. Quand sa dernière heure eut sonné, Collé s'écria : « Nous voici tombés en république. » C'était peindre d'un trait l'empire de Voltaire sur tous les hommes de lettres. Ils adoraient en lui la supériorité d'un maître; ils ne s'estimaient qu'autant qu'ils parvenaient à lui témoigner le degré d'exaltation que ses ouvrages leur inspiraient.

Quelques hommes seulement eurent le courage de protester contre cet engouement sans exemple. On aurait tort de croire qu'ils manquaient de connaissances, d'esprit et même de génie. Si nous dédaignons d'invoquer leur témoignage, c'est parce qu'il ne serait pas pris en considération.

Recourons plutôt à tous ces nombreux amis qui ont vécu dans l'intimité de Voltaire, et n'ont cessé de l'élever jusqu'aux nues. « Il faut les écraser les uns par les autres, afin que leur ruine soit le marchepied de la vérité, » pour emprunter un mot d'une lettre que Voltaire écrivait, le 30 janvier 1762, à Damilaville. Plus ils se sont efforcés de prôner Voltaire, plus leur témoignage devient accablant, s'ils déposent contre lui, et si, dans leurs confidences, ils n'ont point eu l'intention de le dénigrer et de le noircir. Car « les vérités les mieux établies, remarque un polémiste, ne sont pas celles qui s'affirment avec intention, mais celles qui se trahissent par ces sortes de révélations ou d'indiscrétions dont l'écrivain lui-même semble n'avoir pas conscience. » Dans le dessein où nous sommes de tout prouver *papier sur table*, comme Voltaire l'exigeait dans toute discussion, nous devons avant tout prêter l'oreille à ces indiscrétions, à ces confidences des Lettres et des Mé=

moires, de manière à rendre tout doute inexcusable. Quant à ceux qui sont de mauvaise foi, ils ne méritent pas qu'on leur réponde, avouait Voltaire à Damilaville, le 23 avril 1764.

En affectant de ne nous en rapporter sur Voltaire qu'à ses adorateurs, nous prévenons tout soupçon de partialité. Mais dans une discussion de laquelle dépend l'honneur d'un chef de parti, du Français le plus spirituel et le plus célèbre peut-être, affirmer ne suffirait pas. Il faut donc prouver péremptoirement la vérité de chacune de nos assertions, en multipliant et en massant des témoignages d'une autorité incontestable. La diffusion et la prolixité sont inévitables dans un travail de cette nature. Aussi le lecteur est-il instamment prié de ne pas perdre de vue le but de cette thèse, quand la patience lui échappera au milieu des détails fastidieux sur lesquels nous serons forcé de nous arrêter.

1854.

J'ai beaucoup corrigé, passablement augmenté, mais peu supprimé : voilà toute la préface que je dois à cette nouvelle édition.

1887.

MÉNAGE ET FINANCES
DE VOLTAIRE

CHAPITRE PREMIER

DE QUELQUES LÉSINERIES ET FRIPONNERIES DE VOLTAIRE.

Qu'est-ce que l'avarice? Dans son *Dictionnaire philosophique*, Voltaire a consacré un article à cette passion. Il dit qu'à proprement parler, l'avarice est le désir d'accumuler, soit en grains, soit en meubles, ou en fonds ou en curiosités, et qu'il y avait des avares avant qu'on eût inventé la monnaie. Il reconnait que les hommes ne haïssent celui qu'ils appellent avare que parce qu'il n'y a rien à gagner avec lui. Ce n'est ni définir l'avarice, ni caractériser l'avare. Aussi a-t-il soin de renvoyer à Molière.

Dans le chapitre XV de ses *Considérations sur les mœurs*, Duclos remarque que l'avarice est la plus vile de toutes les passions. De là cette horreur qu'elle inspire sous tous les climats, chez tous les peuples et dans toutes les classes de la société; personne ne l'excuse, parce que rien ne saurait la justifier; semblable à Caïn, elle porte sur son front un signe de réprobation. Qu'Harpagon s'avance sur la scène, il ne proférera pas une parole, il ne fera pas un mouvement, il ne griffonner pas un chiffon de papier, il ne réglera pas un compte, il n'ordonnera pas une dépense, qui n'excite l'indignation des spectateurs. Pourquoi ces murmures? C'est qu'au désir d'accumuler sans cesse, sans autre dessein que celui d'accumuler sans cesse, il joint la crainte de laisser gagner quoi que ce soit à tous ceux qui l'approchent, et qu'il lui est impossible de contenir un seul instant l'impétuosité de ces deux sentiments qui bouillonnent jusque dans les profondeurs de son cœur. C'est parce que Molière a su saisir admirablement tous les traits et toutes les nuances de ce caractère, que son *Avare* est resté le type de cet être d'autant plus méprisé que rien ne parviendra jamais à le corriger, et que la vieillesse semble le condamner à entretenir inutilement les feux qu'elle éteint chez le reste des hommes.

Dans sa vie privée, Voltaire a-t-il manifesté et cette insatiable cupidité et cette sordide économie qu'il regarde comme les traits caractéristiques de l'avarice? Est-il tombé dans ces excès comiques peints avec tant de talent par Molière, qu'il salue comme son juge sur cette matière ?

Le 10 mars 1754, Voltaire, écrivant à d'Argental, disait de Mme Denis : « Voici les propres mots de sa lettre du 20 février : *Le chagrin vous a peut-être tourné la tête; mais peut-il gâter le cœur? L'avarice vous poignarde; vous n'avez qu'à parler.* Ensuite elle a rayé à demi, *l'avarice vous poignarde*, et a mis, *l'amour de l'argent vous tourmente*. Elle continue : *Ne me forcez pas à vous haïr. Vous êtes le dernier des hommes par le cœur. Je cacherai, autant que je pourrai, les vices de votre cœur.* Voilà les lettres que j'ai reçues d'une nièce que je traite comme ma fille. Elle me marque que vous êtes aussi en colère contre moi qu'elle-même. Si j'ai tort, dites-le-moi; je vous soumets ma conduite. Que Mme Denis vous montre toutes mes lettres; vous n'y verrez que l'excès de l'amitié, la crainte de ne pas faire assez pour elle, une confiance sans bornes, un sacrifice entier de mon bonheur au sien, à ses goûts. Il est dur de se voir traiter ainsi par une personne qui m'a été si chère. »

Toutes ces considérations avaient dû se présenter à l'esprit de Mme Denis au moment où elle écrivait sa lettre; cependant elle l'envoya sans hésiter. Personne n'ayant connu plus longtemps, ni vu de plus près Voltaire, son témoignage reste d'autant plus accablant qu'il était appuyé sur des faits. Voilà le mot d'avarice lâché; faut-il le maintenir?

Ce n'est pas la seule fois que Voltaire fut peint sous des couleurs si noires. Dès 1733, il avait circulé un *portrait de Voltaire* dans les sociétés de Paris; il fut publié sous l'initiale P. suivant la première édition de l'*Oracle des nouveaux philosophes*, et sous la majuscule Q. selon la seconde édition du même ouvrage : il a été reproduit par le père Harel dans les quatre éditions de sa brochure sur Voltaire, et par Guyon dans les deux éditions précitées de l'*Oracle des nouveaux philosophes*. J'ignore dans quelle feuille il a paru sous l'initiale P. ou Q.; je ne l'ai trouvé dans aucun des journaux de France ou de Hollande de l'année 1733 que j'ai eu occasion de consulter. Je l'ai lu pour la première fois dans les *Amusements littéraires*, qui le donnent comme communiqué. Le *Voltairiana* n'a pas manqué d'en tirer parti.

Voltaire paraît n'avoir eu connaissance de ce *portrait* qu'en 1735. Le 12 juin, il mandait à Thieriot : « Qu'est-ce qu'un portrait de moi, en quatre pages, qui a couru ? Quel est le barbouilleur ? Envoyez-moi cette enseigne à bière. » Le même mois, il lui dit : « Je vous remercie du barbouillage que vous m'avez envoyé sous le nom de portrait. » Le 15 juillet, il lui parle encore de ce portrait en ces termes : « On m'a dit que ce portrait est imprimé. Je suis persuadé que les calomnies dont il est plein seront crues quelque temps, et je suis encore plus sûr que le temps les détruira. » Le 4 août suivant, il fait cet aveu à Berger : « J'ai vu le portrait qu'on a fait de moi. Il n'est pas, je crois, ressemblant. J'ai beaucoup plus de défauts qu'on ne m'en reproche dans cet ouvrage, et je n'ai pas les talents qu'on m'y attribue ; mais je suis bien certain que je ne mérite point les reproches d'insensibilité et d'avarice que l'on me fait. Mon amitié pour vous me justifie de l'un, et mon bien prodigué à mes amis me met à couvert de l'autre. » Peu de temps après, il écrit à Thieriot : « Qu'est-ce qu'un nouveau portrait de moi, qui paraît ? Tout le monde attribue le premier au jeune comte de Charost. J'ai bien de la peine à croire qu'un jeune seigneur qui ne m'a jamais vu ait pu faire cette satire ; je suspens mon jugement, parce qu'il ne faut accuser personne sans être sûr de son fait. » D'après ces lettres, je suis tenté de croire que ce *Portrait de Voltaire* serait seulement de 1735 et non de 1733, comme je l'ai dit tout à l'heure, d'après Guyon. Comme ce dernier n'est pas sûr de l'initiale sous laquelle il l'a publié, on peut présumer qu'il a pu aussi être induit en erreur sur la date de ce portrait. D'ailleurs il n'est pas vraisemblable que Voltaire n'aurait possédé qu'en 1735 un portrait connu depuis 1733. Il parle de deux portraits; les variantes de style faciles à remarquer dans le portrait exposé dans les *Amusements littéraires*, le *Voltairiana*, l'*Oracle des nouveaux philosophes* et la brochure du père Harel, amènent à conclure qu'on a peut-être confondu la copie avec l'original. Il est certain qu'il n'a jamais existé d'autre portrait que celui dont nous nous occupons. Depuis longtemps les biographes l'attribuent au marquis de Charost, sur lequel ils ne nous fournissent aucun renseignement.

Il est nécessaire de lui consacrer quelques lignes. Le marquis de Charost était fils du duc de Béthune-Charost, dont l'épouse fut en relation avec Voltaire. Son nom ne figure pas dans les cinq cents pages du *Catalogue des livres du chevalier de Charost*, in-8°, publié en 1742, ce qui fait présumer qu'il ne reste aucun ouvrage de lui. Aucun dictionnaire de noblesse ni de bibliographie ne parle de lui. En 1732, on édita un livre dont voici le titre : *Musæ rhetorices seu carminum libri sex, a selectis rhetoricis Alumnis in regio Ludovici Magni collegio elaborati et palam recitati*, in-12 de 288 pages. *Le Mercure* crut devoir rendre compte de cet essai, en 1733 ; la pièce qui frappa le plus son attention, était du marquis de Charost ; il en cita les plus beaux passages comme des morceaux d'un talent distingué. Le comte de Tressan vécut dans l'intimité du marquis, et, lorsque celui-ci fut tué à l'affaire de Clausen, en 1735, à la tête du régiment de la Couronne, Tressan s'empressa de pleurer sa mort dans des vers qu'on lit encore dans ses œuvres. Tels sont les seuls documents que je sois parvenu à recueillir sur le marquis de Charost. L'année de sa mort permet de lui attribuer le portrait de Voltaire ; la précocité de son talent ne dément pas le mérite incontestable de cette pièce ; sa naissance le met à l'abri de toute accusation de vengeance et de jalousie, et justifie l'impartialité qui a porté des personnes de différentes opinions à adopter ce fameux portrait.

La quatrième édition du *Voltairiana* a 324 pages ; il n'y en avait que 216 dans la troisième. Dans l'avertissement de cette dernière, Cousin d'Avalon avoue qu'il avait compulsé plus de trois cents ouvrages pour la rendre plus complète que les deux premières éditions. Il ne s'était pas proposé de faire l'éloge de Voltaire. Il avait voulu rester impartial, au milieu de ce conflit de témoignages favorables ou hostiles au grand homme. Cependant, quand il fut amené à donner le portrait de Voltaire, il choisit celui du marquis de Charost, et dit que c'est celui qui a paru à plusieurs écrivains approcher le plus de la vérité. Il n'ose pas, à la vérité, embrasser aveuglément l'opinion de celui qui l'a peint, et de ceux qui ont cru devoir le reproduire, mais il n'en efface non plus aucun trait, aucune nuance. N'était-ce pas confesser qu'il n'avait pas de raison pour réfuter les allégations dont Voltaire s'était plaint ? Cette réserve d'un compilateur aussi instruit, plutôt ami qu'ennemi de Voltaire, n'est pas sans conséquence pour la science.

Or, dans ce *Portrait de Voltaire* cité par tant d'écrivains, et reproduit par Cousin d'Avalon, ce grand vagabond d'anecdotes du xviiie siècle, on remarque ces traits : « Sensible sans attachement, voluptueux sans passion, il ne tient à rien par choix, il tient à tout par inconstance ; raisonnable sans principes, sa raison a ses accès comme la folie des autres. L'esprit peu droit, le cœur injuste, il se moque de tout. *Vain à l'excès, mais encore plus intéressé*, il travaille moins pour sa réputation que *pour l'argent ; il en a faim et soif : enfin* il se presse de travailler pour se presser de vivre. Voilà l'homme. »

Chose digne de remarque ! ces traits ont été calqués non seulement en France, mais en Allemagne, et même en Prusse. Ainsi, dans les diverses éditions des *OEuvres posthumes de Frédéric le Grand*, on remarque un *Portrait de Voltaire*, qui porte la date de 1756. Il n'est pas hors de propos d'en transcrire les lignes suivantes : « Avec un grand fonds de sensibilité, il ne forme que peu de liaisons, et ne s'abstient de plaisirs que faute de passion. S'il s'attache, c'est par légèreté plutôt que par choix. Il raisonne sans principes, et par là est sujet, comme tout autre, à des accès de folie. Avec une tête ouverte, il a un cœur corrompu ; il pense sur tout, et tourne tout en ridicule. Libertin sans tempérament, il moralise sans avoir des mœurs. Vain au suprême degré, mais encore *plus avaricieux que vain*, il écrit moins pour la gloire que pour l'argent, ne travaillant, pour ainsi dire, que pour vivre ; *quoique fait pour jouir, il ne se lasse d'amasser*. Tel est l'homme. » En confrontant l'extrait du roi de Prusse avec celui du marquis de Charost, il est impossible de ne pas convenir que l'un a servi de modèle à l'autre. Tout le reste du *Portrait de Voltaire* fait par le roi de Prusse rappelle également la touche du marquis de Charost. Il est évident que jamais copie ne ressembla mieux à l'original. Est-ce un motif de douter de l'authenticité du *portrait* attribué à Frédéric ? non, car Formey avait eu occasion de les étudier tous les deux, et de les comparer en les transcrivant dans ses *Souvenirs d'un citoyen*, et il affirme que le *Portrait de Voltaire* qui a trouvé place dans les *Œuvres posthumes de Frédéric le Grand* est incontestablement de ce monarque. Malgré ce grave témoignage, je persistais à ne voir sous la plume du philosophe couronné qu'un plagiat des moins excusables, dont l'avidité d'un libraire avait oublié ou négligé d'indiquer la source, en renvoyant au *Voltairiana* ou aux *Amusements littéraires*. Dans cette perplexité, j'ai pris le parti de consulter l'un des hommes de lettres chargés par S. M. le roi de Prusse d'annoter la magnifique édition des œuvres de Frédéric le Grand, publiée sous les auspices du gouvernement. J'en ai reçu cette réponse : « Le *Portrait de Voltaire* de 1756, *est bien du roi;* mais ce n'est, comme vous le dites, qu'une copie de celui qui a été publié dans les *Amusements littéraires* par de la Barre de Beaumarchais. Les doutes que vous inspire la grande ressemblance de la copie avec l'original, fort naturels, il est vrai, cesseront sans doute, quand vous saurez que c'était une des habitudes de Frédéric d'imiter, en les variant plus ou moins, et quelquefois très peu, des passages ou des pièces qui l'avaient frappé. Il faisait de cela une étude de style, un exercice de plume en quelque sorte, souvent même un simple amusement. Ses ouvrages fourmillent d'imitations analogues. Nous en avons relevé un certain nombre dans les notes de la nouvelle édition, mais il en reste une quantité que nous n'avons pas cru nécessaire d'indiquer. Le *Portrait de Voltaire* a donc été inséré dans notre XVe volume, comme étant de Frédéric; toutefois nous avons eu soin de dire dans l'Avertissement que cet opuscule n'était qu'une imitation. » Il se pourrait que Frédéric n'eût pas lu les *Amusements littéraires;* dans ce cas, ce serait le *Voltairiana* qui lui aurait fourni le *Portrait de Voltaire*. Le *Voltairiana* eut deux éditions en 1748. Les éditeurs en envoyèrent un exemplaire au roi Stanislas; ils firent probablement le même honneur au roi de Prusse. Celui-ci avait chargé Thieriot, son correspondant littéraire, de lui expédier tous les pamphlets hostiles à Voltaire. Le *Voltairiana* eut trop de succès pour admettre que Thieriot ait manqué d'en acheter un exemplaire pour le roi de Prusse. Il reste avéré que ce dernier a dévoré le portrait de Voltaire, attribué au marquis de Charost; c'est un fait non moins incontestable qu'il lui a donné un dernier coup de pinceau et de vernis.

Qu'est-ce que cela prouve? que Frédéric pensait comme Mme Denis. Voltaire lui avait été signalé comme bassement intéressé. Sur cette inculpation, il a dû examiner sa conduite, surveiller ses actions, épier ses démarches. Il a fallu que rien ne vînt démentir les rumeurs de la France, car Frédéric l'a jugé *plus avaricieux que vain, ne se lassant d'amasser, quoique fait pour jouir*. Quand il écrit ces lignes, c'est dans un moment où les deux amis s'étaient pardonné tous leurs torts réciproques, et sur un morceau de papier qu'il ne destinait pas à la publicité.

Lorsque le *Portrait de Voltaire* parut, en 1735, Voltaire fut piqué de se voir accusé d'avarice ; il espéra que ce mot serait regardé comme une calomnie. Personne ne le connut plus intimement que Mme Denis et Frédéric, et ces deux personnes, à deux ans d'intervalle, lui reprochent son avarice. Amis et ennemis ont reproduit un portrait où il est en butte aux mêmes traits. Certes c'est une forte présomption contre Voltaire.

Ainsi, dès 1735, le mot d'avarice était lâché. Voltaire ne parvint point à le faire oublier. Il n'y a jamais de prescription en histoire. Il est toujours temps de détruire la calomnie, comme de flétrir le vice. Qu'il nous soit donc permis de remonter à la source de l'accusation qui faisait tant de peine à Voltaire.

Buffon disait : « Rassemblons des faits pour nous donner des idées. » Nous devons nous servir de la même méthode pour disculper ou flétrir Voltaire.

Citons à la barre de l'histoire les personnes qui l'ont connu dans son intimité, et prenons acte de leurs dépositions. Pour nous, nous nous ferons un devoir de n'ambitionner d'autre rôle que celui de rapporteur de pièces.

Voici d'abord Jore, qui vient déposer son *Mémoire*, publié en 1736 ; il y dit : « J'ai connu particulièrement le sieur de Voltaire pour lui avoir donné un logement chez moi pendant un séjour de sept mois qu'il a fait à Rouen, en 1731. Il choisit ma maison pour y descendre. Soit modestie, soit politique, le sieur de Voltaire ne voulut y être regardé que comme un seigneur anglais que des affaires d'État avaient obligé de se

réfugier en France. Après un séjour de trois mois à
la ville, milord Voltaire eut besoin, pour sa santé, de
prendre l'air à la campagne. Toujours attentif à plaire
à mon hôte, je sus lui procurer une jolie maison de
campagne à une lieue de Rouen. Avant que de partir,
le sieur de Voltaire, par un trait d'économie, voulut
congédier un valet que j'avais arrêté pour lui à vingt
sols par jour; mais, pour le coup, Voltaire trahit le
seigneur anglais; il ne voulut payer le valet que sur le
pied de dix sols, et coupa ainsi ses gages par la moitié;
je tirai 45 livres de ma bourse et terminai la contestation. Ces 45 livres ne m'ont jamais été rendues. Il est
vrai que le sieur de Voltaire parla galamment de les acquitter avec une pendule qui manquait à la parure de
la chambre où il couchait; mais ni la pendule ni le
payement ne sont venus, et ce n'est pas la seule petite
dette que j'aie à répéter contre lui. Le sieur de Voltaire
passa un mois à la campagne; il y vivait, comme dans
l'âge d'or, d'herbes, d'œufs frais et de laitage. La jardinière, qui lui fournissait ces aliments champêtres,
lui rendait aussi d'autres services. Elle allait trois fois
la semaine à la ville pour les épreuves de l'impression
(de *Charles XII*). Le sieur de Voltaire ne fut pas ingrat
de ses bons offices. Pour récompenser ses peines et lui
payer un mois de pension, il lui donna noblement six
livres. Cette femme m'en porta ses plaintes, me représenta que ses œufs n'étaient seulement pas payés, et
par honneur je pris encore le soin d'apaiser ses murmures et de la satisfaire. Je le perdis enfin, cet hôte
illustre. Il s'en retourna à Paris, après un séjour de
sept mois, tant chez moi qu'à la maison de campagne

d'un de mes amis, et le rôle de seigneur anglais finit glorieusement par une pièce de vingt-quatre sols dont sa générosité gratifia la servante d'une maison où rien ne lui avait manqué, pendant un si long espace de temps, soit en santé, soit dans une maladie qu'il y avait essuyée. Ce n'est qu'avec une peine extrême que j'ai pris sur moi d'entrer dans ce détail. Je serais au désespoir qu'il entrât dans l'esprit de quelqu'un que j'aie dessein de reprocher au sieur de Voltaire la dépense qu'il m'a occasionnée, ni de lui demander qu'il m'en tienne compte. J'ai voulu faire voir, par l'empressement que j'ai toujours eu à obliger le sieur de Voltaire, et par les procédés que j'ai toujours tenus avec lui, que son penchant l'entraine naturellement vers l'ingratitude, et le porte à frustrer généralement tous ceux envers qui il est redevable. »

Mme de Graffigny va confirmer ce jugement. Elle a dit dans une de ses lettres où elle n'appelait jamais Voltaire que son idole : « Il y a huit jours qu'une servante de cuisine cassa un pot de terre sur la tête d'un laquais de Voltaire, il en a été au lit jusqu'à hier ; on a chassé la servante et on lui a retenu un gros écu que l'on a donné au laquais. Hier, le valet de chambre dit que le laquais avait rendu l'écu à la servante. — Qu'on le fasse venir, dit Voltaire. Pourquoi as-tu rendu cet écu ? — Eh ! eh ! Monsieur (car c'est un nigaud), c'est que je suis quasi-guéri, et que cette fille a été fâchée de m'avoir battu. — Céran, (c'est le nom du valet de chambre), qu'on donne un écu à ce drôle-là pour celui qu'il a rendu, et qu'on lui en donne un autre pour lui apprendre ce que méritent les bonnes actions. Va, va, mon ami, tu es bien heureux de savoir bien faire, fais toujours bien. Cela n'est-il pas joli (1)? » Assurément. C'est un spectacle magnifique de voir un nigaud donner une leçon de philosophie et de désintéressement dans un château qu'on regardait comme le sanctuaire de la sagesse et de la philosophie.

Voltaire ne profita point de la leçon. Longchamp se charge de le prouver. Or, une nuit que Voltaire voyageait avec Mme du Chastelet dans une chaise de poste, l'essieu de derrière vint à casser et la fit tomber sur le pavé. Il était impossible d'aller plus loin. C'était au mois de janvier, la terre était couverte de neige et il gelait très fort. On avait hâte de sortir de cet embarras. Un postillon courut chercher des secours dans le plus prochain village, à une lieue de l'endroit où Voltaire et Mme du Chastelet grelottaient sur la neige près de leur voiture embourbée. Le postillon amena avec lui quatre hommes, munis de cordes, d'outils et de faux essieu. « La voiture redressée, raconte Longchamp (p. 169 de ses *Mémoires*), on vit la vraie cause du mal; ils y remédièrent du mieux qu'ils purent au moyen des pièces qu'ils avaient apportées, et on leur donna *douze francs*, quand leur besogne fut terminée; ils s'en retournèrent peu contents de cette somme, et en murmurèrent. La voiture se remit en marche, mais à peine eut-elle fait cinquante pas, que les cordes trop faibles s'étant relâchées et brisées en partie, la voiture tomba une seconde fois, mais en s'affaissant seulement sur elle-même. On courut vite après ces ouvriers qui s'en allaient, ils

---

(1) *Vie privée de Voltaire et de Mme du Chastelet.* 1820. In-8°, p. 160.

ne voulaient plus revenir; on ne les ramena qu'à force de promesses qu'ils seraient mieux payés. Aidés des postillons, ils soulevèrent la caisse avec des leviers et la rattachèrent plus solidement, sans que rien eût été dérangé dans l'intérieur de la voiture. Pour surcroît de précautions, on proposa à ces ouvriers de la suivre, ce qu'ils firent; on les paya largement cette fois, et ils s'en retournèrent fort satisfaits. » Longchamp eut une autre occasion d'apprécier le caractère de son maître. Dans un mouvement de brusquerie, Voltaire avait fait tomber des mains de Mme du Chastelet un superbe déjeuner en porcelaine de Saxe. La tasse et la soucoupe étaient cassées. « M. de Voltaire m'appelle, rapporte Longchamp (p. 179 de ses *Mémoires*), me dit de ramasser les débris de la porcelaine et de les mettre sur sa table; il les examine, en choisit un des plus grands morceaux, me le donne, et me dit d'aller sur-le-champ chez M. La Frenaye, marchand bijoutier au Palais, pour y acheter un déjeuner tout pareil à l'échantillon, s'il s'en trouvait de tel; en même temps, il me donne un petit sac d'argent pour le payer. Je courus chez M. La Frenaye; mais, parmi toutes les porcelaines qui garnissaient sa boutique, je ne trouvai pas un seul déjeuner de l'espèce que je demandais. En ayant choisi un de ceux qui me semblaient s'en approcher le plus, je lui en demandai le prix, qu'il me dit être de 10 louis. Il s'en fallait de 2 à 3 louis que le sac ne contînt cette somme; ne pouvant acquitter ce marché, je priai M. La Frenaye d'envoyer de suite à la maison un de ses ouvriers avec trois ou quatre de ses plus beaux déjeuners, afin que M. de Voltaire pût choisir lui-même ce qui conviendrait le mieux. L'ouvrier en apporta six. Après en avoir choisi le plus élégant et en même temps le plus riche, il le marchanda beaucoup ; mais sur les protestations réitérées que M. La Frenaye, en le cédant au prix de 10 louis, n'y gagnait rien, que c'était le prix coûtant, qu'il lui était impossible d'en rien rabattre, M. de Voltaire finit par compter à l'ouvrier les 10 louis, non sans regretter cet argent. »

A cette époque, Marmontel fut témoin d'une scène non moins curieuse. Voici ce qu'il dit de Voltaire, dans le IVe livre de ses *Mémoires* : « Volontaire à l'excès par caractère et par système, il avait même dans les petites choses une répugnance incroyable à céder et à renoncer à ce qu'il avait résolu. J'en vis un exemple assez singulier. Il lui avait pris fantaisie d'avoir en voyage un couteau de chasse, et un matin que j'étais chez lui, on lui en apporta un faisceau pour en choisir un. Il le choisit. Mais le marchand voulait un louis de son couteau de chasse, et Voltaire s'était mis dans la tête de n'en donner que 18 francs. Le voilà qui calcule en détail ce qu'il peut valoir ; il ajoute que le marchand porte sur son visage le caractère d'un honnête homme, et qu'avec cette bonne foi qui est peinte sur son front, il avouera qu'à 18 francs cette arme sera bien payée. Le marchand accepte l'éloge qu'il veut bien faire de sa figure ; mais il répond qu'en honnête homme il n'a qu'une parole ; qu'il ne demande au juste que ce que vaut la chose, et qu'en la donnant à plus bas prix, il ferait tort à ses enfants.
— Vous avez des enfants? lui demanda Voltaire. —

Oui, Monsieur, j'en ai cinq : trois garçons et deux filles, dont le plus jeune a douze ans. — Eh bien! nous songerons à placer les garçons, à marier les filles. J'ai des amis dans la finance, j'ai du crédit dans les bureaux ; mais terminons cette petite affaire : voilà vos 18 francs ; qu'il n'en soit plus parlé. Le bon marchand se confondit en remerciements de la protection dont voulait l'honorer Voltaire ; mais il se tint à son premier mot pour le prix du couteau de chasse, et n'en rabattit pas un liard. J'abrège cette scène, qui dura un quart d'heure par les tours d'éloquence et de séduction que Voltaire employa inutilement, non pas à épargner 6 francs qu'il aurait donnés à un pauvre, mais à donner à sa volonté l'empire de la persuasion. Il fallut qu'il cédât lui-même, et, d'un air interdit, confus et dépité, il jeta sur la table cet écu qu'il avait tant de peine à lâcher. Le marchand, dès qu'il eut son compte, lui rendit grâces de ses bontés, et s'en alla. — J'en suis bien aise, dis-je tout bas, en le voyant partir. — De quoi, me demanda Voltaire avec humeur, de quoi donc êtes-vous bien aise ? — De ce que la famille de cet honnête homme n'est plus à plaindre. Voilà bientôt ses fils placés, ses filles mariées, et lui, en attendant, il a vendu son couteau de chasse ce qu'il voulait, et vous l'avez payé malgré toute votre éloquence. — Et voilà de quoi tu es bien aise, têtu de Limousin ? — Oh! oui, j'en suis content. S'il vous avait cédé, je crois que je l'aurais battu. — Savez-vous, me dit-il en riant dans sa barbe, après un moment de silence, que si Molière avait été témoin d'une pareille scène, il en aurait fait son profit ? — Vrai-

ment, lui dis-je, c'eût été le pendant de M. Dimanche. »
Je suis étonné qu'après cet aveu, Marmontel feignit de
ne pas deviner la cause de la conduite de Voltaire.

Maintenant, au tour de Collini. Dans un de ces épanchements du cœur où l'homme se révèle tout entier, parce qu'il s'adresse à la discrétion de l'amitié et qu'il compte sur un éternel silence, il écrivit, dans le mois de novembre 1754, à M. Dupont, avocat à Colmar : « Je vous dois mille remerciements pour les bontés que vous avez eues pour moi à Colmar; elles faisaient ma consolation au milieu des chagrins attachés à mon sort. Je ne suis pas plus heureux à Lyon, où la dureté du philosophe que j'ai le malheur de suivre ne cesse de me rendre la vie affreuse. C'est un esclavage dans lequel je vis depuis trois ans, et dont j'allais briser les chaînes à mon départ de Colmar. Je crois pouvoir m'ouvrir à vous sans crainte; vous êtes prudent, discret, et vous m'avez paru vous intéresser à ce qui me regarde. Voici le fait. On allait partir de votre ville, et les chevaux étaient prêts. La berline parut trop chargée au philosophe, et il ordonna sur-le-champ qu'on détachât tout et qu'on n'y laissât que sa malle et celle de sa nièce. Je ne portais avec moi qu'un petit portemanteau où j'avais une douzaine de chemises et quelques hardes nécessaires. Il me fit dire de tout vendre. La proposition était d'un fou, et j'allais lui dire poliment que ses extravagances étaient insoutenables, que je lui demandais mon congé, et que je le priais d'arranger mon compte. — Je suis fâché, dit-il, que vous vouliez me quitter; et, par rapport à notre compte, je vous dois 19 livres; tenez, et il met un louis d'or dans ma main de la même façon qu'on ferait présent de 10,000 pistoles dont on veut paraître honteux. — Monsieur, lui dis-je, en regardant ce qu'il me donnait, je m'en vais vous faire rendre 100 sous — Non..., non..., dit-il. — Je vous demande pardon, lui répliquai-je, il vous revient 5 livres. — Je vous en prie, dit-il, acceptez cette petite bagatelle. L'occasion me parut trop belle, et je le remerciai, en lui protestant qu'il avait trop de bontés pour moi. Je sortis immédiatement de sa chambre. Sa nièce était auprès de lui; elle lui en dit apparemment un mot; et comme j'allais gagner la chambre que j'occupais chez Mme Goll, j'aperçus le philosophe courant après moi. — Tenez, me dit-il, comme je ne sais pas si vous avez de l'argent, ni ce que vous allez devenir, prenez encore cette bagatelle. — Monsieur, lui répondis-je, je ne suis nullement en peine de ce que je deviendrai, je ne l'ai jamais été en matière d'argent. — Cependant il m'engage à prendre encore un louis d'or, et à le remercier de sa générosité. Il se retira dans sa chambre, et moi dans la mienne. Au bout d'un quart d'heure, un des domestiques vint me dire que l'oncle et la nièce parlaient de cette aventure, et qu'ils craignaient qu'elle ne fît du bruit. On m'avait à peine rendu ce compte, que je vis paraître le philosophe dans ma chambre. Il m'obligea à refaire mon paquet et à partir; je m'y rendis. Que dites-vous de cette histoire? elle est dans la plus exacte vérité d'un bout à l'autre. N'ai-je pas mis le philosophe à une terrible épreuve? Je sais à présent à quoi m'en tenir, et je sais ce qu'il est capable de faire pour un homme qui lui avait vendu sa liberté, qui l'avait servi trois ans avec attachement, et qui avait été emprisonné pour lui à Francfort. Je sais ce que signifient ses promesses. J'ai honte de l'abrutissement et de la soumission basse et servile où j'ai vécu trois ans auprès d'un philosophe le plus dur et le plus fier des hommes. Tout cela me fait rire en mon particulier : ce sont des scènes de comédie; mais c'est quelquefois pour moi du haut comique ou de la comédie dans le genre larmoyant (1). »

« Pour les petits détails, les motifs secrets, ils sont aussi difficiles à deviner que les ressorts cachés de la nature », avouait Voltaire au duc de Richelieu, le 30 septembre 1735. Marmontel a pu se tromper, en attribuant la conduite de Voltaire à son entêtement. Quant à nous, nous serions inexcusable de ne pas lui appliquer sa définition de l'avarice ; car des scènes dont il a eu honte, et qu'il croyait dignes du pinceau de Molière, ne sauraient avoir d'autre cause que cette insatiable cupidité et cette sordide économie qu'il regardait comme le signe de la plus vile des passions.

Voltaire semble s'être ingénié à confirmer ce jugement sévère. Des ruses d'Harpagon il va passer aux fourberies de Scapin. Il va nous prouver qu'il fut non seulement avare, mais même fripon, et que pour accumuler, il ne répugnait pas à recourir à des moyens que la conscience n'a cessé de flétrir chez tous les peuples.

Mais, comme dit Sbrigani à M. de Pourceaugnac : « Peut-être dans le fond n'y a-t-il pas tant de mal que

---

(1) *Lettres inédites de Voltaire et de Collini à M. Dupont.* Paris, 1821. In-8º, p. 174 et suivantes.

tout le monde croit; et puis, il y a des gens, après tout, qui se mettent au-dessus de ces sortes de choses. Ce sont des choses qui sont connues à la vérité; mais j'irai les découvrir à un homme qui les ignore; et il est défendu de scandaliser son prochain. Cela est vrai; mais, d'autre part, voilà un étranger qu'on veut surprendre. Je trouve que je puis dire les choses sans blesser ma conscience; tâchons de les dire le plus doucement qu'il nous sera possible et d'épargner les gens le plus que nous pourrons. »

C'est du *Palais de la stupidité* que Voltaire a daté sa facétie de l'*Horrible danger de la lecture*. Il aurait bien fait de choisir quelquefois une autre résidence pour s'abandonner à la manie d'écrire. Faute d'avoir eu un judicieux Thomas Moore pour mutiler ou brûler tout ce qui sortait de sa plume, Voltaire restera l'accusateur le plus impitoyable, l'ennemi le plus cruel de Voltaire. S'il intitule une brochure : *Qu'il faut savoir douter* ; s'il dit : « Je ne crois pas même les témoins oculaires, quand ils me disent des choses que le sens commun désavoue, » il se rencontre une tourbe d'Orgons, décidés à douter de tout ce qui pourrait porter atteinte à son honneur, et à nier tout ce qu'on leur proposerait de leur faire voir avec pleine lumière, qui tendrait à dessiller les yeux sur la vertu de leur homme de bien. Pour eux, le mémoire de Jore, les confidences de Mme de Graffigny, de Marmontel, de Longhamp, de Collini, faites avec tant de sincérité, ne sont que chansons, commérages de Dorine, de Damis, de Cléante. Depuis qu'ils ont entendu Voltaire improviser un sermon sur le vol, un beau jour de Pâques, dans son église paroissiale, ils sont persuadés qu'il ne se peut pas qu'il ait trompé son monde, qu'il s'en soit moqué, et que, comme Mascarille, il n'ait eu à donner à son créancier qu'un bon soufflet, accompagné de cette réplique : « Comment, coquin ! demander de l'argent à une personne de ma qualité ? » Ils refuseront aussi d'admettre qu'il ait frustré un grand nombre de personnes.

Qu'ils doutent, qu'ils nient, mais qu'ils écoutent avec l'attention d'Orgon; car voilà Voltaire près de sa table pour les désabuser.

Le 5 décembre 1757, il disait à M. Bertrand : « J'avoue qu'il y a quelquefois des vérités bien peu vraisemblables. » En voici la preuve : *Correspondance inédite de Voltaire avec le Président de Brosses*, publiée d'après les lettres autographes par Th. Foisset, Paris, chez Levasseur, libraire, 1836. Rien de plus authentique que la publication d'autographes que peut montrer celui qui les édite : néanmoins rien n'est égal au peu d'empressement qu'ont mis à posséder et à étudier cette tardive correspondance des hommes si avides de recueillir tout ce qui porte le cachet de Voltaire. M. Beuchot lui-même m'a avoué qu'il n'avait jamais lu ce curieux drame, cet intéressant dialogue, qui est un véritable assaut d'esprit, un duel de génie. Là, Voltaire se révèle tout entier; mais pour la première fois, il trouve un homme digne de lutter contre lui.

Il commence par en imposer à son adversaire par son ostentation de parvenu, son faste de pharisien. Il écrit à M. de Brosses : « Ma fortune, qui me met au-dessus des petits intérêts, me permet d'embellir tous les lieux que j'habite; voilà le revenu que j'en tire. Le plus fort de ce revenu consiste à soulager bien des malheureux. Bétems était en prison à Genève pour mille écus de dettes et y serait mort, si je n'avais pas payé pour lui. » Le président répond à ces mots par cette note : « En profitant de la nécessité où il se trouvait pour acheter son bien à vil prix. » N'oublions pas cette restriction, elle nous servira dans la suite.

Plus tard le président crut devoir dire à Voltaire : « Voulez-vous donc faire le second tome de M. de Gauffecourt, à qui vous ne vouliez point payer une chaise de poste que vous aviez achetée de lui? En vérité, je gémis pour l'humanité de voir un si grand génie avoir un cœur si petit, sans cesse tiraillé par des misères de jalousie ou de lésine. » Voltaire n'a point donné de démenti. Donc l'accusation du président était vraie.

A quelle occasion se permit-il ce reproche? c'est dans cette querelle de payement de moules de bois qui a fait dire à M. Foisset : « Ici j'éprouve quelque embarras. » Pour nous, nous aborderons cette question sans crainte.

Dans le mois de novembre 1759, M. de Brosses manda à M. Girod, capitaine et châtelain royal du pays de Gex, et l'un de ses amis : « Dites-moi, je vous prie, si Voltaire a payé à Charlot les moules de bois qu'il me donna la commission, lorsque j'étais là-bas, de lui faire fournir par ce pauvre diable, qui certainement ne peut ni ne doit en être le payeur. »

Quatorze mois se passent, et Voltaire n'avait pas encore payé ni offert de payer ce bois. M. de Brosses était très embarrassé de lui réclamer une pareille bagatelle, dont on désirait être soldé. Il ne pouvait ni ne devait payer à Charlot du bois qu'il n'avait pas brûlé, et qu'il ne s'était chargé que par complaisance de faire livrer à Voltaire. C'est au mois de janvier 1761 qu'il envoie cette lettre à celui qui avait demandé et reçu le bois, et qui avait eu le temps de le brûler : « Agréez, Monsieur, que je vous demande l'explication d'une chose tout à fait singulière que je trouve dans le compte de mes affaires que l'on vient de m'envoyer du pays de Gex pour les années 1759 et 1760. C'est à l'article des payements qu'a faits le nommé Charlot Baudy, d'une coupe de bois que je lui avais vendue avant notre traité. Il me porte en compte et en payement « quatorze moules de bois vendus à M. de Voltaire, à trois patagons le moule. » Comme il pourrait paraître fort extraordinaire que je payasse le bois de la fourniture de votre maison, Baudy ajoute pour explication, qu'ayant été vous demander le payement de sa livraison, vous l'avez refusé, en affirmant que je vous avais fait don de ce bois. Je vous demande excuse, si je vous répète un tel propos; je suis fort éloigné de croire que vous l'ayez tenu, et je n'y ajoute pas la moindre foi. Je ne prends ceci que pour le discours d'un homme rustique, qui ne sait pas que l'on envoie bien à son ami et à son voisin un panier de pêches et une demi-douzaine de gelinottes, mais que, si l'on s'avisait de la galanterie de quatorze moules de bois ou de six chars de foin, il le prendrait pour une absurdité contraire aux bienséances, et il le trouverait fort mauvais. Le fait dont je me souviens très nettement est que, me parlant en conversation de la rareté du bois dans le pays et de la peine que vous aviez à en avoir pour votre ménage, j'eus l'honneur de vous répondre que vous en trouveriez aisément sur place, vers Charlot, qui vendait actuellemant ceux qu'il avait eus de ma coupe, et que, si vous vouliez, je lui dirais de vous en fournir ; à quoi vous me répliquâtes que je vous ferais grand plaisir. Quelque temps après, nous rencontrâmes cet homme à qui je dis de vous mener les bois de chauffage dont vous aviez besoin ; vous lui ajoutâtes même de vous en mener deux ou trois voitures dès le lendemain, parce que vous en manquiez. J'espère que vous voudrez bien faire incontinent payer cette bagatelle à Charlot, parce que, comme je me ferai infailliblement payer de lui, il aurait infailliblement aussi son recours contre vous, ce qui fait une affaire du genre de celles qu'un homme tel que vous ne peut point avoir. »

« Je suis d'un caractère que rien ne peut faire plier, inébranlable dans mes sentiments, et ne craignant rien dans ce monde ni dans l'autre, » avait avoué Voltaire à Formey, en 1752. Comme Harpagon, il était prêt à tout souffrir, pourvu qu'on ne touchât pas à sa cassette. La lettre de M. de Brosses le trouva inaccessible aux sentiments de l'honneur et de la délicatesse. Il lui répondit le même mois, mais sans lui parler du payement des moules de bois. Le président crut l'affaire terminée à la satisfaction de Charlot. Aussi, le 11 février, mande-t-il à Voltaire : « Je ne vous parle plus de Charles Baudy, ni des *quatre* moules de bois (lisez quatorze, c'est un chiffre que vous avez omis ; nous appelons cela *lapsus linguæ*). J'ai peut-être eu tort de vous en parler. Si je vous en ai parlé, peut-être trop au long, ce n'a été que comme ami et voisin, en qualité d'homme qui vous aime et vous honore, n'ayant pu m'empêcher de vous représenter combien cette contestation allait devenir publiquement indécente, soit que vous refusassiez à un paysan le payement de la marchandise que vous avez prise près de lui, soit que vous prétendissiez faire payer à un de vos voisins une commission que vous lui avez donnée. Je ne pense pas qu'on ait fait à personne un présent de quatorze moules de bois si ce n'est à un couvent de capucins. » M. de Brosses s'était trompé ; Voltaire n'avait ni payé ni promis de payer le bois qu'il avait brûlé. Il fut assigné le 31 juillet 1761, trente mois après la livraison de ce qu'il appelait quatre moules de bois. L'affaire fut appelée à l'audience du bailliage de Gex, le 22 septembre suivant. Dans l'impossibilité de nier cette dette, le philosophe éclate ; il ne se contient plus, il lâche la bride à toutes les passions de son âme, il épuise toutes les ressources de son génie pour reculer le moment inévitable du payement. C'est alors qu'il écrit au premier président en exercice, au premier président honoraire, au procureur général, à tous les membres du parlement de Dijon ; il n'oublie aucun des amis de M. de Brosses. A propos de quatorze moules de bois qu'il s'est fait livrer, et qu'il ne nie pas d'avoir consumés, il menace de soulever contre lui le chancelier, les ministres, et tout Paris, s'il le faut. « Qu'il tremble ! s'écrie-t-il ; il ne s'agit pas de le rendre ridicule, il s'agit de le déshonorer. Il payera cher la bassesse d'un procédé si coupable et si lâche. »

Le président restait calme et se contentait de le rappeler à l'état de la question. Dans le mois d'octobre, il lui manda : « En nous promenant dans la campagne à Tournay, vous me dîtes que vous manquiez actuellement de bois de chauffage ; à quoi je vous répliquai que

vous en trouveriez facilement de ceux de ma forêt vers Charles Baudy. Vous me priâtes de lui en parler, ce que je fis même en votre présence, autant que je m'en souviens, mais certainement d'une manière illimitée; ce qu'on ne fait pas quand il s'agit d'un présent. Je laisse à part la vileté d'un présent de cette espèce, qui ne se fait qu'aux pauvres de la Miséricorde ou à un couvent de capucins. Je vous aurais, à coup sûr, donné comme présent quelques voies de bois de chauffage, si vous me les aviez demandées comme telles. Mais j'aurais cru vous insulter par une offre de cette espèce. Mais enfin, puisque vous ne le dédaignez pas, je vous le donne, et j'en tiendrai compte à Baudy, en par vous m'envoyant la reconnaissance suivante : « Je sous-
« signé, François-Marie Arouet de Voltaire, chevalier,
« seigneur de Ferney, gentilhomme ordinaire de la
« chambre du roi, reconnais que M. de Brosses, prési-
« dent du parlement, m'a fait présent de... voies de
« bois de moule pour mon chauffage, en valeur de
« 280 francs, dont je le remercie. » A cela près, je n'ai aucune affaire avec vous. M. le premier président, M. de Ruffey et nos autres amis communs ne peuvent s'empêcher de lever les épaules, en voyant un homme si riche et si illustre se tourmenter à un tel excès pour ne pas payer à un paysan 280 livres pour du bois de chauffage qu'il a fourni. »

Les amis du président étaient aussi sincères que lui. L'un d'eux, M. de Ruffey, écrivit vers la même époque à Voltaire : « Les petites choses ne sont pas faites pour affecter les grands hommes. Quoi ! quelques onces d'un métal que vous possédez abondamment, demandées peut-être mal à propos, pourraient-elles altérer votre philosophie? L'enchanteur qui écrit votre vie apprendra-t-il à la postérité que vous avez plaidé pour des moules de bois? Vous êtes mécontent du président, vous savez de quel bois il se chauffe, payez-le et ne vous chauffez plus à son feu. C'est l'intérêt sincère que je prends à votre gloire et à votre repos qui me fait vous tenir ce langage dicté par l'amitié. »

Cette fois encore, Voltaire ne plia pas. On proposa à M⁽ᵐᵉ⁾ Denis de payer secrètement la somme demandée; mais elle eut peur de son oncle, qui lui dicta un refus. M. de Brosses se désista de sa plainte sur les instances de ses amis. Le 10 novembre de la même année, dans une lettre à M. de Fargès, maître des requêtes, il revint sur cette affaire, en ces termes : « Tenez pour certain, sur mon honneur, qu'il ne s'agit d'autre fait que de quatorze voies de bois que mon homme lui a livrées et qu'il ne veut pas lui payer. Vous êtes décidé à lui jeter ces quatorze voies de bûches à la tête, parce qu'il ne me convient pas d'avoir un procès pour un objet si mince. C'est donc à dire qu'il faut les lui donner parce qu'il est un impertinent. Ce serait pourtant la raison du contraire. Quoi! si votre marchand ou votre homme d'affaires lui avait livré pour trente pistoles de vos vins, il faudrait donc les lui donner parce qu'il ne voudrait pas les payer! A ce prix, je vous jure qu'il n'y aurait rien dont il ne se fournît : il n'est pas délicat! Je lui aurais donné sans hésiter, s'il me les eût demandées comme présent. Mais on n'imagine pas une chose si basse. S'il a eu assez peu de cœur pour l'entendre ainsi, il s'est trompé, et tant pis pour lui. Il a dit d'abord que ce n'était pas une commission, mais un présent. Il me l'a ensuite demandé à genoux. Je vous montrerai sa lettre, qui est pitoyable. Elle me fit tant de pitié que je lui donnais tout de suite sans Ximenez qui, de hasard, se trouva chez moi, en ce moment. Il me dit : — Vous seriez bien fol de donner douze louis à ce drôle-là, qui a cent mille livres de rentes, et qui, par reconnaissance, dira tout haut que c'est parce que vous ne pouviez faire autrement. Qu'il en donne un reçu, tout tel que le porte ma lettre. En ce cas, je lui donne tout de suite. Il n'en fera pas difficulté; loin de là! c'est ce qu'il demande. Toute sa prétention est de l'avoir comme donné. Là-dessus on dit : c'est un homme dangereux. Et à cause de cela, faut-il donc le laisser être méchant impunément? Ce sont au contraire ces sortes de gens-là qu'il faut châtier. Je ne le crains pas. On l'admire parce qu'il fait d'excellents vers. Sans doute il les fait excellents, mais ce sont ses vers qu'il faut admirer. Je les admire aussi, mais je mépriserai sa personne, s'il la rend méprisable. Écoutez, il me vient en ce moment une idée, c'est la seule honnêtement admissible pour moi, et tout sera fini. Qu'en votre présence il envoie les 281 livres au curé de Tourney pour être distribuées aux pauvres de la paroisse; alors tout sera dit. De mon côté, je passerai en quittance les 281 livres à Charles Baudy dans son compte; et voilà le procès terminé au profit des pauvres. Cela est bien court et bien aisé. »

« Il y a lieu de croire que l'affaire se termina de la sorte, remarque M. Foisset. Du reste, la lettre qu'on vient de lire, toute d'abandon et de premier mouvement, résume très bien cette inqualifiable contestation.

On peut regretter que M. de Brosses ne se soit pas résigné plus tôt à demeurer dupe; mais il paraît difficile de préférer le rôle de Voltaire à celui du président. »

En donnant 281 livres aux pauvres, Voltaire n'en faisait pas moins tort de 281 livres au président. Il n'agit ainsi que comme contraint. Aussi ne put-il pardonner au président de l'avoir mis en demeure de lâcher ces 281 livres qu'il espérait garder. Il ne cessa de le calomnier et de le déshonorer; il le traita de singe, de nasillonneur, de délateur et de fripon. Il usa de tout son crédit pour l'empêcher d'être de l'Académie. Il menaça même de renoncer à son propre fauteuil si on lui donnait l'illustre Dijonnais pour confrère. La secte philosophique garda la consigne, de sorte que d'Alembert en vint à se vanter d'avoir dégoûté pour toujours un candidat déterminé à ne pas reculer devant les sourdes menées et les bassesses d'un *vil coquin*. Nous verrons plus tard quels torts Voltaire eut encore envers le président.

Voltaire vient de refuser de payer du bois qui lui avait été livré et qu'il avait brûlé, cette fois il s'agit de livres. « A Francfort, raconte Collini (1), le libraire Van Duren vint un matin présenter un mémoire pour des livres qu'il avait remis à Voltaire *treize ans auparavant*. Van Duren ne put lui parler et me laissa le compte. Voltaire le lut et trouva que la somme demandée était pour des exemplaires de ses propres œuvres, il en fut outré. Le libraire revint dans l'après-dînée;

(1) *Mon séjour auprès de Voltaire.* Paris, 1807. In-8°, p. 181.

mon illustre compagnon de voyage et moi nous nous promenions dans le jardin de l'auberge. A peine aperçoit-il Van Duren, qu'il va à lui plus rapidement que l'éclair, lui applique un soufflet et se retire. C'est la seule fois que j'aie vu Voltaire frapper quelqu'un. Que l'on juge de mon embarras. Je me trouvai tout-à-coup seul vis-à-vis le libraire souffleté. Que lui dire? Je tâchai de le consoler de mon mieux; mais j'étais tellement surpris que je ne sus rien trouver de plus efficace que de lui dire qu'au bout du compte ce soufflet venait d'un grand homme. Le mémoire du libraire se trouve entre mes mains comme un souvenir de cet insigne soufflet. » Un soufflet n'était pas un payement. Voltaire devait-il ou ne devait-il pas ? Un libraire ne lui eût pas présenté au bout de treize ans un mémoire qui aurait été payé. Voltaire nous apprend, dans ses *Mémoires*, qu'il fut cité devant le bourgmestre de Francfort, lequel trouva le compte très juste et condamna le débiteur à le solder. Voltaire ne manqua pas de crier à l'injustice et au fripon. S'il avait des fins de non-recevoir à faire valoir, c'était le moment de les opposer à son demandeur. La décision du bourgmestre prouve que la demande du libraire était fondée, et par conséquent que Voltaire aurait frustré ce dernier, s'il n'avait pas été condamné à lui payer des livres qui avaient été remis depuis treize ans.

D'autres fois Voltaire jugeait à propos de ne pas recevoir des choses qu'il avait achetées. Ainsi, dit un auteur grave (1), le comte de Tourney, au printemps, et lors-

---

(1) *Foi et Lumières.* Paris, Waille, 2ᵉ édit. In-8°, p. 95.

que les foins étaient chers, en avait acheté sa provision par avance auprès d'un paysan, qui devait la lui conduire à l'aise, l'ancienne n'étant pas épuisée : celui-ci, au bout de deux mois, arrive avec ses voitures chargées. Or, la hausse n'avait pas continué; au contraire, l'annonce d'une belle récolte avait fait baisser le taux du foin. Refus de M. de Voltaire de payer au prix convenu : surprise du laboureur scandalisé; persistance négative du seigneur, malgré les respectueuses observations qu'on lui fait. — « Mais enfin, Monsieur, dit le paysan poussé à bout, j'ai votre parole. — Ah! tu as ma parole? Eh bien, garde-la, et ton foin aussi. »

Tous les paysans ne croyaient pas devoir se contenter de pareilles réponses. Ainsi, en 1777, il se plaignit au maréchal de Richelieu, le 6 juin, d'être obligé de soutenir à Dijon le procès le plus désagréable et le plus ruineux. Le 6 avril, il en avait parlé en ces termes à Mme de Saint-Julien : « J'ai un procès dans votre commandement de Dijon. L'affaire est considérable. On nous demande 15,000 francs, et les frais iront au delà. Voyez si vous pouvez nous protéger auprès de M. Quirot de Poligny, conseiller au parlement, notre rapporteur ; c'est-à-dire, souvenez-vous si vous avez à Dijon quelque commissionnaire, quelque homme d'affaires qui exécute vos ordres, et qui puisse dire à M. de Poligny que vous daignez vous intéresser à notre bon droit. Le procès est au nom de Mme Denis et non pas au mien. » Le 5 septembre, il recommanda ce procès à M. de Ruffey, père du président du parlement de Dijon. Le 30 octobre, il lui manda : « Vous trouverez peut-être le procès de Mme Denis mauvais. Il me paraît indubitable pour le fond, mais je tremble pour la forme que je ne connais pas, et dans laquelle je crains que Mme Denis et moi nous n'ayons commis bien des fautes. Nous avons été condamnés (à Gex), nous avons payé, et il faut que nous soyons condamnés et que nous payions une seconde fois à Dijon. Je ne ne puis faire le voyage. Je prends la liberté de vous envoyer notre plaidoyer. L'affaire est portée à une chambre du parlement; M. Quirot de Poligny en est le rapporteur. Voilà à peu près tout ce que je sais de cette affaire. Elle est assez extraordinaire et très embarrassante. J'ai fait tout ce que j'ai pu pour l'accommoder, je n'ai pu en venir à bout. J'ai affaire à un homme qui me croit très riche, et qui, en conséquence, me demande des sommes trop fortes que je ne puis lui donner. Ayez la bonté de lire notre mémoire. Si vous avez quelques amis parmi mes juges, je vous prie de parler autant que vous pourrez en faveur de la dame Denis la persécutée. Je ne me trouve compromis dans ce procès que parce que je suis son oncle, et que c'est moi qu'on veut rançonner. Faites tout ce que l'équité, la bienséance et l'amitié vous dicteront. J'ai la vanité de compter sur vos bons offices. » De quoi s'agissait-il dans cette affaire que Voltaire regardait comme très embarrassante, très extraordinaire, très considérable, très onéreuse, qu'il recommandait avec tant d'instance à ses juges, et dont il espérait peu, puisqu'il était persuadé qu'il serait condamné une seconde fois à de forts dommages-intérêts et dépens qu'il évaluait à plus de trente mille livres? M. Girault, qui le premier a édité ces deux lettres de Voltaire à M. de Ruffey, a donné cette note : « Le procès dont il est ici question était une demande en rescision pour cause de lésion d'outre moitié dans le prix de la vente d'une mauvaise maison de cultivateur, achetée par Mme Denis, démolie de suite et réunie au pourpris du château de Ferney. Ce procès ne fut point jugé, parce qu'après la mort de Voltaire, les parties convinrent d'un arrangement à l'amiable. » La demande était donc fondée; tout concourt à prouver que Voltaire, dont Mme Denis n'était que le prête-nom, avait acheté une propriété à vil prix et qu'il aurait lésé une pauvre famille, s'il n'avait pas été contraint par les voies de droit de réparer son usurpation et son injustice. Un honnête homme n'eut jamais de pareils démêlés.

Voltaire eut encore d'autres procès dont il fut loin de tirer une grande gloire. Le 22 février 1751, il écrivait à d'Argental : « André, cet échappé du *système*, s'avise au bout de trente ans, un jour avant la prescription, de faire revivre un billet que je lui fis en jeune homme, pour des billets de banque qu'il me donna dans la décadence du *système*, et que je voulus faire en vain passer pour un *visa*. Ces billets de banque d'André étaient des feuilles de chêne. Il m'avait dit depuis qu'il avait brûlé mon billet avec toutes les paperasses de ce temps-là; aujourd'hui il le retrouve pendant mon absence, il le vend à un procureur et fait saisir tout mon bien. Je crois que je serai obligé de le payer et de le déshonorer, attendu que mon billet est pur et simple, et qu'il n'y a pas moyen de plaider contre sa signature et contre un procureur. » Cette lettre justifie-t-elle entièrement Voltaire dans une affaire où les motifs et les conclusions de son adversaire ne sont pas connus? Je ne le crois pas. Voltaire avait vingt-sept ans à l'époque où il remonte ; il n'était par conséquent pas un jeune homme sans expérience. S'il a acheté au sieur André des billets de banque, il est évident qu'il a dû les payer. Si ces billets perdirent de leur valeur et qu'il ne put en tirer aucun parti, ce n'était pas la faute du vendeur, qui ne les avait livrés que pour ce qu'ils étaient. Il avait donc le droit de s'en faire rembourser. Voltaire paraît s'y être refusé et André avoir espéré le rappeler à la raison. Celui-ci a pu attendre jusqu'au dernier jour accordé par les lois pour citer son adversaire. Voltaire avait eu le temps de remplir ses engagements. Il n'avoue pas avoir payé sa dette ; il reconnaît même qu'il lui est impossible de la nier. Si on le juge d'après sa rhétorique des probabilités, il en résultera qu'il était déterminé à ne point payer à André ce qu'il lui devait, et ce qu'il ne niait pas de lui devoir ; et que, s'il n'avait été contraint de par le roi, la loi et la justice, il ne lui aurait jamais laissé qu'un chiffon de papier pour prix de billets commerçables dont Voltaire à la vérité ne profita pas, mais dont André se serait défait avantageusement en les cédant à d'autres. Si dans cet agiotage Voltaire trouvait une occasion de *déshonorer* André, il est permis de supposer qu'il n'était pas lui-même exempt de reproche, puisqu'il était majeur et jouissait de tous ses droits civils au moment où il aurait signé un pacte honteux, si la commission donnée par lui à André avait ce caractère.

La même année où Voltaire fut forcé de payer à Paris des frais d'agiotage, il eut à soutenir à Berlin un procès dont l'agiotage était la source. Il s'agit des démêlés avec un juif. Ils eurent un vaste retentissement depuis

Berlin jusqu'à Paris. Amis et ennemis furent impatients
d'en connaître les suites. Thiébault, Formey, Collé,
Longchamp, Luchet et Duvernet en ont dit un mot,
mais sans approfondir la question, sans opposer les
dires et les conclusions de l'un aux moyens de défense
de l'autre. L'affaire parut d'abord si mauvaise que le
roi l'abandonna à la justice et défendit à Voltaire de
paraître devant lui avant qu'on eût prononcé un jugement. Voltaire travailla à capter la bienveillance de ses
juges et leur fit parler par tous ses amis. Il avait commencé par envoyer le juif en prison. Il finit par gagner
le procès. Le juif allait en appeler. Voltaire préféra transiger. Il n'en resta pas moins convaincu, aux yeux de
tout le monde, de s'être livré à un agiotage honteux,
réprouvé du gouvernement. Aussi le roi lui écrivit-il,
le 24 février : « Vous avez la plus vilaine affaire du
monde avec le juif. Vous avez fait un train affreux
dans toute la ville. L'affaire des billets saxons est si
bien connue en Saxe, qu'on m'en a porté de grièves
plaintes. »

Des procédés et des querelles de cette nature portent
en eux-mêmes leur conséquence. S'il est possible de
les attribuer à un autre principe qu'à une sordide économie et à une insatiable cupidité, il faut convenir que,
jusqu'à présent, personne n'a saisi la véritable notion
de l'avarice. Les Orgons qui ont eu des yeux pour voir,
des oreilles pour entendre, et à qui il reste assez d'intelligence pour apprécier ce qu'ils ont vu et entendu,
nieront difficilement la vraisemblance d'une anecdote
qui tendrait à reprocher à Voltaire des habitudes de
lésine et de friponnerie.

A moins de faire abnégation de sa raison, on est forcé d'admettre comme péremptoirement prouvé, d'après les témoignages les plus authentiques, que la vie de Voltaire est pleine de traits d'avarice et d'un esprit sans droiture.

Après les Orgons, voici une phalange de Pernelles qui ne peuvent croire à une action si noire, qui crient à la calomnie et à l'envie, et refusent de s'en rapporter aux apparences. Vous avez beau leur répéter que vous l'avez vu, de vos yeux vu, ce qu'on appelle vu. Pour les amener à dire : « Je suis tout ébaudi et je tombe des nues, » il faut que le tableau se rembrunisse encore, que les actions se multiplient et aboutissent à un dénouement, et que de ce choc de traits jaillisse et brille la notion du caractère; car des faits isolés indiquent, mais ne dévoilent pas un caractère. Pour arriver à le saisir, il est nécessaire de jeter un coup d'œil scrutateur sur toute la vie d'un homme, surtout si sa carrière, comme celle de Voltaire, a été si longue.

Toute accusation d'avarice repose sur la nature des rapports d'intérêts, lesquels sont tout à fait relatifs et décident de l'ignominie et de l'intensité de cette passion. Tout jugement sur une pareille affaire suppose donc une étude approfondie de l'état et de l'emploi de la fortune de l'individu accusé ou soupçonné d'avarice. Pour mettre le lecteur à même de juger en dernier ressort si l'avarice fut le caractère ou la passion dominante, et non une simple velléité passagère, dans la longue vie de Voltaire, nous allons dérouler le tableau de sa fortune, puis celui de ses dépenses et enfin celui de ses libéralités. Tels sont les sujets des trois chapitres suivants.

CHAPITRE DEUXIÈME

HISTOIRE DE LA FORTUNE DE VOLTAIRE.

I. — *Sources de la fortune de Voltaire.*

On lit à la page 321 du tome III de la *Nouvelle Revue encyclopédique :*

« Quel était l'état exact des revenus et des dépenses de Voltaire? Quels moyens employa-t-il pour fonder et accroitre sa fortune? Ce sont là des questions que les biographes, amis ou ennemis du grand écrivain, ont souvent agitées et jamais résolues. Les uns ont affirmé que Voltaire avait gagné des sommes considérables dans une loterie que le contrôleur général Desfort avait établie pour liquider les dettes de la ville de Paris, puis dans des spéculations heureuses sur le commerce de Cadix et sur des achats de blé en Barbarie; enfin, dans une association avec Pâris-Duverney, qui avait pour but de fournir des vivres à l'armée d'Italie ; et ces biographes ont prétendu que le chiffre de ses revenus s'élevait à 166,000 livres de rente. Ajoutons ici que ceux dont nous parlons n'ont pas épargné les reproches de cupidité et d'avarice à l'écrivain qui était ainsi parvenu à amasser de telles richesses au xviiie siècle.

« D'autres, au contraire, ont remarqué que le patrimoine de Voltaire consistait d'abord en 4,000 livres de rentes; que l'édition de *la Henriade,* la première qu'il donna lui-même par souscription, lui rapporta une somme considérable ; que ce fut l'origine de sa fortune, qu'il devait accroître plus tard, soit par quelques entreprises qui réussirent, soit par des placements en viager chez de grands seigneurs. Ils constatent également que plusieurs de ces derniers emportèrent quelquefois l'intérêt avec le capital. Les biographes auxquels nous faisons allusion sont bien loin d'accuser Voltaire d'un sordide amour de l'argent. Ils louent au contraire la générosité qu'il montra envers ses nièces et quelques jeunes écrivains. Ils n'oublient pas non plus de rappeler les actes de munificence du seigneur de Ferney, qui transforma ce misérable hameau en un bourg florissant, et qui donna l'aisance aux habitants, en ouvrant des voies nouvelles à leur industrie.

« Quoi qu'il en soit, Voltaire s'est chargé lui-même de nous éclairer, en nous inscrivant de sa main, dans un petit registre de format in-8°, et d'environ 50 pages, dont quelques-unes sont restées en blanc, un grand nombre de notes relatives à ses revenus et à ses dépenses. Ce précieux manuscrit vient d'être acheté pour la Bibliothèque royale. Il nous donnera quelques indications précises, soit sur les rentes de Voltaire, soit sur les placements qu'il avait faits, ainsi que sur les dépenses ordinaires de sa maison, et les économies considérables qu'il accumulait. Ces renseignements serviront à compléter ceux qui ont déjà été fournis par les biographes dont nous avons parlé. »

Cette page, publiée en 1847, va nous servir de thème. Elle nous impose un travail difficile, puisqu'elle ne nous annonce que de grandes difficultés : essayons d'en surmonter quelques-unes, en attendant que de nouveaux documents permettent à l'historien de donner le dernier mot de l'énigme.

Parmi les contradictions qui se sont glissées sous la plume des biographes et des commentateurs qui nous ont précédé, les unes doivent être attribuées à l'ignorance, d'autres à une grande légèreté d'esprit, ou même à une aveugle passion. Nous excuserons celles-là, nous blâmerons celles-ci. Nous nous plairons aussi à rendre justice aux écrivains dont les élucubrations auront contribué à nous éclairer dans nos recherches. C'est le motif qui nous amène et nous oblige à transcrire tout de suite cette note que M. Beuchot a insérée à la page 420 du tome LVI de son édition des *OEuvres de Voltaire.*

« Ninon lui (Voltaire) avait légué, en 1705, une somme de 2,000 francs ; le duc d'Orléans lui donna, en 1719, une pension de 2,000 francs ; la reine, en 1725, une autre pension de 1,500 francs qui ne fut pas régulièrement payée. Les souscriptions de *la Henriade*, en 1726, lui procurèrent une somme considérable (on la porte à 150,000 francs). Deux ans après, il hérita de son père. Il raconte lui-même, dans son *Commentaire historique*, qu'il s'associa pour une opération de finances, et qu'il fut heureux. Les frères Pâris lui avaient accordé un intérêt dans la fourniture des vivres d'Italie, en 1734 ; pour solde de cet intérêt, il reçut 600,000 francs qu'il plaça à Cadix sur des armatures et cargaisons, et qui lui rapportèrent 32 à 33 0/0. Il n'y éprouva qu'une seule perte de 80,000 francs. Demoulin lui emporta, en 1739, environ 25,000 francs ; en 1741, il perdit chez Michel une *assez bonne partie de son bien*. Plus tard, il se trouva pour 60,900 francs dans la banqueroute de Bernard de Coubert, fils de Samuel Bernard. Mais il avait beaucoup d'ordre ; d'autres circonstances réparèrent ces pertes. Le roi lui avait donné une charge de gentilhomme de la chambre, puis lui permit de la vendre en en conservant les honneurs. Vers le même temps, il hérita de son frère. Un état de ses revenus *arriérés* pour les années 1749-50 donné par Longchamp s'élève à 74,058 francs. Pendant son séjour à Berlin, il avait la table, le logement, une voiture, et 16,000 francs de pension. L'année même qu'il acheta Ferney, il écrivait à d'Argental, le 15 mai 1758, avoir perdu le quart de son bien par des frais de consignation. On voit par une lettre au même, du 30 janvier 1761, qu'il avait alors 45,000 francs de rentes dans les pays étrangers. Ce qu'il possédait en France était beaucoup plus considérable. Il avait fait construire des maisons qu'il avait vendues en rentes viagères à 6 ou 7 0/0 avec réversibilité d'une partie sur la tête de Mme Denis. Il avait construit Ferney, et avait plus que doublé le revenu de cette terre, qui, dans les dernières années, lui rapportait de 7 à 8,000 francs. Les dépenses de sa maison n'allaient qu'à 40,000 francs ; ses rentes s'élevaient, à sa mort, à 160,000 francs. Il laissa à Mme Denis près de 100,000 francs de rentes et 600,000 francs en argent comptant et effets. La terre de Ferney fut, en 1778, vendue 230,000 francs. »

Dès sa jeunesse, M. Beuchot prit goût à Voltaire; pendant dix-sept ans, il rechercha dans les échoppes et sur les quais tout ce qui était relatif à Voltaire; il consacra 10,000 francs à l'acquisition de toutes les éditions de tous les ouvrages de Voltaire, et de toutes les brochures favorables ou hostiles à Voltaire; il les dévora toutes, et les confronta, la plume à la main; il lut aussi attentivement tous les journaux du siècle de Voltaire, les œuvres et les lettres de tous les philosophes; il vécut dans l'intimité de Decroix qui avait vieilli sur Voltaire; il profita des travaux de MM. Clogenson et de Cayrol. Représentant de la science, ou plutôt de l'érudition voltairienne, il a mérité, par ses recherches, que son nom restât confondu avec celui de Voltaire, et que son édition de Voltaire trouvât place dans toutes les bibliothèques publiques et fût préférée à toutes les autres par les hommes de lettres, amis ou ennemis de Voltaire. Il n'est donc point étonnant que sa note soit la plus complète de toutes celles qui ont été publiées. Il pouvait toutefois être plus explicite et plus exact. Il est difficile d'expliquer comment des deux documents qui nous serviront le plus dans nos investigations, il a dédaigné d'en profiter et même d'en révéler l'existence.

Le premier de ces documents est le *Livret* autographe de Voltaire, dont la *Nouvelle Revue encyclopédique* nous a vanté les ressources. Eh bien! ce n'était pas une pièce inédite en 1847. La plus grande partie en avait été publiée, en 1828, dans les *OEuvres complètes de Vol-*

taire, avec des remarques et des notes historiques, scientifiques et littéraires de MM. Auguis, Clogenson, Daunou, Louis du Bois, Étienne, Charles Nodier, éditées à Paris par les frères Delangle; M. Louis du Bois en a offert un extrait sous le titre de *Fortune de Voltaire*, qui occupe les pages 423 à 429 du premier volume contenant la *Vie de Voltaire* par Condorcet, dont toutes les notes sont signées de ses initiales. On peut reprocher au commentateur de n'avoir pas indiqué que l'original était de la main de Voltaire; c'est peut-être la raison pour laquelle M. Beuchot ne l'a point remarqué; car ce tome lui a certainement passé sous les yeux plusieurs fois, ainsi que les *OEuvres inédites de Voltaire*, éditées en 1825 par la librairie Dupont, auxquelles M. Dubois a emprunté *la Fortune de Voltaire* : c'est là que pour la première fois elle fut donnée et annoncée comme littéralement copiée sur le manuscrit autographe de Voltaire, communiqué par M. de Jouy, auquel il appartenait.

Sous la rubrique de La Haye, l'abbé Duvernet publia, en 1781, les *Lettres de M. de Voltaire à M. l'abbé Moussinot, son trésorier, écrites depuis 1736 jusqu'en 1742*; dans une *Épître dédicatoire au comte d'Argental*, il annonce que ces *Lettres*, toutes écrites de la main de Voltaire, on les déposera, en temps et lieu, à la Bibliothèque du roi. Sous cette mention, *Supplément français* 2291, il existe en effet à la *Bibliothèque Nationale* 147 *Lettres originales de Voltaire à l'abbé Moussinot*. En les feuilletant, on s'aperçoit dès la première ligne que Duvernet a mutilé, falsifié toutes ces lettres, qu'il n'en a pas même respecté les dates, et que par conséquent elles sont, pour ainsi dire, inédites, puisque tous les éditeurs se sont contentés de reproduire le texte boiteux de Duvernet. M. Beuchot avait une copie de plusieurs manuscrits de Voltaire, conservés à la Bibliothèque impériale de Saint-Pétersbourg ; il a fait un appel à la générosité de ceux qui possédaient des lettres de Voltaire encore inconnues ; il a donné un billet de Frédéric le Grand d'après l'autographe déposé à la Bibliothèque royale, et il n'a pas eu l'idée d'y demander les minutes de Voltaire ! C'est une chose digne de remarque que personne, jusqu'à présent, n'ait parlé de la collection des *Lettres originales de Voltaire à l'abbé Moussinot*. Nous ne cesserons de les citer dans leur séduisante intégrité, préférablement au replâtrage et au badigeonnage de Duvernet ; car elles aident singulièrement à découvrir le côté le plus obscur et le plus intéressant de la vie de Voltaire, comme nous le verrons tout à l'heure.

Voltaire venait de déchirer les langes de l'enfance ; il était encore sous la férule de ses pédagogues, quand la Fortune le prit sur ses genoux. Dans sa notice sur Ninon de Lenclos, il dit : « L'abbé de Châteauneuf me mena chez elle dans ma plus tendre jeunesse. Je lui fus présenté ; elle avait quatre-vingt-cinq ans. Il lui plut de me mettre sur son testament ; elle me légua 2,000 francs pour acheter des livres. Sa mort suivit de près ma visite et son testament. » Dans une lettre, du 15 avril 1752, à un membre de l'Académie de Berlin, il nous assure que l'article de ce testament n'est point un roman, et, dans son *Commentaire historique*, il nous apprend que cette « somme de 2,000 francs lui fut exactement payée. » Quand lui fut-elle remise ? Il est difficile de le constater. Ninon s'éteignit le 17 octobre 1706 ; à cette époque, Voltaire n'avait que douze ans. Il est impossible d'admettre que M⁰ François Arouet, qui avait exercé pendant dix-sept ans les fonctions de notaire à Paris, ait abandonné une somme de 2,000 francs entre les mains d'un écolier, et qu'il l'ait employée tout de suite à lui former une bibliothèque. Il est probable qu'il la plaça ou la garda jusqu'au moment où la loi et la raison lui permirent de s'en dessaisir.

« Les bienfaits du régent et le produit d'*Œdipe* mirent Voltaire en état de se passer des secours de sa famille, » dit Duvernet (1). Cette tragédie, dont la première édition, de 1719, fut dédiée à Madame, épouse du régent, avait été représentée pour la première fois le 18 novembre 1718, et jouée quarante-cinq fois de suite. Le succès extraordinaire d'*Œdipe* et celui de *Mariamne* en 1726 rapportèrent beaucoup à l'auteur, suivant Longchamp (p. 331). *Artemire*, qui ne parut que huit fois sur la scène, du 15 février au 8 mars 1720, lui valut peu de bénéfice.

Qu'étaient-ce que les bienfaits du régent? Après une détention de onze mois, Voltaire sortit de la Bastille, le 11 avril 1718, et fut présenté au régent, qui lui accorda une gratification que La Harpe porte à cent louis (2), et Baculard d'Arnaud à mille écus (3). D'après un manuscrit de la Bibliothèque de l'Arsenal, intitulé : *Recueil des présents faits par le Roy depuis l'année 1662 jusques et compris l'année 1721*, c'est le 26 décembre 1718

---

(1) *Vie de Voltaire*. Paris, 1797. In-8°, p. 78.
(2) *Lycée*, article *Commencements de Voltaire. Idées générales de la Henriade*.
(3) *Mémoires de Longchamp*, p. 490.

que fut « *donné au sieur Arrouet, en considération d'une tragédie qu'il a fait pour le sujet d'*Œdipe *une médaille d'or montant à* 6,075 *livres* 10 *sols* ». « Monseigneur, lui dit Voltaire, je remercie Votre Altesse Royale de vouloir bien continuer à se charger de ma nourriture; mais je la prie de ne plus se charger de mon logement. » D'après ce propos, le régent se chargeait donc encore de nourrir le poète; il est évident qu'une gratification n'eût point suffi pour cela. Il fallait une pension. A-t-elle été accordée, quoique aucun biographe n'en ait jamais parlé? Voltaire lui-même a gardé le silence sur cet article. Longchamp (p. 330) nous assure que le régent lui fit une pension de 1,200 francs, qu'il toucha pour lui en 1749. Il est probable qu'elle fut octroyée le même jour qu'eut lieu l'entrevue des deux personnages. A-t-elle été longtemps payée? Nous verrons, d'après son *Livret*, que Voltaire recevait encore en 1775 la somme de 1,200 francs du duc d'Orléans. Cette fois était-ce comme créancier ou comme pensionnaire? Il m'a été certifié, aux archives de la maison d'Orléans, que Voltaire ne figurait sur aucune liste des créanciers de cette famille. Par conséquent Voltaire, en 1775, continuait à être nourri par un duc d'Orléans, comme on le lui avait promis en 1718. A la vérité, Wagnière (p. 30) affirme que, « les vingt-six dernières années de sa vie, il n'a retiré aucune pension de personne ». Je lui répondrai qu'il n'a pu ignorer ce que j'avance, car il a certainement eu connaissance du *Livret* de Voltaire. Ce qui n'y est pas écrit de la main de ce dernier n'a pu l'être que par Wagnière ou par quelque copiste, ami de Wagnière. Il est même très probable que c'est lui qui a transcrit plusieurs notes, entre autres celle qui concerne sa famille. Ce n'est pas la dernière fois que nous le convaincrons d'imposture.

Voltaire avoue, dans son *Commentaire historique*, qu'en 1745 il y avait longtemps qu'il avait une pension du roi de 2,000 livres, et une autre de 1,500 de la reine, mais qu'il n'en sollicita jamais le payement.

A quelle époque ces pensions lui furent-elles accordées? On lit à la page 168 du mois de janvier 1722, du *Mercure de France* : « M. Arouet de Voltaire, de qui le père est mort depuis peu, a obtenu du roi, par la protection de M. le duc d'Orléans, une pension de 2,000 livres. » C'était une faveur à l'occasion du jour de l'an, sans doute; car il n'est pas probable que le *Mercure* n'eût connu qu'en 1722 une pension qui aurait été donnée dès 1719, suivant M. Beuchot. Quant à la pension de 1,500 livres sur la cassette de la reine, M. Louis Dubois (1) en parle comme d'un effet des sollicitations de Pâris-Duverney, en 1724; cette date est une erreur; puisque Louis XV ne se maria à Fontainebleau que le 2 septembre 1725. Duvernet (p. 78) croit que c'est peu de temps après ce mariage que Voltaire fut mis sur la liste des pensionnaires de la jeune reine. Dans sa lettre, du 13 novembre, à Mme de Bernières, le poète fait part de cette nouvelle. Il y avait plus d'un mois qu'il ne quittait pas la cour où il soupirait après une petite fortune, demandait des grâces, fréquentait les personnages puissants, ne se repaissait guère d'espérances ni de compliments, car il pensait assez solidement pour sentir

---

(1) *OEuvres de Voltaire*, édit. Delangle, t. I, p. 36.

que des louanges sont peu de chose, et qu'il ne fallait pas rester sans établissement (1). Il avait envoyé *OEdipe* et *Mariamne* à la nouvelle reine et n'avait pas été fâché de la voir pleurer à *Mariamne*, et rire à *l'Indiscret*, comme il le manda, le 17 octobre 1725, à Thieriot.

Mais est-il vrai que Voltaire ne sollicita jamais le payement de ses pensions? Rien de plus certain que le contraire. Dans ses lettres, il ne cesse de témoigner de l'inquiétude, quand il lui reste des quartiers à toucher, même lorsqu'il est devenu déjà riche. Dans le mois de septembre 1725, il mande à Mme de Bernières qu'on ne parle d'aucun payement de pension. Le 12 août 1726 et le 22 janvier 1727, il annonce à Thieriot, qu'il a perdu ses deux pensions; mais, une fois rentré en France, il lui écrit, dans le mois d'avril 1729 : « Vous me faites songer à mes intérêts, que j'ai trop négligés. J'avoue que j'ai eu tort de tout abandonner, comme j'ai fait. Je me souviens que Marc-Tulle Cicéron, dans ses bavarderies éloquentes, dit quelque part : *Turpe est rem suam deserere*. Muni donc du sentiment d'un ancien, et rendu à la raison par vos remontrances, je vous envoie la patente de la pension que me fait la reine; il est juste qu'elle m'en daigne faire payer quelques années, puisque M. son mari m'a ôté mes rentes, contre le droit des gens. La difficulté n'est plus que de faire présenter à la reine un placet; je ne sais à qui il faut s'adresser, ni qui paye les pensions de cette nature. C'est à vous

---

(1) Lettre de Voltaire à Mme de Bernières, du 8 octobre 1725, et lettre du même à Thieriot, du 17 octobre 1725.

à conduire cette affaire comme vous le jugerez convenable. » Plus tard, il dit à l'abbé Moussinot, le 14 septembre 1737 : « Je vous envoie ma signature pour la pension. Je n'ai jamais cru devoir 1,500 livres à M. Duverney. Je vous prie de dire au commis que M. Duverney *m'avança* une fois une *année de la pension de la reine* dont il a dû se faire payer par ses mains, puisque j'ai laissé cette année à toucher. » Le 4 janvier 1738 : « Quelle année de pension m'a-t-on payée au trésor royal ? » Le 11 février suivant : « Je vous prie de joindre aux soins que vous prenez pour moi avec tant d'amitié celui d'écrire à M. Tannevot, premier commis des finances à Versailles. Mandez-lui, s'il vous plaît, que vous vous souvenez que j'ai une pension dont vous n'avez depuis longtemps vu les ordonnances, et que vous n'avez pas oublié qu'il avait eu *quelquefois* la bonté de vous les envoyer. Je crois qu'il m'est dû deux ordonnances au moins. Au reste, parlez, mon cher ami, *en votre nom*, car quand on parle pour son ami, on demande justice, et si je parlais, *j'aurais l'air de demander grâce.* » Le 6 mars suivant : « Qu'on écrive pour ma pension. » Le 3 avril suivant : « Pour M. Tannevot, je prie M. votre frère de lui *écrire encore* et de lui dire que je suis malade. S'il ne fait pas de réponse, il faudra s'adresser au premier commis de M. de Saint-Florentin dont j'ignore le nom. Mais, pour moi, je vous prie de me dispenser d'écrire. *Je n'aime pas à demander*, à moins que ce ne soit pour d'autres. » Le 28 du même mois : « M. votre frère est prié d'écrire encore une lettre bien polie à M. Tannevot. » Le 14 octobre 1740 : « Je vous supplie d'écrire à M. Tannevot, premier commis, de vous envoyer mes ordonnances. » En 1741, le 21 janvier : « Je ne compte point *presser* pour le payement de *mes pensions* avant le mois de mars, temps auquel j'aurai l'ordonnance de l'année échue à Noël ; je me ferai payer de tout à la fois. » Le 9 juin : « Si M. Duverney insiste sur les 1,500 livres qu'il dit que je lui dois pour l'avance d'une pension de la reine dont je n'ai pas été payé, il faudra le prier de se contenter cette fois-ci de la moitié. » Enfin le 20 du même mois : « Je vous suis bien obligé de faire présenter mes deux ordonnances le plus tôt que vous pourrez. » Mais le cardinal de Fleury ayant réduit la pension de 2,000 livres à 1,600, quand il diminua toutes les pensions, et une rente de 1,000 écus qu'avait Voltaire sur l'hôtel de ville, à 1,500 francs (1), Voltaire demanda, le 8 février 1745, au marquis d'Argenson, le rétablissement des 400 livres retranchées de sa pension. Déjà dès 1743 il avait voulu profiter de l'occasion de présenter à Louis XV une lettre de Frédéric le Grand, pour « obtenir la restitution d'une partie de son bien, que le bon cardinal lui avait ôtée ». Le 10 octobre 1748, il rappelle à la reine qu'il est son domestique et celui du roi, et qu'il est le premier sur qui sont tombées ses bontés. Le 27 octobre 1750, il apprend à d'Argental que le roi lui a conservé l'ancienne pension de 2,000 livres. Néanmoins, il ne paraît pas qu'elle lui ait été remise. Mais, « dès que M. le duc de Choiseul fut entré dans le ministère, il fit, à l'insu de M. de Voltaire, qu'il ne connaissait

---

(1) *Mémoires de Longchamp*, p. 491.

pas personnellement, renouveler le brevet de cette pension du roi, et le lui envoya ; mais M. de Voltaire n'a jamais voulu la toucher, dit Wagnière (p. 30). » Si cette dernière phrase est vraie, comment expliquer ces mots de Voltaire, du 1er février 1761, à M™e de Fontaine : « Savez-vous que j'avais autrefois une pension que je perdis en perdant la place d'historiographe ? Le roi vient de m'en donner une autre, sans qu'assurément j'aie osé la demander ; et M. le comte de Saint-Florentin m'envoie l'ordonnance, pour être payé de la première année. Sa façon est infiniment agréable. Je soupçonne que c'est un tour de M™e de Pompadour et de M. le duc de Choiseul? » Et ces autres, du 20 janvier 1762, à Duclos : « Vous savez que j'avais autrefois une pension, je l'avais oubliée depuis douze ans, non seulement parce que je n'en ai pas besoin, mais parce qu'étant retiré et inutile, je n'y avais aucun droit. Sa Majesté, de son propre mouvement, et sans que je pusse m'y attendre, ni que personne au monde l'eût sollicitée, a daigné me faire envoyer un brevet et une ordonnance. Peut-être est-il bon que cette nouvelle parvienne aux ennemis de la littérature et de la philosophie? » Pourquoi Voltaire eût-il tressailli d'allégresse en recevant ce brevet, s'il avait eu l'intention de ne point s'en servir? En 1775, il daignait encore accepter la pension de 1,200 francs du duc d'Orléans, et il aurait refusé longtemps auparavant la pension du roi! Voilà des contradictions difficiles à expliquer. Il reste démontré que Voltaire a sollicité instamment le payement de ses pensions. Si elles ne lui furent pas régulièrement octroyées, ce n'était pas sa faute, car il n'avait reculé devant aucune démarche pour les avoir. S'il négligea plus tard de les réclamer, c'est qu'il était persuadé de l'inutilité de ses demandes. Sa résignation n'était pas un héroïsme de délicatesse, de générosité, de désintéressement. « En fait d'argent, il faut toujours recevoir, » avait-il mandé, le 18 mars 1737, à l'abbé Moussinot.

Aussi se laissa-t-il combler de bienfaits par les princes de Vendôme, de Conti et de Clermont, suivant Longchamp (p. 330). De sorte que, dès 1723, de ses économies il s'était fait une rente viagère de 2,000 francs, dont Duvernet (p. 78) dit avoir vu le contrat. Dans son *Mémoire*, du 6 février 1739, inséré pour la première fois dans ses *OEuvres* par M. Beuchot, il cite un acte, du 4 mai 1723, par lequel « lui, sieur de Voltaire, loue un appartement dans la maison du président de Bernières, pour la somme de 600 francs par an ; et s'accordent en outre à 1,200 livres de pension pour lui et pour son ami (Thieriot), qui lui faisait l'honneur d'accepter la moitié de cet appartement : tout a été exactement payé. » Ce loyer de 600 francs annonce de l'aisance! cette dépense de 1,200 francs pour deux têtes amies indique du superflu. Cet acte est possible, il paraît vraisemblable ; nous verrons s'il est authentique. Dans le cas où il serait permis de l'admettre comme vrai, il prouverait qu'en 1723 Voltaire était déjà indépendant.

A cette époque, il était pensionné du roi et de la maison d'Orléans. Il allait bientôt l'être de la reine. Faut-il admettre qu'il ne jouit de son patrimoine que lorsque les princes l'avaient déjà comblé de bienfaits? Le père de Voltaire mourut vers 1721, suivant M. Louis du

Bois (1), en 1723 ou 1724, selon M. Beuchot (*OEuvres de Volt.*, t. I., p. 119.), quoique le *Mercure de France* eût parlé de ce décès comme d'une nouvelle au mois de janvier 1722. C'était avec raison ; car aux Archives de l'hôtel de ville, j'ai lu dans les *Registres des baptêmes, mariages et enterrements de la paroisse Saint-Barthélemy* : « Le 2 janvier 1722 a été inhumé en cette église François Arouet, conseiller du roi, receveur des épices de la chambre des comptes de Paris, âgé d'environ soixante-douze ans, décédé le jour précédent, Cour-Vieille du palais de cette paroisse. Ont assisté au convoi : Armand Arouet, conseiller du roi, receveur des épices de ladite chambre des comptes, François-Marie Arouet de Voltaire, tous deux fils dudit défunt, demeurant susdites cour et paroisse, M. Pierre-François Mignot, conseiller du roi, correcteur en ladite chambre des comptes, gendre, demeurant rue des Deux-Boules, paroisse Saint-Germain l'Auxerrois, et plusieurs autres. Signé : Armand Arouet, François-Marie Arouet de Voltaire, Mignot. »

Cet extrait de décès n'est pas sans importance. Dans son *Commentaire historique*, Voltaire s'était donné pour père un trésorier de la chambre des comptes ; Duvernet (p. 17), Chaudon (2), Condorcet, Wagnière (p. 20), et Longchamp (p. 330), se firent l'écho de son assertion. Luchet (3) est le seul qui ait conservé à François Arouet son titre de payeur des épices et receveur des amendes

---

(1) *OEuvres de Voltaire,* édit. Delangle, t. I, p. 20.
(2) *Mémoires pour servir à l'histoire de Voltaire.* Amsterdam, 1785. In-12, t. I, p. 1.
(3) *Histoire littéraire de Voltaire.* Cassel, 1781. In-8°, p. 2.

à ladite chambre des comptes. En 1816, Lepan (1) prouva, d'après les registres de cette cour, que ledit François Arouet fut reçu, en 1701, au serment de l'office de receveur alternatif et triennal des épices, vacations et amendes de la chambre des comptes. M. Philarète Chasles (*Plutarque Français*, art. Volt.) a profité de ce document. Mais Paillet de Warcy (2), la *Biographie universelle*, MM. Louis du Bois et Beuchot n'ont point daigné en tenir compte. Il reste démontré que Voltaire n'ignorait pas la qualité de celui auquel il devait le jour. Une autre conséquence de l'extrait mortuaire, c'est qu'en 1722, il n'avait pas de domicile ni de résidence, ou bien qu'il avait sa place au foyer domestique, et que son père lui avait pardonné ses incartades à cause de ses succès littéraires, l'accueillait et l'hébergeait en tout bien tout honneur.

La date de ce décès nous donne celle de l'héritage de Voltaire. Dès lors plus d'hypothèses ni d'incertitudes. Mais quelle fut la valeur de cette succession? La fortune de François Arouet était très médiocre selon Duvernet (p. 17), honnête au dire de La Harpe et de Condorcet, et considérable aux yeux de Luchet (t. I, p. 61). Voilà des contradictions d'adjectifs, voici une diversité de chiffres. Cousin d'Avalon (3) évalue à 40,000 livres de rente les sommes qui échurent à Voltaire, après la mort de son père et celle de son frère. Mais Chaudon

---

(1) *Vie politique, littéraire et morale de Voltaire.* 5ᵉ édit. Paris, 1837. In-8°, p. 56.

(2) *Histoire de la vie et des ouvrages de Voltaire.* Paris, 1826. In-8°, t. I, p. 4.

(3) *Voltairiana*, 4ᵉ édit. Paris, 1819. In-18, p. 15.

(t. II, p. 10) ne porte qu'à 100,000 livres son patrimoine, lequel ne rapportait que 8,000 livres de rentes d'après Longchamp (p. 330), et seulement 5,000 environ, nous assure Wagnière (p. 24). Dans sa lettre, du 4 mars 1768, à Thieriot, Voltaire avoue être né avec 4,000 livres de rente; et dans une autre, du 12 mars 1754, il écrit : « J'ai eu 4,250 livres de rente pour patrimoine; mes partages chez mes notaires en font foi. » Ce n'est pas sans peine qu'il entra en jouissance de son lot. Le 24 septembre 1724, il mandait à Thieriot : « Je vous avertis que mes affaires de la chambre des comptes vont très mal, et que je cours risque de n'avoir rien du tout de la succession de mon père. » Le mois suivant, il apprenait à la présidente de Bernières que sa fortune prenait un tour si diabolique à la chambre des comptes, qn'il serait peut-être obligé de travailler pour vivre, après avoir vécu pour travailler; et le 23 juillet 1725, il lui faisait cette nouvelle confidence : « Une foule d'affaires m'est survenue. La moindre est le procès que je renouvelle contre le testament de mon père. » Depuis il n'en parla plus. Il ne me paraît pas probable qu'il ne gagna son procès que deux à trois ans après 1726, comme l'a répété M. Beuchot sur les conjectures de Duvernet; car, de 1727 à 1729, il habitait l'Angleterre. Il s'y plaignit à Thieriot du retranchement de ses rentes, de la perte de ses pensions, des banqueroutes qu'il essuya. Il le chargea de toucher plusieurs billets qu'on lui devait. Comment eût-il oublié de lui demander des nouvelles de sa succession, si elle ne lui avait pas été assurée ? Comment surtout eût-il négligé ce texte de jérémiade ? Ces billets en souffrance, ces fonds qu'il avait en Angleterre, les avances qu'il lui fallait pour commencer l'impression de sa *Henriade*, laissent supposer qu'il avait des ressources, indépendamment de ses deux pensions, l'une sur le roi et l'autre sur la reine auxquelles il renonçait. Nous ne lui connaissons que la pension du duc d'Orléans, et sa rente viagère de 2,000 francs. Si avec cela il ne pouvait satisfaire à son engagement du 4 mai 1723, comment eût-il supporté tant de dépenses à l'étranger? De plus, un retranchement de rentes ne doit s'entendre que de rentes sur l'hôtel de ville ou sur l'État. N'est-ce pas indiquer des placements nouveaux? Tout concourt donc à faire regarder comme certain que c'est avant son départ de la France que Voltaire fut maître de son patrimoine.

Succès de tragédies, bienfaits des princes, pension du duc d'Orléans, pension du roi, pension de la reine, patrimoine, telles furent les sources de la fortune de Voltaire.

II. — *Accroissement de la fortune de Voltaire.*

Le 12 mars 1754, Voltaire disait, en parlant de son patrimoine : « Tout ce que j'ai eu depuis est le fruit de mes soins. J'ai réussi dans les choses qui dépendaient de moi, dans l'accroissement nécessaire de ma fortune et dans quelques ouvrages. » N'oublions pas cet aveu. Après les représentations d'*Œdipe* et de *Mariamne*, ce fut *la Henriade* qui lui rapporta le plus de bénéfice.

Ce fut en 1726 et non en 1724, comme l'avance Luchet, que Voltaire arriva à Londres. Il y apportait, dit Wagnière (p. 23), une lettre de change assez considérable sur un juif de cette ville. « Peu au fait des formalités du commerce et de ses sages lois, gardiennes de la sûreté publique, il ne présenta point sa lettre au jour de l'échéance, raconte Luchet (t. I, p. 59). Dans l'intervalle, le banquier, gêné pour acquitter ses engagements, fut obligé de suspendre ses payements. » Duvernet (p. 64) conclut avec Luchet que cette anecdote prouve qu'il était peu au fait des formalités du commerce. Rien de plus faux que ce raisonnement, puisqu'ils ne rapportent pas combien de jours il laissa écouler depuis l'échéance. Wagnière n'en compte que trois ; mais Voltaire est plus sincère. Dans sa XI° *Niaiserie d'un chrétien contre six juifs*, il s'exprime ainsi : « J'arrivai trop tard chez M. Acosta ; j'avais une lettre de change de 20,000 francs sur lui ; il me dit qu'il avait déclaré sa faillite la veille, et il eut la générosité de me donner quelques guinées qu'il pouvait se dispenser de m'accorder. » Comme il n'indique point que ce retard fût un effet de sa négligence, nous nous garderons bien de tirer la même conséquence que ses deux biographes. Luchet et Duvernet ajoutent que le roi, instruit de cette mésaventure, lui envoya une somme assez considérable que Wagnière porte à 100 guinées, et Baculard d'Arnaud (1) à 6,000 livres. La *Préface historique pour l'édition de* 1745, qu'on lit en tête du premier volume des *OEuvres diverses de M. de Voltaire*, nouvelle édition, à Londres chez Jean Nourse, 1746, in-12, convient de 2,000 écus. Comment le roi avait-il appris cette banqueroute que Voltaire, dans son aversion pour le

---

(1) *Mémoires de Longchamp*, p. 492.

singulier, appela ses banqueroutes d'Angleterre? Luchet (t. I, p. 60) avoue naïvement qu'il n'en sait rien. Baculard d'Arnaud, Duvernet et Wagnière ne paraissent pas mieux informés. Il n'est point probable qu'ils aient demandé des renseignements à Voltaire sur ce sujet, car ils seraient entrés dans les détails que désirait Luchet, et se seraient accordés dans leur récit. Le doute de Luchet permet de mettre ce fait au nombre des invraisemblances que l'histoire peut dédaigner.

A Londres, Voltaire n'était qu'un proscrit, soupçonné et même accusé d'y jouer le rôle d'un espion, au dire de Jonhson. Il n'est pas vraisemblable qu'un roi d'Angleterre eût été si généreux envers un tel étranger. Voltaire se retira dans un village pour y étudier la langue anglaise qu'il ne connaissait pas, et qu'il sut toujours très mal (1). Ce travail fait supposer qu'il ne put s'occuper tout de suite de la souscription de *la Henriade*. L'*Essai sur les guerres civiles de France* fut publié en anglais, en 1727 ; l'*Essai sur la Poésie épique* est de la même époque et fut composé pour servir d'introduction à *la Henriade;* ce poème épique ne fut imprimé qu'après, et non en 1726, comme on l'a répété depuis Marmontel. La dédicace ne fut composée qu'en 1727 au moins, puisque c'est le 15 juin de cette année que Georges II monta sur le trône. Dans une lettre, du 21 avril 1728, à Thieriot, Voltaire ne parle de son in-quarto que comme d'un ouvrage commencé; et, le 14 décembre 1727, il avait prié Swift d'user de son cré-

---

(1) *Mémoires de Mme de Genlis*, t. III, p. 362. — *Sixième lettre de Clément à Voltaire.* La Haye, 1774. In-8°, p. 180.

dit en Irlande pour procurer quelques souscripteurs à *la Henriade* qui, *faute d'un peu d'aide, ne paraissait pas encore*. Si cette phrase est vraie, il faut conclure que Georges Ier et la princesse de Galles n'avaient pas payé leurs souscriptions immenses, et que ce fut Georges II qui fut le protecteur du poème, ainsi que son épouse, qui en agréa la dédicace. Tout concourt à démontrer que le fameux ouvrage ne fut édité qu'en 1728, dont il porte le millésime. L'auteur aura passé soit la fin de 1726, soit toute l'année 1727, à le corriger et à lui trouver des acheteurs.

En 1728, le *Paradis perdu*, de Milton, était traduit pour la première fois en français; deux éditions en avaient été rapidement épuisées. Publié dès 1667 en Angleterre, il n'y devint populaire que quand Addisson en vanta les beautés dans ses numéros du *Spectateur*, en 1712. Tel serait le pays où Voltaire aurait eu le bonheur de voir dévorer avec avidité sa *Henriade*. Les deux *Essais* précités y sont introuvables; n'est-ce pas la preuve qu'ils n'y produisirent pas grande sensation? Autrement ils auraient été réédités. Les trois éditions de sa *Ligue* avaient été amèrement critiquées à Paris. Il avait essayé de dédier son poème au jeune roi; sa demande ne fut pas accueillie; il avait voulu le publier par souscription, il ne réunit que quatre-vingts amateurs auxquels il fallut rendre l'argent donné d'avance. A Londres, il ouvre une souscription payée d'avance également, et il dit que Georges Ier et surtout la princesse de Galles, qui depuis fut reine, lui firent une souscription immense. Tous les biographes et tous les commentateurs ont depuis répété ces mots du *Commentaire historique*.

Remarquons bien qu'il ne s'agit pas de traduction, mais du texte même de *la Henriade*. Néanmoins écoutez : Luchet (t. I, p. 61) avance que la souscription de Londres valut 50,000 écus; Chaudon (t. II, p. 10) a copié ce chiffre. « Le produit de *la Henriade* fut très considérable, rapporte Duvernet (p. 67, 71 et 78). Ce poème fut applaudi en Angleterre; les souscripteurs y furent très nombreux. Après l'édition de *la Henriade* à Londres, la fortune de Voltaire fut celle d'un homme aisé. » Collini (p. 73) parle de l'immense produit de la souscription pour *la Henriade*. Longchamp (p. 33) raconte que cette souscription mit l'auteur dans une assez grande aisance. Condorcet se contente d'insinuer qu'elle augmenta sa fortune. Lepan et Paillet de Warcy sont les seuls qui se soient défiés et du total exagéré de 50,000 écus adopté par Luchet et Chaudon, et des expressions vagues auxquelles ont eu recours Duvernet, Collini, Longchamp, et après eux, tous ceux qui ont été amenés à consacrer quelques mots à *la Henriade*.

Je suis étonné de trouver M. Beuchot au nombre de ceux qui se sont faits l'écho de l'invraisemblance. Qui nous prouvera qu'il s'est fourvoyé sur les traces de Luchet et de Chaudon? Ce sera M. Beuchot lui-même.

« L'édition in-4°, ornée de gravures, que l'auteur avait fait exécuter, porte la date de 1728 et le titre de *La Henriade de M. de Voltaire*, » a dit M. Beuchot (p. 7 de sa *Préface* pour *la Henriade*). C'est aussi lui qui a écrit, quelques lignes plus bas : « En 1741, ou du moins sous cette date, fut émise *la Henriade de M. de Voltaire avec des remarques et les différences qui se trouvent dans les diverses éditions de ce poème*. Londres, in-4°. Ce n'est point une nouvelle édition; mais tout simplement l'édition de 1728 qu'on rajeunit au moyen d'un nouveau titre. » Je partage cette opinion de M. Beuchot. A la Bibliothèque Sainte-Geneviève et à la Bibliothèque Mazarine, j'ai examiné *la Henriade* de 1728 et *la Henriade* de 1741; en les confrontant, on reste convaincu que la dernière est la même que la première, rajeunie au moyen d'un nouveau millésime. L'*avertissement*, la *préface*, les *remarques et variantes* dont est enrichie *la Henriade* de 1741 sont imprimés sur un autre papier, avec d'autres caractères que les vers du poème, et forment un volume à part de cxlvi pages, destiné évidemment à servir de prime à ceux qui débarrasseraient le libraire dont les magasins étaient encore encombrés de *la Henriade* de 1728. Pour que personne ne fût la dupe du nouveau millésime, l'éditeur a soin d'avertir qu'il n'offre pas une nouvelle édition, mais qu'il désire seulement rendre plus complète la superbe édition de 1728. Si le *Mercure de France* annonça, en mars et en juin 1742, l'impression d'une magnifique édition de *la Henriade* avec les estampes de l'édition de Londres, il est évident qu'il ne parlait que de *la Henriade* rajeunie. Si, en 1742, on avait besoin de prime pour vendre à Londres *la Henriade* de 1728, il en résulte qu'en 1728 elle n'eut aucun succès; autrement il n'en serait pas resté encore en 1741 un assez grand nombre d'exemplaires pour qu'on ne les débitât pas sans être obligé de les augmenter du volume que nous avons désigné.

La Henriade de 1728 eut encore moins de succès en France qu'en Angleterre. En vain Voltaire promit-il de donner à ceux qui l'achèteraient un exemplaire des autres éditions qui en avaient été faites; en vain annonça-t-il dans le *Mercure de France*, en 1733, qu'il priait ses souscripteurs de retirer leurs livraisons, sinon de réclamer l'argent qu'ils avaient avancé, on ne se pressa pas d'emporter le magnifique in-quarto. Cependant la *Préface historique pour l'édition de 1745 des OEuvres de Voltaire* ne porte qu'à quatre-vingts le nombre de ceux qui avaient versé leurs souscriptions entre les mains de Thieriot. Le 18 janvier 1737, Voltaire avouait à d'Argental que Thieriot lui avait mangé ces quatre-vingts souscriptions; et, le 3 décembre 1744, il dit à Néricault Destouches que c'étaient 100 louis de cent souscriptions que ce Thieriot avait perdus sans ressource. Aussi, le 6 janvier 1733, mandait-il à Josse : « Quoique je n'aie jamais reçu un sou des souscriptions de *la Henriade*, quoique tous ceux qui ont envoyé en Angleterre aient reçu le livre, quoique jamais aucune souscription ne m'ait appartenu, cependant, depuis que je suis en France, j'ai toujours payé de mes deniers les souscriptions qu'on a présentées; et j'ai, outre cela, fait donner *gratis* toutes les éditions de *la Henriade* aux souscripteurs. » Dans le mois de juin 1740, il écrivit à l'abbé Prévost : « M. Thieriot dissipa malheureusement l'argent des souscriptions de France. J'ai été obligé de rembourser à mes frais tous les souscripteurs qui ont eu la négligence de ne point envoyer à Londres, et j'ai encore par devers moi les reçus de plus de cinquante personnes. Serait-il bien agréable pour ces personnes, qui, pour la plupart, sont des gens très riches, de voir publier qu'ils ont eu l'économie de recevoir à mes dépens l'argent de mon livre? Il est très vrai qu'il m'en a coûté beaucoup pour avoir fait *la Henriade*, et que j'ai donné autant d'argent en France que ce poème m'en a valu à Londres ; mais plus cette anecdote est désagréable pour notre nation, plus je craindrais qu'on ne la publiât. » Aussi est-il digne de remarque que *le Pour et le Contre*, rédigé par l'abbé Prévost, de 1733 à 1740, et le *Mercure de France*, qui ont eu occasion de parler, depuis 1728, de *la Henriade* et de ses diverses éditions, ainsi que des traductions des poésies et des productions de Voltaire à Londres, n'ont pas consacré une seule ligne au prétendu enthousiasme pour l'in-quarto de 1728, en France et en Angleterre. Si Voltaire n'a pas eu un sou de ses souscriptions à Paris, et si même il y a perdu, il résulte que c'est à Londres seulement qu'il a tiré quelque profit, duquel il faut déduire ce qu'il a perdu ailleurs.

Quel peut être en 1728 le produit de *la Henriade*, qui n'était pas épuisée à Londres en 1741 ? D'après un *on dit*, cet *on dit* appelé la gazette des sots par Frédéric, dans sa lettre du 25 novembre 1748 à Voltaire, M. Beuchot le porte à 150,000 livres. Nous n'adopterons pas ce total, parce que M. Beuchot nous en a donné un autre moins élevé et plus vraisemblable. « La plus grande réputation de *la Henriade* et le meilleur accueil furent chez les étrangers ; car en 1727, lorsque ce poème fut magnifiquement imprimé par souscription, cette édition valut 10,000 écus à l'auteur. » Ces mots se trouvent à la page xiv de la *Dissertation historique des ouvrages de M. de Voltaire* par M. d'Arnaud, de l'Académie de Berlin, 1750, in-12 de xxiv pages. Cette

Dissertation fut soumise à l'approbation de Voltaire ; il en corrigea lui-même la minute et il adopta le calcul de d'Arnaud, puisqu'il ne le biffa ni ne le contredit nulle part ; cette minute, corrigée de la main de Voltaire, fut copiée par Longchamp, et c'est sur le manuscrit même de Longchamp que la *Dissertation* de d'Arnaud a été reproduite sous le titre de *Préface d'une édition des OEuvres de M. de Voltaire* par Baculard d'Arnaud, à la suite des *Mémoires de Longchamp et Wagnière*, édités par MM. Decroix et Beuchot.

Le nombre de 10,000 écus étant donné par Voltaire lui-même, la discussion devient plus facile. Faut-il le regarder comme le bénéfice net de l'auteur ou le produit total des souscriptions ? Chacune était d'une guinée ou d'un louis, comme nous l'a dit Voltaire. Divisons 30,000 par 20, nous aurons pour quotient 1,500, c'est-à-dire quinze cents souscriptions. N'est-ce pas le plus grand honneur qu'on puisse accorder à *la Henriade* dans une langue étrangère, lorsque la France n'en avait pas réclamé cent exemplaires ? car la langue française n'était pas si commune à Londres qu'on le suppose. Autrement Voltaire n'aurait pas composé deux ouvrages en anglais ainsi que ses *Lettres*, et les Anglais n'auraient pas pris la peine de traduire et le *Dictionnaire* de Bayle, et l'*Histoire ancienne* de Rollin, et le *Théâtre* de Molière, et les tragédies et poésies de Voltaire, comme l'apprend *le Pour et le Contre*, et n'auraient pas laissé sans ressources une troupe de comédiens français qui étaient accourus, à la parole de Voltaire, à Londres qu'ils quittèrent tout de suite, suivant la première édition de la *Vie de Voltaire* par Duvernet. Pourquoi donc se passionnèrent-ils pour *la Henriade?* Était-ce à cause de la versification ou en faveur du sujet? Voltaire convient lui-même que la poésie fut étrangère au succès de son poème. Ce n'est que le 22 novembre 1733 qu'il mande à de Brossette qu'il a été traduit en vers dans l'idiome de Milton. La traduction anglaise, la seule, je crois, qui fut faite durant la vie de Voltaire, est attribuée à M. Lokinan par la *Préface historique pour l'édition de* 1745 *des Œuvres diverses de M. de Voltaire,* et à M. Lockman par la *Préface de la Henriade* par M. DE Marmontel, sans en indiquer la date. Les traductions en d'autres langues sont aussi en très petit nombre. Quant au sujet de *la Henriade,* il y a bien des portraits, des épigrammes qui durent charmer les Anglais, mais le dénouement n'en est pas moins le triomphe de ce qu'ils appellent le papisme. Ils se seraient volontiers passés d'entendre l'abjuration d'un protestant à la basilique de Saint-Denis. Leur plaisir n'était donc pas sans peine, ni leur enthousiasme extraordinaire à la lecture de *la Henriade.* Deux autres éditions, l'une in-4° avec vignettes, l'autre in-8° sans gravure, portant le millésime de 1728 et l'adresse de Londres, reproduisaient le texte du superbe in-quarto, et, se vendant meilleur marché, séduisirent sans doute plus d'un amateur des hardiesses de l'épopée, et les détournèrent par conséquent de se procurer le volume d'une guinée. Si les *Lettres philosophiques,* publiées en anglais à une époque où Voltaire était plus populaire et dans un original qui élargissait le cercle des lecteurs, et composées d'après des idées tout à fait indigènes, ne valurent que 400 louis d'or à Thieriot, suivant la lettre, du 30 décembre 1738, de Mme du Chastelet à d'Argental (1), et seulement 50 guinées, comme le disait, le 18 janvier 1739, à d'Argental, Voltaire, dont le témoignage est préférable à celui de Mme du Chastelet, on ne peut raisonnablement admettre que *la Henriade* de 1728 ait réuni plus de quinze cents souscriptions. Voltaire a annoncé, en 1726, à Thieriot qu'on les payait à Londres près de la Bourse, chez MM. Simon et Bénezet, négociants; il a donc fallu dédommager ces derniers de cette commission. En toute entreprise typographique, la part du libraire est toujours la meilleure, et d'un tiers au moins; consacrons le deuxième tiers aux frais d'impression, de gravures, de vignettes, de réclames et aux déboursés inévitables, il nous restera dix mille livres net pour Voltaire. Aucun volume de poésie du xviiie siècle ne rapporta autant à son auteur. Nous savons que Voltaire a perdu à Paris autant qu'il a gagné à Londres. Comme il n'a pas perdu plus de 100 louis à Paris, il s'ensuivrait qu'il n'a pas gagné plus de 100 guinées à Londres. En le gratifiant de 10,000 livres, c'est pousser la générosité à son égard aussi loin qu'il est possible.

Si l'on rejette cette opinion, on tombe dans les chimères. Admettez que les 30,000 livres soient la part de Voltaire, il faudra trouver celle du libraire, de l'imprimeur et des graveurs, et des commissionnaires auxquels vous ne pouvez guère donner moins de 50,000 livres. Divisez alors 80,000 par 20, vous aurez au quotient quatre mille souscriptions, c'est-à-dire beau-

---

(1) *Lettres inédites de Mme la marquise du Chastelet au comte d'Argental.* Paris, 1806. In-12, p. 117.

4.

coup plus que Voltaire, à l'apogée de sa gloire, n'en obtint dans toute l'Europe, comme nous le verrons, lorsqu'il composa ses *Commentaires sur Corneille.*

Alors, me dira-t-on, comment expliquer la *souscription immense* de Georges Ier et de la princesse de Galles ? Je répondrai que, sous la plume de Voltaire, une somme immense, une somme considérable ne représente souvent pas 100 francs, et qu'on ne doit tenir aucun compte de ces expressions vagues. Si cette prétendue souscription avait été immense, pourquoi eût-il écrit à Swift que *la Henriade* ne paraissait pas faute d'un peu d'aide ? S'il ne nous en a pas donné le total en chiffres, c'est parce qu'il était persuadé que cela frapperait moins ses adorateurs que des adjectifs indéfinis auxquels se laisseraient prendre les badauds sans intelligence, dont il aimait tant à se moquer.

On m'objectera encore que Georges Ier, la princesse de Galles et les grands de la cour de Londres ont pu ne retirer que quelques exemplaires et en payer un grand nombre. Je répondrai que dans cette hypothèse, plus on célébrera la générosité des Anglais, plus on avilira Voltaire, car s'il a réellement reçu plus de guinées qu'il n'a livré d'in-quarto de *la Henriade*, il faut le placer au rang des mendiants. Rien ne prouve qu'il se soit abaissé jusqu'à se laisser faire l'aumône. Je ne me permettrai pas de lui reprocher ce rôle, puisque rien ne m'y autorise.

Tout semble démontrer que *la Henriade* ne dut pas rapporter plus de 10,000 francs à Voltaire. Si, dans son *Commentaire historique*, il parle de la *souscription immense* de Georges Ier et de la princesse de Galles comme du *commencement de sa fortune*, nous lui objecterons la lettre où il nous a donné son patrimoine comme la source de cette même fortune, ce qui est plus positif, puisque l'assertion repose sur des chiffres. Nous adresserons la même réponse à tous les biographes et à tous les commentateurs, qui, dans l'ignorance de la date du décès de son père, ont présumé que c'était aux libéralités de l'Angleterre que Voltaire devait une partie de son aisance.

Un patrimoine de plus de 80,000 livres avait été la source de sa fortune. Le produit de *la Henriade* ne put que l'augmenter, ainsi que celui des autres ouvrages qu'il publia dans la suite. Nous en parlerons plus tard.

Quels autres moyens Voltaire employa-t-il pour augmenter sa fortune? « J'ai vu tant de gens de lettres pauvres et méprisés, dit-il dans ses *Mémoires*, que j'ai conclu dès longtemps que je ne devais pas en augmenter le nombre. Il faut être en France enclume ou marteau : j'étais né enclume. Un patrimoine court devient tous les jours plus court, parce que tout augmente de prix à la longue, et que souvent le gouvernement a touché aux rentes et aux espèces. Il faut être attentif à toutes les opérations que le ministère, toujours obéré et toujours inconstant, fait dans les finances de l'État. Il y en a toujours quelqu'une dont un particulier peut profiter, sans avoir obligation à personne ; et rien n'est si doux que de faire sa fortune par soi-même : le premier pas coûte quelques peines, les autres sont aisés. » Aussi, à peine « revenu en France en 1728, lit-on dans le *Commentaire histo-*

rique, il mit son argent à une loterie établie par M. Desforts, contrôleur général des finances. On recevait des rentes sur l'hôtel de ville pour billets, et on payait les lots argent comptant; de sorte qu'une société qui aurait pris tous les billets aurait gagné un million. Il s'associa avec une compagnie nombreuse et fut heureux. C'est un des associés qui m'a certifié cette anecdote, dont j'ai vu la preuve sur ses registres. M. de Voltaire lui écrivait : « Pour faire sa fortune dans ce pays-ci, il n'y a qu'à lire les arrêts du conseil. Il est rare qu'en fait de finances le ministère ne soit forcé à faire des arrangements dont les particuliers profitent. » Luchet (t. I, p. 61) a reproduit ce texte. Duvernet (p. 79) est plus explicite. Il avance que c'est en 1729 que Voltaire gagna en grande partie le fonds de la loterie de la ville de Paris, et se trouva opulent de riche seulement qu'il était depuis la succession de son père. Il ajoute : « Cette loterie, qu'on appelait la loterie Desforts, parce que ce contrôleur général en avait donné l'idée, avait été créée pour la liquidation des dettes de la ville de Paris. Ce fut d'après un calcul que fit Voltaire en soupant avec La Condamine, qu'il en gagna le fonds. Le contrôleur général, qui était dévot et mauvais ministre, le lui disputa; Voltaire cria à l'injustice. Le conseil jugea en faveur de Voltaire, et blâma le ministre de n'avoir pas prévu le calcul. Voltaire fut payé. ».

Bientôt après il chercha la fortune même en province. Ainsi, dans une lettre de 1729, au président Hénault, il dit : « Deux amis m'emballèrent à minuit, sans avoir soupé, dans une chaise de poste; et après avoir couru pendant deux nuits pour aller prendre des actions, nous entrâmes dans la Lorraine, par la route de Metz, qui est un pays d'un très petit commerce, fort ingrat, et très peu peuplé. Une pareille misère ne me fit pas augurer en faveur des actions; et comme j'étais fort mal en arrivant à Nancy, je remis à deux ou trois jours pour souscrire. Nous trouvâmes à l'hôtel de la compagnie du commerce plusieurs bourgeois et quelques docteurs qui nous dirent que Son Altesse Royale avait défendu très expressément de donner des actions à tous les étrangers, et nous raillèrent. En effet, ils disaient la vérité, et malgré leur turlupinade, après de pressantes sollicitations, ils me laissèrent souscrire pour 50 actions, qui me furent délivrées huit jours après, à cause de l'heureuse conformité de mon nom avec celui d'un gentilhomme de Son Altesse Royale; car aucun étranger n'en a pu avoir. J'ai profité de la demande de ce papier assez promptement; j'ai triplé mon or. »

Que va-t-il faire de cet or? « L'argent est fait pour circuler. Qui le garde est mauvais citoyen, et même est mauvais ménager. C'est en ne le gardant pas qu'on se rend utile à la patrie et à soi-même, » écrivait-il en 1738, dans ses *Observations sur le commerce, le luxe, les monnaies et les impôts*. C'est pourquoi il se fit négociant et financier.

Il connaissait Pâris-Duverney dont il loua les grandes connaissance en finances au chapitre LXIII de son *Histoire du Parlement*, et dont il a dit, en 1748, dans son *Panégyrique de Louis XV :* « Il s'est trouvé un homme qui a soutenu le crédit de la nation par le sien; crédit fondé à la fois sur l'industrie et sur la probité. C'était un des prodiges de notre siècle ; et ce prodige ne nous frappait pas peut-être assez : nous y étions accoutumés.. Nos camps devant tant de places assiégées ont été semblables à des villes policées où règnent l'ordre, l'affluence et la richesse. Ceux qui ont ainsi fait subsister nos armées étaient des hommes dignes de seconder ceux qui nous ont fait vaincre. »

« L'avantage qu'il retira de la connaissance de MM. Pâris, raconte Longchamp (p. 331), c'est l'intérêt qu'il obtint dans la fourniture des vivres aux armées. Pendant la première guerre d'Italie, avant que je fusse entré à son service, cet objet lui avait procuré chaque année de fortes sommes ; et je sais qu'à la paix, en réglant le compte définitif, il reçut pour solde, chez M. Pâris-Duverney, directeur de l'entreprise, une somme de 600,000 francs. De mon temps, il eut aussi un intérêt dans les vivres de l'armée de Flandre, et les résultats en furent également fructueux. » Luchet (t. I, p. 62), Wagnière (p. 24) et Chaudon (t. II, p. 11) portent à 700,000 livres l'intérêt qu'il eut dans cette entreprise des vivres pour la guerre d'Italie. Il y gagna 800,000 livres, assure la Harpe dans sa *Correspondance littéraire* (t. I, p. 61). S'il en est ainsi, Voltaire a eu raison d'écrire, le 26 juillet 1756, à Duverney : « Je vous dois en grande partie la douceur de ma fortune. Je ne l'oublierai point. Je vous serai attaché jusqu'au dernier moment de ma vie. »

D'après ses lettres du 8 juin, du 5 et du 15 juillet, et une autre du 22 août 1743 de Mme du Chastelet au comte d'Argenson, ministre de la guerre, Voltaire obtint de ce dernier qu'un sien parent, nommé Marchand, fournit dix mille habits pour les milices.

Comment put-il honnêtement retirer de cette entreprise un intérêt supérieur à son capital ? Nous l'avons laissé louer et l'industrie et la probité de Duverney, et de ses coassociés. Dans une lettre du 5 janvier 1759 au président de Brosses, voici la justice qu'il leur rendit : « Les peuples seront-ils encore longtemps ruinés pour aller se faire bafouer, abhorrer et égorger en Germanie, et pour enrichir Marquet et compagnie,

> Et Paris, et fratres, et qui RAPUERE sub illis?

Voltaire est encore plus explicite dans cette lettre, du 13 janvier 1758, à Tronchin : « La France s'épuise et a dépensé 300 millions d'extraordinaire en deux années, en 1756 et 1757. J'ai été témoin des déprédations et du brigandage de la finance dans la guerre de 1741. Ce talent s'est encore bien perfectionné dans la guerre présente. » Alors pourquoi Voltaire se rendait-il le complice des déprédations et du brigandage ?

« La fortune seconda aussi, dit Luchet (t. I, p. 62), la confiance qu'il avait donnée à une maison de Cadix. » Wagnière, Duvernet (p. 80) et Chaudon (t. II, p. 11) sont sur ce point d'accord avec Luchet. « Quant au commerce de Cadix, avoue Longchamp (p. 332), il lui fut aussi très favorable. Les expéditions pour l'Amérique et les retours donnèrent également un grand profit, et par une circonstance heureuse et rare, il arriva que sur un bon nombre de vaisseaux dans lesquels il était intéressé pendant la guerre de 1746, un seul fut pris par les Anglais. L'argent qui provenait de ces sources fécondes, dans les mains de M. de Voltaire, n'y restait pas longtemps oisif; l'esprit de cet homme était partout, suffisait à tout. Il savait mettre à profit les circonstances favorables pour affermir et accroître sa fortune, et tirait parti des besoins de l'État, qui, pour sortir de quelque situation difficile pendant la guerre, avait recours aux emprunts, aux loteries. Il prit dans une de ces dernières six cents billets à la fois, dont les chances furent heureuses; et, quelques années après, il se défit avec bénéfice de tout ce qui lui en restait. Ce que je viens de dire, je l'ai su en interrogeant plusieurs personnes qui avaient connu M. de Voltaire depuis sa jeunesse. »

Il cultiva avec le même zèle d'autres branches de commerce. Il envoya plusieurs fois en Barbarie acheter des blés. Cette entreprise réussit, raconte Duvernet (p. 80). Chaudon (t. II, p. 11) remarque qu'il était associé, pour le commerce des blés, avec Demoulin, marchand de blés, et avec l'abbé Moussinot pour la vente des tableaux. Cette dernière assertion est-elle admissible? « L'abbé Moussinot aimait beaucoup les tableaux, dit M. Clogenson; il paraît même qu'il en faisait une sorte de spéculation à laquelle s'associait Voltaire, qui fournissait les fonds. » Le fait, que dans cette note à la lettre du 4 juin 1741 de Voltaire à l'abbé Moussinot, M. Clogenson ne fait que soupçonner, et que Chaudon seul a relaté, est assurément peu vraisemblable; il est pourtant incontestable. En effet, Voltaire écrit à l'abbé Moussinot le 30 juin 1736 : « Vous pouvez vous amuser à acheter pour 6,000 livres de tableaux, si vous croyez que cela réussisse. Je m'en rapporte à vous. » — En 1737, le 18 mars : « Je vous supplie de ne mettre que 4,000 à 5,000 francs en tableaux. » — Le 26 du même mois : « Vous ne me parlez que des estampes à vendre, je vous donne carte blanche sur cela. » — Le 27 avril : « Puisque vous voulez mettre 6,000 livres en tableaux, à la bonne heure ! Cela nous amusera. Mais *je vous demande un profond secret en cela comme en tout le reste.* » — Le 17 juin 1738 : « Si je retourne à Paris, nous brocanterons vigoureusement. » — Le 9 juillet 1735 : « Vous achèterez pour ce qu'il vous plaira de tableaux. » — Le 26 décembre suivant : « ... que vous gardiez l'argent que vous aurez touché des autres tableaux vendus à Paris. » — Et le 30 mars 1740 : « J'espère vous donner avis d'une belle vente de tableaux. »

Une succession vint augmenter encore la fortune de Voltaire, déjà enrichi par tant de bénéfices et d'intérêts. En quelle année mourut son frère aîné, Armand Arouet, c'est ce que les biographes et les commentateurs se sont peu souciés de savoir. Luchet (t. I, p. 61) hésite entre 1740 et 1741 ; M. Louis du Bois (*OEuv. de Volt.*, édit. Delangl., t. I, p. 62) indique le mois de janvier 1741 ; Chaudon (t. II, p. 10) et Lepan (p. 132) adoptent aussi cette année 1741, mais sans choisir la saison ; Paillet de Warcy (t. I, p. 69) opine pour les premiers jours de cette même année 1741, persuadé que les 100 vieux louis, que Voltaire conseillait, le 17 mai, à l'abbé Moussinot de chercher à placer sur des gages solides, provenaient d'un héritage. MM. Clogenson et Beuchot parlent de la fin de 1745. Ils se sont peu trompés. En effet, aux archives de l'hôtel de ville, les *Registres des baptêmes, mariages et enterrements de la paroisse Saint-Barthélemy* m'ont fourni ce document : « Le 19 février 1745 a été inhumé en cette église M° Armand Arouet, receveur des épices de la chambre des comptes, âgé d'environ soixante ans, décédé de hier à la chambre des comptes, Cour du Palais de cette paroisse. Ont assisté au convoi François-Marie Arouet de Voltaire, BOURGEOIS DE PARIS, demeurant faubourg Saint-Honoré, paroisse de Sainte-Madeleine, frère du défunt, Jean-Baptiste Brisson, bourgeois de Paris, demeurant Cour du Palais de cette paroisse, lesquels ont signé. Signé : « F.-M. Arouet de Voltaire, Brisson. » Par cet acte, le titre de receveur des épices de la chambre des comptes est de nouveau confirmé dans la famille Arouet. La condition de *Bourgeois de Paris* que prend Voltaire est digne de remarque. Elle fait supposer qu'il n'avait pas encore les deux titres dont il fut si fier, et qu'il ne manquait pas d'étaler en toute occasion.

« Mme d'Étiole (qui n'était pas encore marquise de Pompadour, *le plus beau nom de France*, comme le lui mandait Voltaire, en 1745) obtint pour M. de Voltaire, est-il dit dans le *Commentaire historique*, le don gratuit d'une charge de gentilhomme ordinaire de la chambre. C'était un présent d'environ 60,000 livres, et présent d'autant plus agréable que, peu de temps après, il obtint la grâce singulière de vendre cette place, et d'en conserver le titre, les privilèges et les fonctions. » Suivant Longchamp (p. 292), il n'y avait que quelques mois qu'il en était pourvu, lorsqu'il s'en démit pour une somme de 30,000 francs. Voltaire la regarda comme une récompense de sa *Princesse de Navarre;* cette pièce n'ayant été jouée que le 23 février, ce ne peut être qu'après qu'il fut admis au nombre des gentilshommes de la chambre. Le 3 mai, il apprenait à l'abbé de Valori que le roi lui avait promis la première de ces places vacantes, et l'avait nommé *historiographe de France.* Depuis quand l'était-il? Depuis la fin de 1744, d'après le *Commentaire historique.* Cette date n'est pas exacte. En mars 1745, le *Mercure de France* publiait cette nouvelle : « S. M. a accordé à M. de Voltaire le brevet d'historiographe du roi avec tous les honneurs et prérogatives attachés à cette charge, et 2,000 francs de pension. » Il est probable que le *Mercure de France* n'était pas mal renseigné. D'ailleurs, dans sa lettre, du 8 février, au marquis d'Argenson, Voltaire paraît demander la petite place d'*historiographe* et régler la pension qui y serait attachée. Tout porte à croire qu'il n'en reçut le brevet qu'après la représentation de la *Princesse de Navarre* qu'il n'avait commencée que sur commande. Dans ses *Mémoires,* il remercie la maîtresse du roi de ce nouveau bienfait. Cependant il écrivit, dans le mois d'août 1750, au duc de Richelieu : « Vos bontés me firent obtenir les places de gentilhomme ordinaire du roi et de son historiographe. Vous savez si j'en conserve une juste reconnaissance. » D'après la note qu'il envoya aux frères Parfaict, et dont nous parlerons plus tard, il fut gentilhomme ordinaire de la chambre du roi en 1747, et surnuméraire en 1749. La première de ces dates est une erreur, car, dès le 1er mai 1746, il avoua à Maupertuis que le roi lui avait fait présent de la première place de gentilhomme de la chambre en même temps qu'il venait d'être enfin reçu à l'Académie française. Aussi l'*Almanach royal* de 1747 (p. 324) ajouta-t-il à son titre d'académicien celui de gentilhomme ordinaire de la chambre du roi. Il ne dut vendre cette charge que sur la fin de 1749, puisque Longchamp toucha pour lui, comme nous le verrons tout à l'heure, 1,620 livres comme appointements de cette sinécure pour l'année 1749. Longchamp a donc eu tort de ne mettre que quelques mois d'intervalle entre l'acceptation et la remise de cette prérogative qui rendit Voltaire si content. Celui-ci a eu également tort de ne compter deux années entières que pour quelque temps, puisqu'il reste avéré qu'il était gentilhomme avant 1747, et qu'il reçut les émoluments de ce titre pour l'année 1749.

Telle fut en 1745 la joie de Voltaire de travailler à la cour et d'être attaché à la cour, qu'il n'a pas versé une seule larme sur la tombe de son frère et n'a pas consacré une ligne à cette succession. A la page 130 du tome 1er de ses *Mémoires sur le Jacobinisme*, Barruel dit avoir appris, de personnes qui avaient beaucoup connu Voltaire, l'anecdote suivante : « Voltaire avait dans l'abbé Arouet un frère janséniste zélé, et mettant dans ses mœurs toute l'austérité qu'affectait cette secte. L'abbé Arouet, héritier d'une fortune considérable, refusait de voir un frère impie, et disait hautement qu'il ne disposerait jamais de rien en sa faveur. Mais il était d'une santé infirme et qui annonçait une mort prochaine. Voltaire n'avait pas renoncé à l'héritage; il se fit janséniste et joua le dévot personnage. Tout à coup on le vit arborer le rigoureux costume, le grand chapeau aux ailes rabattues ; il se mit à courir les églises. Il s'y rendait surtout aux mêmes heures que l'abbé Arouet, et là, avec tout l'air contrit et humilié du diacre Pâris, à genoux au milieu de la nef ou bien debout, les bras croisés sur la poitrine, les yeux fixés sur la terre ou sur l'autel, ou bien sur l'orateur chrétien, il écoutait ou il priait avec toute la componction d'un pécheur revenu de ses égarements. L'abbé crut voir son frère converti ; il l'exhorta à la persévérance, *lui donna tous ses biens* et mourut. » Au contraire, Longchamp (p. 330) rapporte que Voltaire dut partager cet héritage avec sa sœur. Mais cette sœur, Marie Arouet, mère de l'abbé Mignot, de Mme Denis, et de Mme de Fontaine, Voltaire avait pleuré sa mort dès le 15 octobre 1726, dans une lettre à Mlle Bessières, et, le 13 novembre 1737, il annonçait à Thieriot qu'il venait de perdre Pierre-François Mignot, l'époux de Marie Arouet. Chaudon (t. II, p. 10) prétend aussi qu'Armand Arouet ne laissa à son frère que la plus grande partie de ses biens. Wagnière (p. 24) et Luchet (t. I, p. 61) parlent de cette succession, mais sans faire remarquer que Voltaire en fut le seul héritier. Condorcet se contente d'avouer qu'il dut à son père et à son frère une fortune honnête. Enfin J.-L. Mallet (1) est persuadé que ce qu'il recueillit de son frère doubla son patrimoine. De toutes ces versions, il résulte seulement qu'il ne fut point déshérité ; mais aucune ne nous apprend ce que lui valut ce testament. Nous en sommes donc réduits à des conjectures. Le 29 décembre 1721, suivant Lepan (p. 56), François Arouet

---

(1) *Œuvres de Voltaire*. Paris, Dupont, 1825. In-8°, t. I, p. 529.

s'était démis de sa place en faveur d'Armand. Si les économies du père, au dire de Duvernet (p. 17), étaient très médiocres, comparées à celles de son successeur, il est permis de conclure que ce dernier, de 1721 à 1745, a au moins gagné autant qu'il avait reçu de son père, puisqu'il fut célibataire, et que par conséquent il possédait plus de 200,000 livres à son décès. C'est donc 200,000 livres à ajouter sur les registres de Voltaire, s'il n'eut point son neveu et ses deux nièces pour cohéritiers, ce qui me paraît le plus probable.

Quelques années après, il était en Prusse, où il touchait une pension de 16,000 francs, suivant M. Beuchot. Je n'adopte pas ce chiffre. Si l'on excepte un billet de 1752 dans lequel Voltaire remercie Frédéric des 5,000 *écus qu'il lui donne par an pour ne rien faire*, il dit jouir d'un traitement de 20,000 livres dans son *Commentaire historique,* dans ses *Mémoires*, et dans ses lettres, du 14 août 1750, à Mme Denis, du même mois, au duc de Richelieu, du 15 mars 1751 à d'Argental, du 17 juin suivant, à de Moncrif et du 31 août de la même année, au duc de Richelieu. L'auteur resté inconnu des *Mémoires et anecdotes pour servir à l'histoire de Voltaire,* au Temple de la Gloire, 1780, 2 vol. in-18, Duvernet (p. 162), Condorcet, Thiébault (t. V, p. 246), et tous les biographes de Frédéric le Grand répètent que sa pension était de 20,000 livres. On ne peut leur opposer que Collé (t. I, p. 357), qui la croit de 16,000 francs; Luchet (t. I, p. 198), qui la réduit à 5,000 écus; Taillefer (1), qui enchérit de 2,000 écus

---

(1) *Tableau historique de l'esprit et du caractère des litérateurs français.* Versailles, 1785. In-8°, t. IV, p. 95.

sur Luchet, et Chaudon (t. II, p. 11), qui parle de 23,000 livres. Collé, Luchet, Taillefer et Chaudon n'ayant point indiqué la raison pour laquelle ils ne s'en rapportaient pas à la parole de Voltaire, nous devons nous appuyer sur son témoignage. Déjà en 1740, il avait reçu du roi Frédéric un petit sac de médailles d'or. Il est vrai que Duvernet, qui raconte cette anecdote dans la première édition de sa *Vie de Voltaire*, l'a retranchée de la seconde.

« Pendant son séjour en Prusse, Voltaire, dit Longchamp (p. 335), prit part à l'établissement d'une espèce de compagnie des Indes que le roi formait au port d'Emden, et mit 2 millions dans cette entreprise ; mais, au bout de deux à trois ans, la compagnie s'étant dissoute, faute de succès, il retira ses fonds et les plaça chez plusieurs princes d'Allemagne. » Duvernet (p. 169) raconte que ce fut 100,000 écus que Voltaire plaça chez le duc de Wurtemberg, et 1 million seulement qu'il avait engagé dans cette compagnie des Indes. Il ajoute que Voltaire négocia aussi des lettres de change pour lesquelles il eut un procès avec un juif.

Chaudon (t. II, p. 11) et Luchet (t. I, p. 62) rapportent que, quand Voltaire passa à Lyon, il remit 500,000 francs au banquier Tronchin ; mais ils ont tort de regarder cette somme comme le fruit de la générosité du roi de Prusse. Grimm (1) est persuadé que ce fut un trésor de 800,000 francs que Voltaire plaça chez ce banquier de Lyon.

Depuis, la fortune de Voltaire s'accrut de jour en

---

(1) *Correspondance littéraire.* Mars 1765.

jour. C'est aux économies de Voltaire que tous les biographes en attribuent la source.

III. — *Des banqueroutes essuyées par Voltaire.*

Il convient maintenant de consacrer quelques lignes aux pertes qu'éprouva Voltaire.

Nous avons vu la banqueroute que lui fit essuyer le juif Acosta, à Londres.

Demoulin, chargé de ses affaires, lui dissipa 24,000 fr., au dire de Chaudon (t. II, p. 12), et seulement 20,000, suivant Duvernet (p. 113). Dès le 30 mai 1735, Voltaire mandait à Cideville : « Le malheureux Demoulin m'a volé *une grande partie de mon bien.* » Cette phrase mérite d'être notée, parce qu'il l'emploiera désormais chaque fois qu'il éprouvera quelque retard dans ses remboursements. Le 23 décembre 1737, il répétait à Cideville : « Demoulin m'avait dissipé 20,000 francs que je lui avais confiés. » Tout n'était point perdu sans ressources, car dans le mois de septembre il écrit à Moussinot : « Je veux pardonner à Demoulin ; mais ce Demoulin devrait déjà avoir donné de l'argent comptant et des lettres de change sur personnes solvables. » Demoulin était rentré dans les bonnes grâces de Voltaire ; il s'offrait de se charger de nouveau de ses commissions avec le zèle d'un amant pour sa maîtresse ; Voltaire lui pardonna ses torts et accepta cette reconnaissance : « Je soussigné, reconnais que M. de Voltaire, ayant prêté à ma femme et à moi la somme de 27,000 livres, et, vu le mauvais état de nos affaires, ayant bien voulu se restreindre à la somme de 3,000 livres, par contrat obligatoire passé entre nous, chez Ballot, notaire, le 12 juin 1736, il nous a remis et accordé 750 livres, restant des 3,000 livres à payer, et m'en a donné une rétrocession pleine et entière. Ce 19 de janvier 1743. Signé Demoulin. » Malgré cette transaction, Voltaire, dans sa lettre du 20 décembre 1753, à Mme Denis, portait à 30,000 livres la banqueroute de Demoulin. Ce n'était pas sa faute, s'il perdit avec lui; car, le 30 juin 1737, il avait dit à Moussinot : « Il faut poursuivre ce fripon insigne de Demoulin qui m'a volé 20,000 livres. Il faut du moins qu'il me paye le peu qu'il n'a pu me voler. »

Duvernet (p. 113) cite une autre perte de la somme de 2,000 francs. En effet, à la faveur du nom sonore de Mac-Carthy, d'origine irlandaise, le fils d'un chirurgien de Nantes emprunta à Voltaire par obligations 500 livres en 1730 et 2,000 en 1732, mais ne parut pas le jour de l'échéance; non seulement dans ses lettres, mais dans ses odes, dans un chant de la *Guerre civile de Genève,* Voltaire se souvint de cette conduite, et dans son *Commentaire historique,* il regretta que cette *somme assez considérable,* de 2,500 livres prêtées par-devant notaire, n'eût servi qu'à faire à Constantinople un mahométan de son débiteur.

Un nommé Lefebvre d'Amsterdam, dit Duvernet (p. 113), emporta aussi 2,000 francs à Voltaire.

Nous avons vu Moussinot s'occuper d'achat et de vente de tableaux. Voltaire n'oubliait point ce commerce dans ses voyages. Aussi lui mandait-il dans le mois de janvier : « Quant aux tableaux que vous voudriez envoyer en Prusse, le roi aime fort les Watteau, les Lancret et les Patel. J'ai vu chez lui de tout cela, mais je soupçonne quatre petits Watteau qu'il a dans son cabinet d'être d'excellentes copies. Je me souviens, entre autres, d'une espèce de noce de village où il y a un vieillard en cheveux blancs très remarquable; ne connaissez-vous point ce tableau? Tout fourmille en Allemagne de copies qu'on fait passer pour des originaux. Quand le roi sera de retour à Berlin, je pourrai lui procurer quelque morceau de votre cabinet où il ne sera pas trompé. » Mais toutes ces spéculations ne furent pas heureuses. « Un nommé Collens, sous prétexte d'acheter des tableaux pour l'abbé Moussinot, qui s'amusait de ce commerce, raconte Duvernet (p. 114), dissipa à Voltaire 1,600 florins. Cela occasionna à l'abbé un voyage inutile à Bruxelles, où était Voltaire. » C'est pourquoi ce dernier écrivit, le 26 décembre 1730, à Moussinot : « A l'égard de l'affaire du sieur Collens, je persiste dans mon idée qu'il faut m'en tenir uniquement à me faire rembourser de l'argent que j'ai avancé, compter votre voyage uniquement pour une partie de plaisir qui n'a pas trop coûté, et engager Collens à se charger du remboursement de la façon que je le propose. Toute l'affaire est tellement embrouillée, que Collens peut encore me demander de la fausse déclaration, parce qu'il a un billet de moi écrit à son correspondant de Valenciennes, par lequel je chargeais mon valet de chambre de la déclaration dont Collens est l'unique cause : il pourrait se servir de cette lettre. Je gagnerais le procès, du moins, je le crois, mais il serait encore désagréable de le gagner. Il faut donc qu'il y ait entre lui et vous un compromis bien net avant que je fasse rien ici. Considérez, je vous prie, qu'il paraît que les tableaux lui appartiennent, et que si je payais encore le rachat de tableaux, il pourrait les revendiquer. Il pourrait dire : *J'ai au moins moitié dans tout, et je ne dois rien payer du rachat.* Au lieu que si vous l'engagez à convenir par écrit que vous avez prêté, avancé 1,800 florins ou environ pour le total des tableaux, que ces 1,800 florins doivent vous être remboursés préalablement à tout, il fait une chose très juste et il finit toute discussion. Mais je n'irai pas, moi, donner encore ici 2,000 livres au moins pour hasarder de les perdre encore. Je recule tant que je peux; mais je ne peux pas différer toujours, il faut finir. Le pis-aller serait d'abandonner le tout aux commis pour les 300 florins de taxation, et que vous gardiez l'argent que vous aurez touché des autres tableaux vendus à Paris. Gardez toujours à tout événement l'argent qui proviendra de la vente de ce qu'il a emporté, et que vous pouvez toucher; car il peut très bien arriver que ceci tourne fort mal. Je n'avancerai pas un sou à Bruxelles sans avoir un billet de Collens qui me réponde de ce que j'ai avancé. Cela me paraît si simple, que je n'y vois aucun prétexte de refus. » Le mois de janvier suivant, il lui dit encore : « Il est très certain que je vais travailler à retirer les trois caisses de Bruxelles, mais il est aussi très certain que c'est de tout point une malheureuse affaire. Collens est pauvre, dérangé, voluptueux et inappliqué. Vous ne reverrez jamais un sou de tout ce qui lui a passé par les mains. Il faut absolument finir avec lui; mais il n'y a que vous au monde qui le puissiez. Il faut lui donner un rendez-vous, le chercher, le trouver, ne le point quitter que vous n'ayez signé avec lui un compromis. Il reste ici environ pour 1,800 florins de tableaux sur le pied de l'achat. Il en a emporté environ autant. Il faut donc proposer qu'il vous abandonne en entier la perte et le gain de ces trois caisses. Cela est d'autant plus juste, qu'en ce cas, si nous payons encore pour la taxe 1,000 florins, notre part nous reviendra à 2,800 florins. Il vous devrait même une indemnité. Il y a une seconde proposition à lui faire, c'est qu'il vous compte à Paris 1,800 florins, et qu'il prenne le tout pour lui. Nous y perdrons, mais il vaut mieux s'en tenir ainsi que de s'embourber davantage. Ne le quittez pas qu'il n'ait pris un de ces partis. Car depuis longtemps je prévois un procès. Il voudra me faire passer sa fausse déclaration. En vain il a avoué devant un avocat de Bruxelles que c'était sa faute. Je sais qu'on l'excite à me poursuivre. Ainsi il se trouverait que j'aurais prêté plus de 1,800 florins et que j'aurais un procès au bout. C'est la circonstance où je suis avec lui qui me met entièrement hors d'état de lui rien proposer. C'est à vous à consommer cette affaire. Eh bien, j'aurai perdu les frais de votre voyage : le mal est médiocre, et le plaisir de vous voir ne peut pas être trop payé. D'ailleurs il y a des occasions où il faut savoir perdre. » Quelque embrouillée que soit cette affaire sur laquelle Duvernet a glissé si légèrement, elle force de tirer des conclusions peu honorables pour les deux parties. Si Collens n'eût été qu'un négociant insolvable, Voltaire n'eût point exigé de lui un compromis. Si Collens était un fripon, Voltaire devait le poursuivre. Pourquoi a-t-il reculé devant un procès ? C'est que ce procès, il eût été désagréable de le gagner. N'est-ce pas avouer que Voltaire n'avait pas pour lui la justice et la loi, et qu'il avait souscrit un pacte que les tribunaux auraient jugé sévèrement? S'il eût agi loyalement et consciencieusement, il n'eût pas été obligé de perdre tant de florins pour ne pas se commettre.

Luchet, Duvernet, Chaudon, Longchamp et Wagnière conviennent que le commerce de Cadix lui rapporta longtemps de grands bénéfices. Aussi ne négligea-t-il pas cette mine. Le 12 mars 1754, il avouait que ce qu'il avait placé à Cadix était un objet assez considérable. Mais la fortune ne lui fut pas favorable en tout temps. Ses correspondants finirent par une banqueroute. Voltaire perdit alors 80,000 francs, suivant Wagnière, et 100,000 écus, si j'en crois Duvernet (p. 113). En quelle année fut-il si malheureux? C'est le 4 mars 1767 qu'il dit à Damilaville : « J'écris à Cadix au sujet de la banqueroute des Gilli, mais j'espère très peu de chose. Les Gilli n'ont fait que de mauvaises affaires. » Le même jour, il apprend au marquis de Florian que la banqueroute des Gilli est forte. Combien lui emporta-t-elle? 20,000 écus, dit-il, le 1er juillet 1768, à Saurin; 40,000 écus, mande-t-il, le 14 juillet 1769, à Morellet, et, le 8 mai, de la même année, à d'Argental.

Dans cette dernière lettre, il disait : « J'ai perdu en ma vie cinq ou six fois plus que je n'ai eu de patrimoine. » Quelles sont donc les autres banqueroutes qu'il avait essuyées?

Le 30 avril 1737, il écrivait à Moussinot : « On me mande que les billets des fermes sont à 7 0/0, mais il n'y a pas d'apparence. Je vous prie donc, si cette nouvelle des 7 0/0 est fausse, de mettre la moitié de tout l'argent comptant entre les mains de M. Michel, dont vous connaissez la fortune et la probité, pour le plus court temps que vous pourrez, à raison de 5 0/0 par an. Je voudrais que l'engagement ne fût que pour six mois. » Ce délai expiré, il lui dit, le 28 décembre, d'engager Michel à garder ce dépôt au même prix jusqu'au mois de mars suivant. Ce dépôt était fort, car, le 10 janvier 1738, Voltaire recommandait à Moussinot de retirer 25,000 livres de chez Michel, si l'on pouvait les placer en viager sur un homme solide. Il paraît avoir donné la préférence à Michel, car, le 3 avril 1738, il s'exprime ainsi, dans sa lettre à Moussinot : « Je vous renvoie la reconnaissance de M. Michel et persiste à lui donner 20,000 livres en rentes viagères et à lui laisser 20,000 livres au denier cinq par des billets renouvelables de trois mois en trois mois. » L'année suivante, il avait encore des fonds de disponibles, et des intérêts à recevoir de Michel. Il s'adresse donc ainsi à Moussinot, le 3 avril : « Au lieu de recevoir 2,000 livres de M. Michel, je vous prie de l'engager à prendre 10,000 livres pour un an, lesquelles, avec les 2,000 livres qu'il me doit, feront 12,000 livres, et cesdits 12,000 francs entre les mains de M. Michel serviront dans un an ou deux. » Mais Michel déposa son bilan. De là ces mots de Voltaire, du 20 juillet 1740, à Moussinot : « Je reçois votre lettre par laquelle vous me mandez la banqueroute générale de ce receveur général nommé Michel. Il m'emporte donc une assez bonne partie de mon bien. J'avoue que je ne m'attendais pas à cette banqueroute, et que je ne conçois pas comment un receveur général des finances de Sa Majesté Très Chrétienne, homme fort riche, a pu tomber si lourdement. Ayez la bonté de parler au caissier de Michel. Tâchez qu'il vous apprenne au moins la manière dont nous pourrions nous y prendre pour ne pas tout perdre. Peut-être M. de Nicolaï pourrait nous faire retrouver quelque chose. » Autre missive, le 14 auguste : « Je vous prie de ne point répandre dans le monde que j'avais une rente viagère sur M. Michel. Il suffit de dire que j'avais de l'argent placé sur lui. Il n'y a que M. de Nicolaï auquel il faille confier la chose. » La banqueroute de Michel coûta 40,000 livres à Voltaire, suivant Duvernet (p. 113), et seulement 32,500 livres, soit en rentes, soit en argent comptant, si j'en crois la lettre de Voltaire, du 6 octobre 1741, à Thieriot.

Il faut croire que Michel n'emporta pas tout le bien de son créancier, car Voltaire eut encore à essuyer de grandes pertes chez un autre financier, plusieurs années après. Il s'agit de la banqueroute de Samuel-Jacques Bernard, comte de Coubert, surintendant de la maison de la reine, et maître des requêtes. Voltaire lui reproche de lui avoir volé 50,000 francs, suivant sa lettre, du 3 mars 1757, à d'Argental ; 60,000 francs, selon ses missives, du 8 décembre 1760, à Thieriot et une autre, du même mois, à Diderot, et 80,000 livres, d'après son billet, du 27 janvier 1764, à Damilaville.

C'était vers 1753 que Bernard avait fait banqueroute. Entre la sienne et celle de Michel, il faut placer celle du juif Médina. Le 27 mars 1738, Voltaire mandait à Moussinot : « Quand on viendra de la part de M. Médina demander 300 florins, dites : J'ai reçu commission de les prêter, *hoc verum;* mais les prêter en l'air, *hoc absurdum.* Qu'un bon banquier fasse son billet payable dans un an, et je les prête. Il faut prêter et non perdre, être bon et non dupe. » Médina offrit des garanties et obtint ce qu'il demandait. Son exactitude le jour des échéances inspira une confiance aveugle à Voltaire. Bientôt ce dernier finit par lui abandonner 20,000 francs, suivant Duvernet (p. 114), 40,000, selon Chaudon (t. II, p. 12), probablement moins bien informé que ce dernier. Voltaire ne recouvra point ces fonds. Dans son *Dictionnaire philosophique,* à la section IV du mot *Juifs,* écrite en 1771, il en parle en ces termes : « M. Médina me fit à Londres une banqueroute de 20,000 francs, il y a quarante-quatre ans; il me dit « que ce n'était pas sa faute, qu'il était malheureux, qu'il avait toujours tâché de vivre en fils de Dieu, c'est-à-dire en honnête homme, en bon Israélite. » Il m'attendrit, et je perdis 80 0/0. »

A part ces banqueroutes, Voltaire perdit-il beaucoup? Ce n'est pas probable. S'il a dit, le 15 mai 1738, à d'Argental avoir dissipé le quart de son bien en mauvaisess péculations, il faut se rappeler qu'il se plaignait, dès le mois de décembre 1722 à Thieriot, de s'être ruiné en frais dans ses poursuites contre Beauregard; et pareillement, dans sa lettre, du mois de janvier 1743, à Mme de Chambonin, il avouait qu'il s'était ruiné à Bruxelles, où il n'avait pu cependant éprouver que les désagréments de Collens. Il ne faut pas oublier comment il parlait des sommes si modiques que Mac-Carthy lui avait emportées.

Cependant voici Wagnière (p. 24) qui nous dit :

« Il m'a souvent assuré qu'il avait perdu deux fois les fonds de ses rentes dans le temps qu'il n'en avait que 70,000 par an. » Cette phrase supposerait que Voltaire aurait perdu le capital de 140,000 francs de rentes, c'est-à-dire près de 3 millions, à une époque où il lui aurait fallu encore le capital de 70,000 livres de rentes. En quelle année aurait-il joui de ce dernier revenu? Ce doit être vers 1742. Mais il n'avait encore essuyé que la banqueroute d'Acosta, de Mac-Carthy, de Michel, de Médina et de Lefebvre, puisque celle des Gilli et de Bernard ne fut déclarée que longtemps après, et dans un moment où il avait plus de 100,000 livres de rentes. Sans doute d'autres débiteurs lui emportèrent de petites sommes, mais elles n'entreront point en compte, puisque nous ne les connaissons pas.

Ajoutons qu'il perdit aussi quelquefois au jeu. Ainsi, dans le mois de septembre 1722, il manda à la présidente de Bernières : « Puisque vous savez mes fredaines de Forges, il faut bien vous avouer que j'ai perdu près de 100 louis au pharaon, selon ma louable coutume de faire tous les ans quelque lessive au jeu. » Le 3 septembre 1732, il écrivait à de Cideville : « J'ai eu la sottise de perdre 12,000 francs au biribi, chez Mme de Fontaines-Martel. » Il est vrai que, pour réparer ces malheurs, il avait recours à de singuliers tours. Ainsi à Berlin, « un grand prince, rapporte Formey (1), avait la complaisance de jouer aux échecs avec lui et de lui laisser gagner les pistoles des enjeux. Quelquefois même la pistole disparaissait avant la fin

---

(1) *Souvenirs d'un citoyen*, 2ᵉ édit. Paris, 1797. In-12, t. I, p. 235.

de la partie; on la cherchait et on ne la trouvait point. » Voltaire n'avait donc pas tort d'avouer, le 1ᵉʳ mars 1764, à Dalembert qu'il regardait le jeu comme un commerce de fripons.

Maintenant que nous savons les sources et les accroissements de la fortune de Voltaire et les pertes qu'il essuya, donnons l'état de ses revenus aux différentes époques de sa vie.

IV. — *État des revenus de Voltaire en* 1778.

Autant Voltaire aimait à révéler et à grossir les sommes qu'il perdait, autant il craignait qu'on ne connût celles qu'il touchait. De là son attention à ne confier ses affaires qu'à des hommes discrets.

Il avait eu pour notaire Mᵉ Perret. Mais comme Perret, disait-il, le 6 mars 1736, à Moussinot, était indiscret, il fallut le remplacer. Voltaire avait besoin d'un homme intelligent, actif et probe. Demoulin avait perdu sa confiance par ses mauvaises affaires. Alors Voltaire jeta les yeux sur l'abbé Moussinot, qu'il connaissait depuis l'année 1727, du moins si l'on s'en rapporte à la lettre qu'il écrivit le 2 février 1727 à Thieriot. Aussi, le 6 mars 1736, lui mande-t-il : « Je voudrais sous le dernier secret avoir quelque argent comptant chez un notaire discret et fidèle, qu'il pût placer dans l'occasion pour un temps et que je pusse trouver sur-le-champ en un besoin. N'avez-vous point quelque notaire à qui vous pussiez vous confier? Il faudrait, je crois, que le tout fût sous votre nom; vous me donnerez seulement un mot de reconnaissance sous seing privé; le dépôt sera petit à petit d'environ 50,000 francs d'un à deux ans, et peut-être davantage. » Et le 21 du même mois : « Mon cher abbé, j'aime mieux mille fois votre coffre-fort que celui d'un notaire. Il n'y a personne à qui je me fiasse dans le monde autant qu'à vous. Vous êtes aussi intelligent que vertueux. Voyez donc si vous voulez vous charger de l'argent d'un indévot. Vous aurez une bonne clef du coffre bien fermé ; vous aurez un petit registre à part. Vous serez mon surintendant en quelque endroit que je sois. Tout sera dans le plus profond secret. » Et le 18 mars 1737 : « J'ai de fortes raisons pour vous réitérer encore la prière de ne parler de mes affaires à personne. » Et le 5 juin suivant : « Je vous demande toujours un profond secret sur mes affaires. » Et le 14 auguste 1740 : « Je vous prie de garder un profond secret sur tout ce que vous avez à moi et sur mes affaires. » Enfin le 8 janvier 1741 : « Je vous remercie toujours du secret inviolable que vous gardez avec tout le monde, sans exception, sur mes petites affaires. » Moussinot ayant un jour laissé lire une lettre d'affaires à une parente de Voltaire, celui-ci lui dit, le 25 mars 1730 : « Ne montrez point mes lettres, c'est secret de confession. » Plus tard, M. Dupont, avocat de Colmar, ayant été chargé par Voltaire de faire signer une obligation de 200,000 francs au duc de Wurtemberg, Voltaire le pria instamment, le 25 septembre 1764, de ne parler à personne de cette commission. C'est sans doute pour être plus sûr qu'on lui garderait ce secret qu'il souhaitait, que Voltaire confia l'administration de sa fortune à des notaires de Paris. Mᵉ Delaleu et son successeur, Mᵉ Dutertre, durent toucher toutes ses rentes à Paris. Voltaire leur adressa sans doute un grand nombre de lettres; il ne reste rien de cette correspondance si intéressante pour l'historien.

Grâce à tous ces hommes discrets qui, depuis 1730 jusqu'en 1778, gardèrent un secret profond sur l'état de sa fortune, Voltaire est parvenu à cacher l'état exact de ses revenus à tous les curieux.

Cependant quelques personnes ont pu connaître, à certaines époques, les rentes dont il jouissait. Profitons de leurs confidences.

Dans son *Mémoire* de 1736, Jore certifie que Voltaire avait déjà 28,000 livres de rentes.

Le 26 décembre 1739, Voltaire disait à Moussinot : « *Est bonum* d'avoir 3,000 livres de rentes de plus. » Cependant il avait doté ses deux nièces, il avait fait de prodigieuses dépenses à Cirey, et il avait perdu plus 20,000 francs avec Demoulin. Il touchait alors des rescriptions de 1,000, de 2,000 et même de 4,000 livres; il avait des billets de loterie, des actions, des capitaux chez Michel, des fonds chez de grands seigneurs, outre ce qu'il réservait pour le commerce des tableaux. Mais aucune de ses lettres ne nous indique l'état exact de ses revenus, de sorte que nous arrivons jusqu'en 1750 sans avoir quelque document authentique sur ce sujet.

Longchamp (p. 333), qui entra à son service, en 1745, nous dit : « Je le trouvai, en arrivant chez lui, jouissant déjà d'une très grande opulence. C'est de quoi je pus alors me convaincre d'une manière positive ; et le lecteur en jugera de même par le bordereau qu'il me donna pour recevoir ce qui lui restait dû de ses revenus échus dans l'année 1749, et les trois premiers mois de 1750, que je vais transcrire. Il faut observer que les sommes qui s'y trouvent reprises composaient le reste de ce qui restait à recevoir de ses débiteurs pour intérêts échus dans l'année 1749 et le commencement de 1750 ; et qu'il avait déjà touché par lui-même divers autres articles qu'il ne porta point sur sa note. Cette note écrite de sa main fut jointe aux titres et rendue avec eux à son notaire ; c'est la copie que j'en avais faite que j'ai retrouvée : la voici, avec l'indication que j'y ai ajoutée dans le haut de la page :

« *État des rentes, pensions et revenus de M. de Voltaire,* que j'ai été recevoir sur ses quittances et mandats, et pour la plus grande partie échus pendant l'année 1749 :

Les contrats sur la ville.	14,023 l.
Contrat sur M. le duc de Richelieu.	4,000
— sur M. le duc de Bouillon.	3,250
Pension de M. le duc d'Orléans.	1,200
Contrat sur M. le duc de Villars.	2,100
— sur M. le marquis de Lezeau.	2,300
2ᵉ contrat sur M. le comte d'Estaing.	2,000
Celui sur M. le prince de Guise.	2,500
— sur M. le président d'Auneuil.	2,000
— sur M. Fontaine.	2,600
— sur M. Marchand.	2,400
— sur la Compagnie des Indes.	605
Appointements d'historiographe de France.	2,000
— de gentilhomme de la chambre.	1,620
Contrat sur M. le comte de Goesbriant.	540
— sur M. de Bourdeille.	1,000
Loterie royale.	2,000
2ᵉ contrat sur M. Marchand.	1,000
Contrat sur les 2 s. pour livres.	9,900
Vivres de l'armée de Flandre.	17,000
	74,038 l.

« Tout ce que possédait M. de Voltaire n'était pas compris dans cet état; on peut en inférer que tous les objets de sa fortune réunis ne lui rapportaient pas moins de 80,000 livres par an, et cela dut encore beaucoup s'augmenter dans la suite. »

Remarquons que, le 8 mai de cette année 1750, Voltaire disait au roi de Prusse : « Je suis riche, et même très riche pour un homme de lettres. » En effet il passait déjà dans tout Paris, au dire de Collé (t. I, p. 357), pour jouir de 80,000 livres de rente. On peut admettre ce calcul, puisqu'il concorde avec celui de Longchamp.

Il se peut que, sur ces rentes remises à Longchamp, il y ait eu des arrérages de payés, mais comme sur son état on ne voit pas figurer la maison de Cadix, où Voltaire avait placé des fonds considérables, on peut conclure avec lui que son maître avait au moins 80,000 livres de rente.

Nous remarquons que toute cette fortune était placée par des contrats sur des seigneurs illustres. Comme Voltaire en Prusse, ainsi que nous le savons, avait au moins 1,000,000 en portefeuille, il est permis de croire que Longchamp ne se trompait pas beaucoup. Les biographes nous ont appris l'usage que fit Voltaire des sommes considérables qu'il rapporta de Berlin.

Le 12 mars 1754, Voltaire avouait avoir placé une partie de son bien à Cadix, à Leipzig, en Hollande, et dans les domaines du duc de Wurtemberg.

Nous verrons aussi plus tard à quel prix et à quelle condition il devint propriétaire à Lausanne, aux Délices, à Tourney et à Ferney. Ces domaines lui coûtèrent peu et n'augmentèrent pas beaucoup ses revenus. Le 24 décembre 1758, il dit à Thieriot que les Délices, Tourney et Ferney ne rapportaient qu'un peu plus de 10,000 livres de rente; et, le 5 novembre 1759, il mandait à Mme de Fontaine que Ferney allait lui procurer chaque année de 7 à 8,000 livres.

Nous verrons aussi plus tard ce qu'il retirait des maisons qu'il fit construire à Ferney.

Presque toute sa fortune continua à être mobilière. Il n'y perdit pas.

Le 10 novembre 1761, le président de Brosse disait à M. de Fargès que Ximenez lui avait appris que Voltaire avait 100,000 livres de rente. En mars 1763, Grimm assurait, dans sa *Correspondance littéraire*, que Voltaire jouissait déjà de plus de 100,000 livres de rente, lorsqu'il alla s'établir près de Genève.

Le 27 mars 1759, Voltaire mandait au roi de Prusse qu'il avait en France 60,000 livres de rente; et, le 30 janvier 1761, il disait à d'Argental qu'il en avait 45,000 dans les pays étrangers.

Dans le mois d'avril 1768, Collé apprit de Delaleu que Voltaire avait 120,000 livres de rente, et 600,000 livres en portefeuille.

Dans son *Commentaire historique*, et dans ses lettres, du 3 mars 1770, à Tabareau et du 20 avril 1770, du 20 juillet 1771 et 12 février 1772, au duc de Richelieu, Voltaire se plaint de ce qu'au moment où le contrôleur général Terrai avait fait rendre un édit portant suspension du payement des rescriptions, on lui a saisi 200,000 livres qu'il avait déposées chez Magon, banquier du roi, par l'intermédiaire de de La Borde. Aussi, dans le mois de novembre 1772, s'adressa-t-il à

Terrai lui-même pour obtenir le payement de ce qui lui était dû.

A combien s'élevèrent depuis tous ces revenus? A 130,000 livres, d'après la *Correspondance littéraire* de La Harpe (t. I, p. 61), à 140,000, au dire de Duvernet (p. 249), à 150,000 suivant les *Mémoires de Bachaumont*, du 22 décembre 1774, dont Luchet (t. II, p. 185) a transcrit le texte sans le contredire; Wagnière (p. 24) les porte à 160,000 livres, et J.-L. Mallet (1) à 200,000. Condorcet a trouvé cette question trop indigne de son génie.

Des 130,000 livres de La Harpe aux 200,000 de Mallet, la différence est grande. Heureusement Voltaire va nous tirer d'embarras.

« Il ne s'agit que d'avoir un petit *Livret* de 2 sols dont on fait un journal; ce n'est pas là assurément une affaire de finance, » mandait Voltaire, le 24 décembre 1766, à Damilaville. Telle est la nature du *Livret* connu au département des Manuscrits de la Bibliothèque nationale, sous le titre d'*État des biens de Voltaire écrit de sa main*; sa hauteur est de dix-huit centimètres, et sa largeur de douze seulement; quoique composé de quarante-huit feuilles, il y a soixante-treize pages vierges de toute écriture; papier ordinaire, tranche jaune; rien ne ressemble plus à ces cahiers de ménage qui se vendent deux sous encore aujourd'hui. Grâce à la plume de Voltaire, son *Livret* a été acheté 500 francs par le gouvernement, en 1847, et la *Nouvelle Revue Encyclopédique*, comme nous l'avons vu, s'est empressée d'en

---

(1) *Œuvres de Voltaire*, édit. Dupont, t. I, p. 529.

rendre compte. Dans le mois de février 1736, Voltaire disait à Berger : « Je suis un homme d'ordre, quoique poète. » Dans son *Livret*, aucun détail ne lui échappe; témoin celui-ci : « Changé avec la fille Wagnière, auguste 1777, 169 livres savon, 155 livres casson, et 44 livres huile qu'elle m'a payés en argent et en sucre en pain. » Ces mots sont tracés avec tant de netteté que je ne conçois pas comment la *Nouvelle Revue Encyclopédique* a lu *savoir* au lieu de *savon*, et *sucre et pain* au lieu de *sucre en pain*. Pareillement je reprocherai à l'éditeur Dupont d'avoir porté les revenus de Ferney à 35,000 livres. Voltaire a donné trois traits de plume sur le 3 et a posé un 1 à la droite du 3 biffé, ce qui offre le nombre de 15,000 et non celui de 35,000. Cette erreur en occasionna une autre. Dans sa première addition, Voltaire avait trouvé 197,500; mais il surchargea ensuite le 9 et le 7, et compta au total 178,500. L'éditeur Dupont offre celui de 198,500; ce n'est pas la seule inexactitude qu'il ait commise en reproduisant ce document.

Hâtons-nous donc de le copier fidèlement :

ÉTAT AU MOIS DE JUILLET 1775.

Rentes.

Sur l'hôtel de ville.	14,023 l.
Compagnie des Indes.	11,568
Succession Guise.	2,500
Maréchal de Richelieu.	4,000
Duc d'Orléans.	1,200
M. du Tartre.	3,000
Duc de Bouillon.	3,250
Marchand, fermier général.	6,500
Héritiers Villars.	2,100

Lezeau de Rouen............................	2,300 l.
Destain-Maulevrier.........................	2,000
A Saint-Tropez, succession Goesbriant..........	540
Contrat chez moi, quittance en mai 1776 à M. Audibert sur M. d'Auneuil Frémont, ci-devant président....	2,000
Banqueroute Bernard, surintendant de la reine, maître des requêtes, environ.........................	500
M. de Neuilly à Dijon, rente foncière; le contrat est chez moi, il est du 13 mars.........................	1,000
Sur l'emprunt des 160 millions, contrats chez Duclos, notaire, les numéros chez moi, rente perpétuelle et commerçable...............................	12,000
	78,481 l.

Tous ces contrats en France, excepté Neuilly et Saint-Tropez, sont à Paris, chez M. Delaleu, et à présent chez M. Dailly, chez M. Dutertre.

En réduisant cette somme à cause des vingtièmes et autres frais à...........................	70,000 l.
Duc de Wurtemberg........................	62,500
Électeur palatin............................	13,000
Ferney et environs.........................	15,000
Notaire Duclos............................	12,000
Sherer et Vergne..........................	4,800
Baumt..................................	1,200
A recouvrer du duc de Wurtemberg...........	70,000
Candaule................................	13,000
	197,500 l.
Sur quoi il faut payer :	
A mes neveux.......... 3,600 l.	
Pour les dépenses, par an.. 40,000	
Au curé............... 800	
En aumônes........... 1,000	
	45,400
	152,100 l.

Payé par acte devant notaire au sieur Geran...	12,000 l.
Pour son théâtre à lui-même, à ses deux charpentiers Landri et Mange.................	1,081
1ᵉʳ juin sur Sherer........................	2,000
Lépine par contrat........................	1,000

Par billet.	500 l.
Florian, pour solde jusqu'au 24 mai 1775, la somme de.	541
Doit en avril 1776.	4,121
Pour la maison, du 24 mai.	2,000
Et au mois de juillet.	2,000
Dupuis, voir la date pour les 12,000 auxquels je me suis restreint.	1,000
Neuilly, par Guichard, notaire à Moirau, route de Châlons (ancien contrat du mois de mars).	1,000
Corbot, en mars.	2,000
Bourset à réformer.	330
Rieu en juillet.	900
Valentin, pour le fonds de 28,000 livres remboursable en 1777.	1,120
Pour sa maison, du 14 novembre, voir lods et ventes.	760
Mauzier, 20 juillet, maintenant Valentin.	80
Trilla, 9 décembre.	144
Le grand commun au bas de la page. { Parami.	114
{ Bartolé.	144
{ Racine	168
Gabar, il y aura des rentes environ.	800
Perachon, à la fin de juillet, à revoir	2,515
Serret et Dufour, maisons.	1,300
Et pour un fonds remboursable en 1777, qui est de 33,333.	1,666
Servant pour maison, février.	750
Plus, pour un fonds de 6,000 livres.	240
Auzière doit 2,000 livres de fonds.	120
Bellevue Renaud.	258
Dallot.	78
Huguenon, tailleur.	84
Odiot, abergement.	170
G. Geret	60
Oulric.	72
Grand commun	396
Tanneur Brun, abergement.	230 l. 10 s.
Par obligation à Wagnière.	60
Le Thuilier, abergement.	108
Saint-Germain, Pingeon-Chabot demande cette maison en abergement.	72

Jordanet.	123 l.
Louiset, en février.	140
Luxembourg, juillet.	206
Jaquet, abergement.	80
Obligation.	30
Abergement de Jean Malcomusus en souffrance.	162
Auzière, sur sa maison, 3 janvier.	600
Fillon, maison Thibaut, incertain.	600
D'Alcizet, environ.	800
Vral.	600
Bourne.	636
Auzière, sa maison.	700
Giron.	550
Saint-Géran.	1,640
Rocher.	630
Ravinet.	315
	31,726
Landry, argent prêté.	210
	31,936
Simon Hony, serrurier, sa maison en viager du 5 juin 1776.	288 l.
Cens.	2 s.
Giroud, en viager, sa maison.	566
Cens.	2 s.
Perrachon, terrain aux Plattes, abergement, 26 mai 1776.	6
Cens.	2 s.
Mme d'Hacqueville, maison et terrain, 7 juin 1776, abergement à 4 0/0.	740
Cens.	10 s.
Audiot, sa maison en viager, 28 mai 1776.	340
Cens.	2 s.
Martin, sa maison, abergement, 26 mai 1776.	216
Cens.	2 s.
Landry et sa femme, argent prêté en viager 28 mai 1776.	210
Nardot et Dubois, maison en viager, 5 juin 1776.	450
Cens.	2 s.
M. Dufour, argent prêté en viager, 1,000 livres, le 11 juin 1776.	75
M. Monginot, viager pour le 1er octobre 1776.	1,820
Cens.	2 s.

M. Defourat, viager	975 l.	
Cens.		2 s.
Saint-Géran, pour le champ des Palles, abergement du 11 juin 1776	15	
Cens.		2 s.
Raynaud, viager.	840	
	6,542	
De l'autre page.	31,937	
	38,478	
Combrour.	320	
Maison Gabar des Roches.	1,000	
Olivier.	280	
	40,078	
Favre.	480	

Puis viennent les *Billets que l'on peut donner en payement* pour les maisons. Ils sont au nombre de cinquante-sept et composent une somme de plus de 55,000 francs. Sur ces cinquante-sept billets, cinquante-trois sont biffés, ce qui annonce que quatre seulement sont restés en souffrance ou n'ont pas été mis en circulation ; il y en a de diverses sommes, depuis 72 francs jusqu'à 4,000 ; si l'on excepte ceux de M. de Florian, ils sont tous souscrits par des roturiers.

Ensuite est une autre *Liste des billets dont on peut faire usage en l'année* 1777, depuis le 1er juin 1777. Ils sont au nombre de trente et composent une somme de plus de 28,000 francs ; cinq seulement sont effacés, par conséquent le reste a été employé utilement, négocié ou payé ; ils ont également de diverses sommes, et souscrits par des roturiers, à l'exception de M. de Florian.

Ces notes, que nous avons recueillies aussi littéralement que le permet un *Livret* où il n'y a ni lettres majuscules, ni accentuation, ni ponctuation, ni orthographe

6.

régulière des noms propres, nous démontrent qu'en 1775 comme en 1750, la fortune de Voltaire était toute mobilière et placée sur des seigneurs riches et puissants, et nous indiquent quel a dû être l'état de ses revenus en 1778.

Dès 1775, Voltaire jouissait de 177,500 livres de revenu, et il lui restait la somme de 152,100 livres à placer; ajoutons les 70,000 livres qu'il attendait du duc de Wurtemberg et les 13,000 que lui devait Candaule, nous aurons alors la somme de 235,100 livres.

Or, en juillet suivant, cette somme de 235,100 livres a dû produire des intérêts. Comme Voltaire prêtait quelquefois à 4 0/0 et aussi à 6 et 7 0/0 en viager, en supposant que ces 235,100 livres aient été placées au denier cinq, nous aurons pour intérêt au mois de juillet la somme de . . . . 11,755 livres.

A ces 11,755 livres joignons la somme disponible à la fin de l'année, qui est de 152,100 livres, alors nous aurons en caisse au mois de juillet 1776, le total de. . . . . 398,955 livres.

En juillet 1777, ces 398,955 livres produiront un intérêt de 19,947 l. 75 auxquelles il faut ajouter, comme en 1776, la somme de 152,100 livres, et nous trouvons en caisse le nombre de. . . . . 571,002 l. 75

En juillet 1778, ce total de 571,002 l. 75 nous fournira un revenu de 28,550 l. 13.

A ce dernier intérêt, ajoutons l'état du revenu habituel de 177,500, et nous compterons 206,050 l. 13.

Par conséquent les revenus de Voltaire s'élevaient à sa mort à 206,000 livres au moins.

Ce calcul n'est pas exagéré. Wagnière et tous les

biographes conviennent que, dans les vingt dernières années de sa vie, Voltaire doubla ses revenus. Or, il nous a appris qu'en 1760, il avait 60,000 livres de rente en France, et 45,000 dans les pays étrangers. Deux fois 105,000 font 210,000. Son *Livret*, sa correspondance, la tradition, le raisonnement, l'arithmétique, tout concourt à prouver que nous ne nous trompons pas en présumant qu'en 1778, Voltaire avait au moins 206,000 livres de rente net, car nous verrons qu'il obtint que ses terres demeurassent libres, et ne payassent rien au roi ni à l'église. Le 26 décembre 1760, il disait à Mme d'Épinai : « Il faut payer les impôts ou n'être pas citoyen. » Genève lui ayant envoyé un petit bordereau à acquitter, il écrivit à cette occasion, le 2 mai 1766, au marquis de Florian : « Il n'y a pas longtemps que Messieurs du conseil me présentèrent leur terrier, par lequel ils me demandent un hommage-lige pour un pré. Je leur ferai certainement manger tout le foin du pré, avant de leur faire hommage-lige. »

Le 4 avril 1768, dans sa lettre à M. et Mme de Florian, il dit que Mme Denis possédait 12,000 livres de rente. Comme Mme Denis et Voltaire vivaient ensemble, je suis tenté d'ajouter les 12,000 livres de rente de celle-là aux 206,000 livres de celui-ci. Alors, en 1778, le patriarche de Ferney disposait d'un revenu de 218,000 francs.

Sur la liste de ses débiteurs, en 1775, Voltaire ne nomme que de grands seigneurs; il n'est pas probable qu'il ait touché tout ce qui lui était dû cette année seulement; il se peut que plusieurs sommes alignées sur cet état soient un reste de compte, une accumulation de plusieurs années de rentes plutôt que le chiffre d'un revenu net. Mais d'un autre côté, il est certain que ce n'est pas seulement à de grands seigneurs qu'il prêtait : témoin les notes que nous avons transcrites, et qui forment un état à part. C'est ce qui explique la différence des additions de Voltaire. Il en a une de 178,500 et une autre de 197,500. Est-ce une erreur? Non. Il portait d'abord les rentes de Ferney à 35,000 livres, puis il les réduit à 15,000. Pourquoi? C'est que Ferney avait un compte séparé. Dès 1759, il évalue à 8,000 livres ce qu'il en retirait; Tourney avait été affermé avant 1758 plus de 3,000 livres par an. Depuis, Voltaire avait acheté des terres, il avait amélioré son domaine, il avait bâti plus de quatre-vingts maisons dont il avait vendu la plupart en viager. Il est impossible d'admettre que tout cela ne lui rapportât que 15,000 francs par an. La dernière addition qu'il pose est de 197,500. C'est qu'alors il avait vérifié que Ferney et ses environs méritaient d'être compris dans son état pour 35,000, comme il l'avait mis d'abord; mais qu'il n'avait réduit à 15,000 qu'en attendant qu'il eût tout revu et parcouru les contrats et les billets des roturiers dont nous avons parlé. Ce sont donc 20,000 livres de rente qu'il faut ajouter à notre calcul. Voilà pourquoi j'avais dit qu'en 1778 Voltaire avait au moins 206,000 livres de revenu.

Il convient de dire qu'en 1778 Voltaire jouissait certainement de plus de 220,000 livres de rente, sans compter le revenu de sa nièce.

V. — *Rapports de Voltaire avec ses débiteurs.*

« Voltaire capitaliste et homme d'affaires est encore fort incomplètement connu, » disait M. Foisset dans l'Avertissement de la *Correspondance inédite de Voltaire avec le président de Brosses*. C'est donc maintenant un devoir pour nous de rechercher et d'étudier les principes d'après lesquels Voltaire se conduisait dans l'administration de ses immenses richesses; en un mot, de saisir et de peindre l'esprit du capitaliste et de l'homme d'affaires dans l'écrivain qui, dans sa lettre, du 25 juin 1745, au marquis d'Argenson, se flattait d'être, comme l'Arétin, en commerce avec toutes les têtes couronnées.

Le 11 juillet 1760, il mandait au P. de Menoux : « Il y a une tragédie anglaise qui commence par ces mots : *Mets de l'argent dans ta poche et moque-toi du reste*. Cela n'est pas tragique, mais cela est fort sensé. » Telle fut sa première maxime; la seconde consista à doubler, tripler, quadrupler, quintupler, sextupler, septupler, octupler, nonupler, décupler, centupler ses capitaux dans le commerce, dans les spéculations et dans les placements heureux. De là son attention à être toujours au courant de la hausse et de la baisse. Dès le 5 décembre 1722, il disait à Thieriot : « Écrivez-moi un peu des nouvelles des actions. » Le 7 décembre 1759, il demandait à Mme d'Épinai si les actions des fermes étaient un effet qui pût et dût subsister. Le 14 avril 1737, il avait écrit à

Moussinot : « Je vous prie de me faire chercher des *Nouvelles à la main* que j'ai demandées, et surtout que le prix des actions y soit spécifié; » car, le 18 mars précédent, il lui avait témoigné le désir de connaitre le cours des actions.

Les actions rapportant des dividendes, le 18 mars 1737, il disait à Moussinot : « Avez-vous reçu des dividendes de mes actions? »

Dans un temps de hausse, il vendait ses actions. Le 18 mars 1737, il écrit à Moussinot : « Vous avez à moi quatre actions achetées à trois dividendes. Mandez-moi si vous avez reçu les dividendes des six premiers mois de cette année, et vendez sur-le-champ les quatre actions en cas qu'elles soient à peu près à 2,140 ou 2,130 livres. » Le 27 avril suivant, il lui dit : « Je vous prie de ne faire vendre les quatre actions que j'ai depuis un an qu'en cas qu'elles soient à 2,140 ou 2,130 livres au moins. Si elles sont plus bas, je ne les veux point vendre. 2,120 est le plus bas prix où je veux m'en défaire. » Enfin, le 14 décembre suivant, il lui mande : « Je vous prie de vendre mes quatre actions, si elles sont au-dessus de 2,150 livres. »

Si les actions baissaient, il en achetait le plus qu'il pouvait. De là ces mots, du 30 juin 1736, à Moussinot : « De nos 43,200 et 3,690 francs, et de tout ce que vous pourrez avoir à moi, faisons-en deux lots, l'un d'argent à prêter pour six mois à 5 0/0, l'autre en caisse pour acheter des actions dans le temps favorable. » Et ceux-ci, du 18 mars 1737 : « Votre agent de change peut nous informer de l'emploi le plus sûr de l'argent. Je crois que les billets des fermiers généraux sont à 6 0/0, et que c'est ce qu'il y a de meilleur, et qu'on peut retirer son fonds tous les six mois. Je vous supplie de mettre une partie de l'argent comptant en billets des fermes ou équivalent, et de garder le reste pour acheter des actions qui, je crois, baisseront sous peu. » Le 14 décembre suivant, il lui recommande encore de conserver de l'argent en caisse pour acheter des actions lorsqu'elles auront baissé.

Il ne négligeait pas non plus les loteries. Celle de Desfort, en 1726, lui avait valu 500,000 livres, suivant J.-L. Mallet (1). Comment ce dernier parvint-il à le savoir, lorsque ni Longchamp, ni Wagnière, ni La Harpe, ni Luchet, ni Duvernet, ni Chaudon, ni Condorcet ne paraissent l'avoir appris, il est impossible de le deviner. Mais cette assertion me semble assez vraisemblable. Dans le mois de janvier 1740, Voltaire mandait à Moussinot : A l'égard de la loterie de l'hôtel de ville, je crois que j'ai 70 billets, et je ne pense pas être en état d'en prendre davantage. Vous aurez de reste de quoi remplir les mises en argent. D'ailleurs nous aurons du temps. Je vous prie seulement de me mander si cette opération prend toujours faveur dans le public. »

Au besoin il recourait aux chances de la place. Ainsi, le 2 mai 1741, il recommandait à Moussinot de mettre 10,000 livres sur la place et de les faire valoir à 5 0/0 par Paquier, agent de change, rue Quincampoix.

Si parfois il perdait, il se consolait dans la pensée que la fortune ne l'abandonnerait pas. « Il faut songer

---

(1) *Œuvres de Voltaire,* édit. Dupont, t. I, p. 529.

à ce qui me reste plus qu'à ce que j'ai perdu, disait-il, le 7 juin 1736, à Moussinot, après la banqueroute de 20,000 francs que lui emportait Demoulin, et tâcher d'arranger mes petites affaires, de façon que je puisse passer ma vie à être un peu utile à moi-même. » Ce qui lui restait, il le savait bien. Ainsi le 17 mars 1739, il écrivait à Moussinot : « Vous me mandez que vous avez fait recette, depuis le mois de septembre, de 31,586 livres, et que vous avez déboursé 14,410 livres. Donc, vous dites, il vous reste 21,500 livres. Ce donc-là me paraît peu arithmétique, car avec ce donc il ne doit rester que 17,174 livres ; mais apparemment qu'il restait 4,326 livres au mois de septembre. Peu importe. C'est ce qu'on possède qui importe. » Si, de son côté, il avait oublié quelque formalité, il avait soin d'y remédier. C'est pourquoi, le 21 mai 1741, il mandait à Moussinot : « Je vous envoyai ma signature en parchemin dans laquelle j'oubliai le nom d'Arouet, que j'oublie assez volontiers. Je vous envoie d'autres parchemins où ce nom se trouve, malgré le peu de cas que j'en fais. »

Dans le cas où il devait attendre plusieurs mois que les actions ou les billets des fermiers généraux eussent assez baissé pour pouvoir en acheter avec profit, il permettait à Moussinot d'acheter des tableaux, et lui donnait carte blanche sur cet article.

Il lui restait toujours des fonds considérables pour profiter des événements et des crises du ministère. C'est pourquoi nous avons remarqué qu'il plaçait de fortes sommes pour un an, pour six mois ou seulement pour rois mois chez Michel. Ensuite il en eut chez de

Gennes, chez Samuel Bernard, chez Marchand, chez Tronchin, chez Shérer et chez d'autres financiers dont la fortune, la probité et la position inspiraient une grande confiance. Grâce à cette ressource, Voltaire put en tout temps suivre le cours des actions et des billets. Si, du temps de Moussinot, il ne touchait que 1,000 francs, 2,000 ou 4,000 de rescriptions, nous avons vu qu'en 1770 il en avait pour 200,000 livres. Jamais l'argent ne se rouillait dans ses coffres. Il nous apprend par son *Livret* qu'il prêtait quelquefois à la semaine et au mois à ses vassaux.

Ce n'étaient guère que des dépôts que les sommes considérables qu'il faisait valoir entre les mains de ces financiers que nous avons nommés. Il les retirait dès qu'il pouvait les placer. En tout temps, n'ayant jamais dépensé ses revenus, il avait beaucoup de fonds de disponibles.

Pourquoi ne prêtait-il qu'à de grands seigneurs?

Le 9 septembre 1752, il écrivait à Mme Denis : « J'ai perdu quelquefois *une partie de mon bien* avec des financiers; mais je n'ai jamais rien perdu avec les grands, excepté mon temps. » De là sa confiance dans les grands. Aussi disait-il, le 25 septembre 1764, à M. Dupont : « Vous serez peut-être étonné de ma confiance dans les princes; mais il y a longtemps que je sais qu'il vaut mieux placer sur eux que sur des particuliers. » Toutefois il ne se faisait point d'illusion sur leur moralité. « On a très mal fait de se reposer sur la parole positive du prince de Guise, mandait-il, le 5 auguste 1737, à Moussinot; les paroles positives des princes sont des chansons. »

A quelle condition daignait-il donc les coucher sur la liste de ses débiteurs ? Le 5 juin 1737, il dit à Moussinot : « Il me semble qu'en fait d'intérêt et d'argent, on ne peut trop mettre les choses au net, et qu'*il faut tout prévoir et tout prévenir.* » Le 30 juillet 1736, il lui avait mandé : « Dorénavant je ferai des marchés pour tout, *fût-ce pour des allumettes*, car les hommes abusent toujours du peu de précaution qu'on a pris avec eux. » Il entendait aussi bien les rentrées. Ainsi il écrivait, en septembre 1740, à Moussinot : « Il ne faut rien laisser languir entre les mains des débiteurs. » Le 20 juin 1740, il lui donnait ce conseil : « Je vous prierai de ne pas manquer de faire la petite collecte au mois de juillet. Il ne faut rien laisser en arrière. » Grâce à ces précautions et à cet ordre, Voltaire avouait, le 15 juillet 1736, à Moussinot que ses affaires étaient très simples et très aisées.

Aucune considération d'amitié, de convenances, de délicatesse ne lui faisait oublier ses maximes. Son droit, c'est sa loi, c'est sa vertu, c'est son devoir. De sorte que toute question de prêt ou de remboursement devient pour lui l'occasion d'épuiser toutes les ruses de la prudence et de l'avarice, les finesses du financier et les mensonges de l'usurier. Alors l'historien n'est plus que le plagiaire de Molière ; chaque fois qu'il cite une lettre de Voltaire, il donne un coup de ciseau aux chefs-d'œuvre de *l'Avare* et du *Malade imaginaire*. Tout parallèle entre Molière et Voltaire est impossible, car Voltaire est le plus parfait copiste de Molière ; il lui a emprunté tous ses traits ; il semble avoir étudié tous ses personnages, pour s'identifier avec eux ; comme feu

M. Jourdain, dit Bourgeois gentilhomme, il s'est, tout du premier coup et sans le savoir, élevé jusqu'au superlatif du comique. Il n'y a aucune comédie de Molière qui soit digne d'être comparée à la correspondance de Voltaire avec ses régisseurs et ses débiteurs ou ses emprunteurs.

Voyez. Ouvrons Molière, et lisons ces mots :

« MAITRE SIMON, *à Harpagon.*

Oui, Monsieur, c'est un jeune homme qui a besoin d'argent; ses affaires le pressent d'en trouver, et il en passera par tout ce que vous prescrirez.

HARPAGON.

Mais, croyez-vous, maître Simon, qu'il n'y ait rien à péricliter? Et savez-vous le nom, les biens et la famille de celui pour qui vous parlez?

MAITRE SIMON.

Vous serez de toutes choses éclairci par lui-même, et vous serez content quand vous le connaîtrez. Tout ce que je saurais vous dire, c'est que sa famille est fort riche.

HARPAGON.

La charité nous oblige à faire plaisir aux personnes, lorsque nous le pouvons.

LA FLÈCHE, *au nom d'Harpagon.*

Voici quelques articles qu'il a dictés lui-même, pour être montrés avant que de rien faire : Supposé que le prêteur voie toutes ses sûretés, et que l'emprunteur soit majeur, et d'une famille où le bien soit ample, solide, assuré, clair et net de tout embarras, on fera une bonne et exacte obligation par-devant un notaire, le plus honnête homme qu'il se pourra, et qui, pour cet effet, sera choisi par le prêteur, auquel il importe le plus que l'acte soit dûment dressé. Mais comme ledit prêteur n'a pas chez lui la somme dont il est question, pour faire plaisir à l'emprunteur, il est contraint lui-même de l'emprunter d'un autre ; ce n'est que pour l'obliger que ledit prêteur s'engage à cet emprunt. »

Maintenant écoutons Voltaire surpassant Harpagon. Dès 1723, il avait un contrat; dans sa lettre du 2 mai 1741, à Moussinot, il désire savoir si c'est de 1731 ou de 1732 que date le contrat Goesbriant. A peine se met-il en relation avec Moussinot, qu'il lui indique que c'est chez Perret, chez Bronod qu'on trouvera ses contrats. Le 19 juin 1733, il écrivit à de Cideville : « Savez-vous bien que j'ai donné 18,000 francs au sieur marquis de Lezeau, sur la parole d'honneur qu'il m'a donnée, avec un contrat, que je serais payé tous les six mois avec régularité? Il s'est tant vanté à moi de ses richesses, de son grand mariage, de ses fiefs, de ses baronnies et de sa probité, que je ne doute pas qu'un grand seigneur comme lui ne m'envoie 900 livres à la Saint-Jean. Si pourtant la multiplicité de ses occupations lui faisait oublier cette bagatelle, je vous supplierais instamment de daigner l'en faire souvenir. » Le 9 septembre 1752, il apprend à Mme Denis que c'est par un beau et bon contrat qu'il a remis entre les mains du

duc de Wurtemberg les fonds qu'il avait retirés de
Berlin. Ce n'est que sur contrat qu'il prête à M. du
Chastelet. Si, le 30 juin 1736, il envoyait des contrats à
Moussinot pour les joindre aux autres, nous voyons
qu'en 1750, il possédait, suivant Longchamp, une liasse
de contrats, et qu'en 1775, d'après son *livret*, il avait
encore une grande quantité de contrats. Tous ces contrats, il ne les avait signés et acceptés qu'après mûre
réflexion et de grandes informations. Ainsi, le 10 janvier 1738, il mandait à Moussinot : « Il faudrait prendre le parti de placer sur M. de Brezé les 3,000 livres.
Cet emploi serait d'autant plus agréable que l'on serait
payé aisément et régulièrement sur ses maisons à
Paris. En cas que l'emploi sur M. de Brezé soit solide,
je serais d'avis que vous prissiez 25,000 livres chez
M. Michel, et que vous les plaçassiez sur M. de Brezé. »
S'il consentait à accepter des billets, il fallait que l'emprunteur lui offrît aussi des garanties. C'est pourquoi,
à propos de Médine, qui lui avait demandé 300 florins,
il adressa, le 29 avril 1738, cette missive à Moussinot :
« Je vous envoie un billet du sieur Médine. Je vous
prie de ne point égarer le billet de Médine, et surtout
de ne rien donner sans un bon billet de Darius. Je vous
prie, au préalable, de vous informer si ce Darius est
bon. Paquier vous dira cela. Vous me ferez plaisir, en
exigeant cette cérémonie du sieur Darius, de lui dire
que je suis très aise de faire plaisir à M. Médine ; mais
que vous ne pouvez vous dessaisir d'aucun argent
sans billet solvable, attendu que c'est un argent de
famille. Cela tranche net et prévient toute plainte. »
Le 7 mars 1739, il lui disait encore : « Je vous prie

d'envoyer M. votre frère chez Prault, à qui il donnera 200 livres sur son reçu. » Fût-on son bienfaiteur, son protecteur, son commensal, son secrétaire, son ami; s'appelât-on Richelieu, du Chastelet, Florian, Prault, Wagnière, il n'exemptait personne d'un bon contrat ou d'un billet. Nous remarquerons plus tard qu'il conservait des reçus de ses libéralités, de ses aumônes.

Comme il avait des débiteurs en France et dans les pays étrangers, on lui payait ses intérêts en ducats, en louis, en florins. Il ne perdait pas au change. « Pour les ducats, j'en trouve à Bar-le-Duc, 10 l. 10 s. Ainsi je les donnerai à Bar-le-Duc, disait-il, le 18 mars 1737, à Moussinot. » Il en était de même des florins.

Voltaire se flatte d'avoir fait gagner à la famille du Chastelet un procès de 220,000 livres, suivant ses *Mémoires*, et seulement de 130,000 d'après son *Commentaire historique*. Il ne fut ni moins heureux ni moins habile dans ses propres affaires. Nous avons vu qu'il tâcha de retirer un dividende des banqueroutes qu'il essuya. Sur le point de perdre 40,000 francs chez M. d'Estaing, poursuivi par tous ses créanciers, il obtint d'eux qu'ils lui vendissent leurs créances, raconte Longchamp (p. 159), et par cet achat il empêcha son débiteur de déposer son bilan et se fit payer tout ce qui lui était dû. Comment se conduisait-il, quand l'époque des échéances passait sans que l'argent vînt grossir ses économies?

Si tous ses débiteurs étaient solvables, ils n'en étaient pas moins peu empressés à payer leurs dettes, et les intérêts de leurs contrats. Le 7 novembre 1774, il apprenait à Dalembert que le duc de Richelieu ne lui avait pas payé sa rente depuis cinq ans. Déjà, le 24 novembre 1736, il priait Moussinot de réclamer à ce duc une somme de 50,000 livres exigible. Le 30 janvier 1741, il lui recommandait pareillement les dix années de revenu que de Goesbriant n'avait pas songé à lui remettre. Le 17 avril 1737, il lui mandait de ne pas oublier que le prince de Guise ne lui avait pas envoyé depuis trois années une rente de 2,500 livres, et le marquis de Lezeau une autre rente de 2,300. Tous les ans il avait à gémir sur la négligence de quelques-uns de ces seigneurs. Quand il avait besoin de leur crédit, il les laissait tranquilles. Mais dès qu'il était las de leurs excuses, et qu'il trouvait une bonne occasion de placer quelques sommes d'argent, il mettait la main sur sa liasse de contrats. Comme ils étaient tous en bonne forme, il les abandonnait à des huissiers. Les voies de la procédure lui paraissaient même trop lentes. A chaque difficulté, à chaque délai, il s'impatientait et brûlait d'envie de tout terminer. Ainsi, le 24 octobre 1767, il écrivait à l'avocat Dupont : « Il aurait été bien convenable et bien utile que les lois eussent donné autant de force à la copie authentique d'un contrat qu'à la grosse ; car cette grosse peut se perdre par mille accidents, par le feu, par la guerre, par la négligence d'un héritier, par la mauvaise foi d'un homme d'affaires. Il aurait donc fallu, pour prévenir tant d'inconvénients, ordonner qu'on délivrât deux grosses, comme les banquiers délivrent deux lettres de change pour la même somme, les deux lettres ne valant que pour une. »

Quant à l'abbé Moussinot, spécialement chargé du

sort de ces illustres et injustes débiteurs, il lui écrit, le 30 juin 1736 : « N'oublions pas les marquis de Lezeau, les princes de Guise, et écrivons-leur comme nous sommes convenus. » Le 18 mars 1737 : « Il y a trois ans que M. de Lezeau ne m'a pas payé ; il est riche, il a des terres. M. de Goesbriant commence à être à son aise ; il me doit cinq ans, il peut me satisfaire. On lui a déjà fait une sommation, uniquement pour empêcher la prescription. Le prince de Guise me doit trois ans, sur quoi il ne m'a payé que 1,336 livres. M. de Villars me doit une année au 1er janvier dernier. M. d'Auneuil de même. M. d'Estaing de même. M. de Richelieu doit une année au 1er avril prochain. Arouet a payé l'année 1736. Tout cela bien établi, voici ce que nous avons à faire. Je vous prie d'écrire une lettre circulaire sous le nom de votre frère à tous les créanciers, conçue à peu près en ces termes : « Mon-
« sieur, M. de Voltaire, voyageant dans les pays étran-
« gers, a un besoin extrême de la rente que vous lui de-
« vez ; il espère de votre générosité et de votre amitié
« que vous voudrez bien le payer. J'attends vos ordres. »
Après deux lettres écrites à chaque créancier à un mois l'une de l'autre, il faudra faire des commandements aux fermiers des terres sur lesquelles mes rentes sont déléguées. » — Le 14 avril suivant : « Il faut absolument demander à M. le prince de Guise la permission de s'assurer d'une délégation sur un de ses fermiers, pour qu'il n'ait point l'embarras du détail, et moi l'embarras de n'être point payé. » — Le 11 mai suivant : « Je vous supplie de dire à M. de Lezeau que je me trouve dans un embarras extrême, qu'il faut que *j'emprunte*,

et qu'ainsi il doit payer présentement. A l'égard de
M. le prince de Guise, il n'y a qu'à lui écrire une lettre
par laquelle vous lui ferez savoir que *mes créanciers
m'ont saisi tout ce que j'ai*, et que vous êtes forcé d'avoir
recours à lui. » — Le 6 mars 1738 : « Je vous prie de
constituer vite procureur et de plaider ; les frais ne
peuvent tomber que sur M. d'Estaing, et je suis assez
au fait de son bien pour avoir mes recours certains. »
— Le 3 avril suivant : « Si on ne paye point, je ne
connais qu'un exploit en ce cas pour toute lettre. M. de
Gennes est fermier général de Bretagne. S'il ne paye
pas, c'est une très mauvaise volonté : à quoi la justice
est le seul remède. En un mot, c'est à un huissier à
faire tous les compliments dans cette affaire, et je vous
supplie de ne pas épargner cette politesse. » — Le 2 janvier 1739 : « Je vous recommande dans quelques jours
les Lezeau, les d'Auneuil. Il est bon de les accoutumer
à un payement exact, et à ne leur pas laisser contracter
de mauvaises habitudes. » — Le 12 juillet 1740 :
« Ayez la bonté de faire écrire M. votre frère à tous
mes débiteurs que la banqueroute de M. Michel le
met hors d'état d'attendre. » — Le 8 janvier 1741 :
« Je vous prie de sermonner un peu mes illustres
débiteurs, tant Richelieu que Villars et autres. » —
Le 21 du même mois : « Arouet a-t-il payé ? Je crois
que non. »

Quelquefois, et même très souvent, et les Cideville,
et les Thieriot, et les d'Argental, et les Moussinot, et les
Bronod, et les Delaleu avaient vainement sollicité ou
obtenu des délégations sur les fermes bien et dûment
hypothéquées en vertu d'une grosse en forme exécu-

7.

toire : les exploits d'huissiers avaient été infructueux ; les débiteurs de ces débiteurs étaient restés insensibles à toutes ces démarches, à ces prétextes de banqueroute de M. Michel, à ces mensonges de voyage, d'emprunt, de saisie-exécution, de perte considérable, de besoin urgent d'argent. Voltaire ne se décourageait pas. Il écrivait lettre sur lettre. Le 4 octobre 1758, il disait à de Cideville, spécialement chargé de sa créance sur le marquis de Lezeau : « Peut-être M. de Lezeau me croit-il mort; peut-être l'est-il lui-même. S'il est en vie, où est-il? S'il est mort, où sont ses héritiers? Dans l'un et l'autre cas, à qui dois-je m'adresser pour vivre ? » Le 25 novembre suivant, il lui mandait encore : « Je ferai signifier à monseigneur que lui ayant joué le tour de vivre jusqu'à la fin de cette présente année, je veux être payé de mon *dû* ou *deu*. On écrivait autrefois *deu* ou *dub*, parce que *dû* est toujours *dubium ;* mais *dû* ou *deu* ou *dub*, il faut qu'il paye ; et point d'argent, point de Suisse. » Quand il avait inutilement employé la ruse et les voies de la procédure, il changeait de rôle ; de légiste il se transfigurait en avocat.

> Tout ce que les mortels ont de plus redoutable
> Semble s'être assemblé contre nous par hasard,
> Je veux dire la brigue et l'éloquence.

Voltaire a essayé de réveiller les nobles sentiments de la générosité et de l'amitié dans le cœur de ses illustres débiteurs ; maintenant il fait un appel à leur pitié, à leur générosité.

> Venez, famille désolée ;
> Venez, pauvres enfants qu'on veut rendre orphelins,
> Venez faire parler vos esprits enfantins

Voltaire n'avait pas d'enfant; mais ne s'était-il pas chargé de l'avenir de ses nièces et de ses neveux ? Ces deux nièces étaient jeunes, il a fallu leur assurer une dot. Ces deux neveux, dans la fleur du printemps, étudiaient le droit à Paris; n'était-ce pas un devoir pour leur oncle que de leur accorder une petite aubaine de temps en temps pour leurs menus plaisirs? car, s'ils ne s'étaient pas amusés comme les autres, qu'allaient-ils devenir dans le tourbillon de la capitale du monde civilisé? Donc de l'argent. « Que diable, toujours de l'argent ! Il semble qu'ils n'aient autre chose à dire : de l'argent, de l'argent, de l'argent ! Ah ! ils n'ont que ce mot à la bouche, de l'argent ! toujours parler d'argent. Voilà leur épée de chevet, de l'argent. » Cette plainte d'Harpagon se retrouve dans toutes les lettres de Voltaire. Réclamer pour des enfants n'est qu'une action vulgaire ; mais soulager des neveux et des nièces, voilà du désintéressement, de l'héroïsme. Voltaire connaissait trop bien la rhétorique pour ne pas toucher cette corde de sa lyre. Il s'oublierait volontiers, lui ; mais comment oublier ce groupe de neveux et de nièces ? Un cœur d'airain palpiterait devant ce touchant spectacle. Jamais Voltaire ne perdra de vue cette idée magique. Quand il dit, le 1er novembre 1758, à la comtesse de Lutzelbourg : « Je meurs de faim si le banquier Turckeim ne songe pas à moi, » on se moquera de lui ; mais ces mots de patrimoine, de bien de famille, de dot, de pensions à des neveux et à des nièces maintes fois répétés, produiront plus d'effet; et, pour qu'on ne les prenne pas pour de simples précautions oratoires, il en conseillera l'usage à ses hommes d'affaires. Il ne cessera de les employer lui-même jusqu'au jour où ses neveux seront assez grands et assez intelligents pour qu'il leur confie des recouvrements importants auxquels il les intéressait.

Voilà les voies judiciaires et les moyens épistolaires à l'usage de Voltaire, quand il était forcé de se servir des contrats des Guise, des Lezeau, des d'Auneuil, des Villars, des Goesbriant, des d'Estaing, des Richelieu. Cette conduite ne paraissait ni ridicule ni rigoureuse. Grâce au secret de confession qu'il conseillait à tous ses hommes d'affaires de garder, et à sa résolution de ne révéler à personne la source de sa fortune et l'état de ses revenus, chacun de ses débiteurs, comme il le répétait, pouvait se croire son débiteur principal, abandonnataire d'une partie de son bien, et obligé en concience de venir à son secours, le jour des échéances.

A tous les hauts et puissants seigneurs susnommés et qualifiés, il faut joindre des têtes couronnées. Dans une lettre, du mois de novembre 1750, à d'Argental, Voltaire nous apprend qu'il avait eu des affaires d'intérêt avec l'électeur palatin, avec le duc de Wurtemberg et la maison de Gotha. Le 1er septembre 1758, il avait écrit à Cideville : « Je vous avouerai que j'ai mis entre les mains de l'électeur palatin *une partie de mon bien*. Il a bien voulu avoir la bonté de faire avec moi un petit traité qui me met en sûreté, moi et les miens, pour le reste de ma vie. » En 1775, nous avons vu l'électeur palatin figurer sur le *Livret* de Voltaire pour une rente de 13,000 livres, et le duc de Wurtemberg pour une autre de 62,500. Le 9 septembre 1752, Voltaire avait mandé à Mme Denis : « Je remets entre les mains de M. le duc de Wurtemberg les fonds que j'avais fait venir de Berlin ; il nous en fera une rente viagère sur nos têtes. Cet emploi de mon bien est d'autant meilleur, que le payement est assigné sur les domaines que le duc de Wurtemberg a en France. Nous avons des souverainetés hypothéquées. Les paroles sont données. Vous pouvez compter sur la solidité de cette affaire. » A l'époque où il entra en relation avec ces ducs, il avait beaucoup d'expérience ; plus les sommes qu'il leur prêtait étaient fortes, plus il prit de sûretés pour s'en assurer le payement. Aussi ses rapports avec le duc de Wurtemberg forment-ils un cours complet de procédure ; ils résument toute la science financière et judiciaire de Voltaire. De là la nécessité de les analyser.

La correspondance de Voltaire avec Moussinot nous a montré Voltaire employant tous les moyens pour placer sûrement sa fortune. Dans ses lettres à M. Dupont, avocat de Colmar, Voltaire n'a affaire qu'avec un seul débiteur ; mais ces relations sont suivies et compliquées ; il est curieux de retouver dans le millionnaire seigneur de Ferney les mêmes principes que dans l'hôte du château de Cirey. Dépouillons ce dossier.

Voltaire écrit donc à M. Dupont, le 12 juillet 1764 :

« La première chose que j'ai lue de mes yeux dans les nouvelles publiques, c'est que M. le duc de Wurtemberg a quitté ses États, que ses affaires sont dérangées, tous les payements arrêtés. La seconde, c'est que le duc a emprunté beaucoup d'argent sur la terre de Horbourg et Riquevir, qui fournissaient jusqu'à présent au payement d'une rente de 28,000 livres que j'ai sur lui, rente qui compose la *meilleure partie de mon bien*. Je n'ai d'autre titre qu'une promesse de passer contrat, signée de la main du duc. Je crois même que je vous laissai en partant de Colmar un double de cette promesse. Si vous avez le double, je vous prie de le faire homologuer au conseil général d'Alsace, et de le faire signifier au receveur de Horbourg et de Riquevir. Ne pouvez-vous pas même, pour prévenir tout abus, lui faire signifier défense de payer à d'autres qu'à moi, en attendant la signification de la promesse du duc valant contrat? » — Le 28 auguste suivant : « J'espère que mon affaire ira bien. Il est question d'assurer la créance sans déplaire au débiteur. » — Le 25 septembre suivant : « J'ai donné déjà 100,000 livres ces jours-ci au sieur Jean Maire sur son simple billet. Mgr le duc de Wurtemberg doit être content de ce procédé. Je vous envoie une lettre de change de 79,995 livres, que je vous prie de faire remettre audit sieur Jean Maire quand vous aurez la bonté de lui faire passer l'acte. Je lui envoie encore 20,005 livres ; ainsi il aura 200,000 livres net. Je joins ici un croquis d'acte qui n'est pas prolixe, mais qui dit tout. M. le duc de Wurtemberg a 600,000 livres de rente en France de biens libres. » — Le 12 octobre suivant : « Vous avez dû recevoir la lettre de change payable à Lyon au 12 octobre préfix ; nous sommes aujourd'hui à ce 12. M. Jean Maire m'avait promis que j'aurais de ses nouvelles les premiers jours d'octobre, et qu'il finirait tout avec vous. M. Jean Maire m'a paru le plus honnête homme du monde ; ma créance est établie sur des terres qui sont en France, et qu'on m'assure n'être hypothéquées à personne qu'à moi. » — Le 13 novembre suivant : « Nouvelle négociation entamée avec M. le duc de Wurtemberg ; elle se consommera dans les premiers jours de janvier au plus tard, et nous pourrons faire ce nouveau contrat dans peu de temps, comme nous avons fait le premier. Je trouve ces emplacements très convenables et très sûrs. » — Le 20 du même mois : « Il me semble que quelques publicistes allemands prétendent que toutes les terres dépendantes du comté de Montbelliard sont substituées à perpétuité par des pactes de famille. Si cela était, comme je le présume, ma famille risquerait beaucoup ; ma nièce surtout aurait à se plaindre, et il se trouverait que je l'aurais dépouillée de mon bien en voulant le lui assurer. Je sais que M. le duc de Wurtemberg s'oblige pour lui et pour ses hoirs, mais ces hoirs pourront fort bien ne se point croire obligés. M. le prince Louis-Eugène de Wurtemberg, frère du duc régnant, semble même refuser de s'engager par une simple parole d'honnêteté et de générosité qu'on lui demandait ; peut-être avec le temps pourrait-on obtenir de lui cette démarche que l'âme noble d'un prince ne doit pas refuser. Nous n'avons fait jusqu'ici, auprès de lui, que de vains efforts. Vous sentez bien que ce n'est pas *mon intérêt* qui me guide. Je tombe dans une décrépitude infirme, et le duc régnant me survivra sans doute ; mais *Mme Denis peut lui survivre*, et vous savez que j'étais prêt à passer un autre contrat avec lui, en faveur de mon autre nièce et de mes neveux. La difficulté qui se présente arrête la conclusion de cette affaire, et fait trembler pour les précédentes. Vous êtes à portée de savoir si, en effet, le duc régnant a pu stipuler pour ses hoirs, si les domaines de Franche-Comté et d'Alsace répondent de la dette, et quelles mesures on pourrait prendre pour nous donner *toutes les sûretés nécessaires*. Il vaut mieux dépendre de la sanction des lois que de la volonté des hommes. » — Le 7 décembre suivant : « J'essuie de très grandes difficultés par rapport à *ma famille*. Je sais bien qu'à mon âge je ne *risque rien pour moi*; mais mes héritiers, en faveur de qui j'ai stipulé, peuvent survivre au duc régnant. Je suis très sûr à présent que les terres sont substituées. Les successeurs de M. le duc seront en droit de refuser l'exécution d'un contrat auquel ils n'auront pas consenti. Mes héritiers n'auraient pour ressource que la loi de l'honneur et de la bienséance; il faut d'autres sûretés dans une affaire aussi importante. » — Le lendemain : « Je vous prie de faire le contrat en vertu de la nouvelle procuration, et de le faire dresser avec toutes les clauses qui peuvent en assurer la stabilité. » — Le 20 du même mois : « J'envoie aujourd'hui le complément des 80,000 livres en or. Je suppose que vous avez fait faire le contrat en la meilleure forme possible, et que jamais les *héritiers* de M. le duc de Wurtemberg ne pourront inquiéter *les miens*. D'ailleurs, il me paraît que la dette est *très assurée* sur les terres de France qui ne sont point sujettes à substitution. » — Le 15 novembre 1765 : « Je suis actuellement un peu embarrassé. J'ai entrepris des bâtiments et des jardins sur la parole positive que M. Jean Maire m'avait donnée qu'il me payerait avec *la plus grande exactitude. Les rentes viagères exigent qu'on ne manque jamais l'échéance;* il me fait un peu languir, et je suis *obligé de renvoyer mes ouvriers* au hasard de voir l'hiver, qui est bien rude dans nos quartiers, détruire les ouvrages commencés pendant l'été. Je vous prie d'écrire un petit mot à M. Jean Maire pour l'engager à ne pas m'oublier. Je suppose qu'il n'a pas d'argent actuellement, mais il peut me fournir des lettres de change, en me faisant *bon* de l'escompte. Je lui ai proposé tous les tempéraments possibles; ayez la bonté de le faire souvenir *sérieusement* de ses engagements, et de lui faire sentir que l'accumulation des arrérages deviendrait pour lui aussi désagréable que l'est pour moi la privation de ce qui m'est dû. » — Le 29 septembre 1767 : « Il faut que je vous avoue que j'ai *soixante et quatorze ans;* que j'ai donné *tout mon bien* à M. le duc de Wurtemberg, qui ne me paye point. Il me doit une année entière, mais je n'ai pas le temps d'attendre. Donnez-moi un procureur qui puisse saisir les terres d'Alsace; j'en chercherai un pour celles de Franche-Comté; sans quoi il faut que *je demande l'aumône, pour moi et ma famille.* » — Le 13 octobre suivant : « J'ai reçu de nouveaux éclaircissements touchant les terres dépendantes du comté de Montbelliard, situées en France. Les tristes connaissances que j'ai acquises me mettent dans la nécessité indispensable d'assurer mes droits et mon revenu par des actes juridiques; j'ai besoin même de la plus grande célérité. Je suis comptable à *ma famille* de ce bien qui est *presque la seule chose qui me reste.* Je vous prie donc de faire agir sans délai mon fondé de procuration, de m'envoyer son nom et d'avoir l'œil sur lui. Je vous prie aussi très instamment de me faire avoir une copie authentique des anciens actes de M. le duc de Wurtemberg, énoncés dans les contrats que vous avez passés en mon nom. Les anciens actes, sans doute, doivent tenir lieu de contrats. Je m'en rapporte à vous pour assurer mes droits et ceux de ma famille. Il me faut *une planche pour me sauver,* je ne puis trouver ma sûreté que par la voie de la justice. Je ne prétends point en cela manquer de respect à M. le duc de Wurtemberg; je ne m'attaque qu'à ses fermiers et à ses régisseurs; je ne dois point trahir les *intérêts de ma famille* par une vaine considération. » — Le 24 du même mois : « Il faut absolument me donner des délégations irrévocables sur des fermiers que je puisse contraindre. Je vous répète que j'ai *cent personnes à nourrir,* et que cette dépense journalière ne me permet aucun ménagement. Je crois qu'on peut faire saisir les revenus des terres en Alsace, sans faire une saisie réelle. Je n'ai point de grosse de contrat pour les engagements précédents en 1752 et 1753. Les objets sont considérables; ils montent à 70,000 écus d'Allemagne. J'ai remis à mon avocat de Franche-Comté le contrat de 200,000 livres en ma faveur en 1764; c'est en vertu de ce contrat qu'il agit actuellement dans les terres de Franche-Comté. J'ai gardé par devers moi pour 80,000 livres de contrats, uniquement pour ne point multiplier les frais du contrôle dans la comté de Bourgogne. » — Le 31 suivant : « Il est essentiel que mes démarches soient faites en même temps en Alsace et en Franche-Comté; je crois qu'on peut toujours faire une opposition sans avoir la grosse en main, sauf à la produire ensuite. » — Le 7 novembre suivant : « Je ne demande autre chose, sinon que mon procureur s'oppose à toutes délivrances d'argent en fruits aux créanciers de Lyon; l'arrêt viendra ensuite quand il pourra. » — Le 17 du même mois : « J'ai fait proposer de me payer moitié comptant, et de me donner pour le reste des délégations irrévocables sur des fermiers ou régisseurs, bien acceptées, bien autorisées et bien légalisées; j'ai bien la mine de *mourir* avant d'avoir obtenu de quoi vivre. » — Le 14 décembre suivant : « J'ai été forcé de recourir aux voies judiciaires pour assurer mes intérêts et ceux de ma famille. On me devra environ 72,000 livres à la réception de ma lettre; j'en demandais 10,000 au mois de décembre, et 10,000 au mois de janvier, avec le payement de mes frais, et le reste en délégations sur des fermiers; ni mon âge de soixante et quatorze ans passés, ni mes besoins pressants, ni ma famille ne me permettent d'attendre. » — Le 15 octobre 1768 : « Je vous prie de contribuer à me faire vivre, en voulant bien recommander à M. Roset de me payer le quartier qu'il me doit; j'ai *trente personnes à nourrir* et 30,000 francs *à donner par an à ma famille*, vous concevez qu'il faut bien que M. Roset m'aide. » — Le 18 suivant : « M. Roset doit considérer que m'*étant dépouillé de mon justeaucorps* et de *mon manteau*, il ne me reste que *ma culotte;* que s'il m'en prive, j'irai *tout nu*, et que je *mourrai de froid* l'hiver prochain. Je lui demande en grâce qu'il m'envoie ce qu'il pourra au plus tôt, et que le reste ne vienne pas trop tard. » — Le 30 mars 1769 : « Je fournis 86,000 livres à M. le duc de Wurtemberg. Il est déjà payé de 70,000 livres par ses deux billets que je lui rends. J'ai donné 7,000 livres que Roset me devait à la fin de mars; 15,000 livres que le sieur Monier, receveur des forges de Monbelliard, me devra à la fin du mois de juin; et 4,000 livres sur les 7,000 livres que Roset me devra à la fin du même mois de juin. Cela fait juste les 86,000 livres. Voilà donc une affaire réglée, et on aura huit jours pour faire le contrat dans la forme la plus honnête et la plus valable. » — Le 11 janvier 1770 : « Il est assez vraisemblable que *tout mon argent* a été donné à M. le prince de Wurtemberg. » — Enfin le 23 août 1769 : « M. Jean Maire, déjà nommé, avait reçu cette lettre : « Mˢʳ le duc de Wurtemberg me doit par billet à ordre, au mois de mars passé, 35,000 livres, et autant l'année prochaine. Son Altesse propose de me subroger à la créance du sieur Diétrich de Strasbourg, auquel elle doit 86,000 livres, moyennant que je lui prête ces 86,000 livres, remboursables en quatre ans, à 24,000 livres par an, avec les intérêts légitimes. Pour cet effet, on veut que je rétrocède les deux billets de 70,000 francs, et que je fournisse le reste argent comptant. Quoique à mon âge de soixante et quinze ans ce marché soit peu avantageux, je l'accepte; et même je me *relâche* des 5 0/0 d'intérêt que j'aurais, si cet acte était passé à Genève ou à Monbelliard. Je me réduis à 4 0/0, et j'espère que M. le duc de Wurtemberg sera content de mon procédé. Il observera que *j'emprunte à* 6, et que je *prête à* 4. »

Malgré cette attention, le débiteur couronné ne payait jamais exactement ses intérêts. En 1776, il devait 100,000 francs à Voltaire. Celui-ci engagea le roi de Prusse à presser le prince de se débarrasser de tant d'arrérages. C'est ce qu'il lui demanda avec instance, dans ses lettres du 8 novembre et du 9 décembre 1776. Par ses réponses, du 25 novembre et du 28 décembre 1776, du 10 février, du 13 auguste, du 24 septembre, du 9 novembre, du 17 décembre 1777, et du 25 janvier 1778, Frédéric nous apprend qu'il s'occupa de cette affaire. C'est pourquoi, le 6 janvier 1778, Voltaire le remercia et lui manda que le duc s'était laissé attendrir, et avait donné un acompte de 20,000 livres sur les 80,000 qui lui avaient été prêtées.

Il est vrai que, le 20 janvier, il écrivait au maréchal de Richelieu : « J'ai recours à vous. *Je suis ruiné*, et ce n'est pas ma faute. Mais je ne veux point *mourir banqueroutier* à l'âge de quatre-vingt-trois ans. Vous me devez plus de 17,000 francs d'arrérages. Je vous demande en grâce de m'en faire payer 9,000 pour apaiser des créanciers auxquels il faut du pain. Toutes les autres ressources m'ont manqué tout à coup. » En effet, le 16 juillet, il priait M° Dutertre de réclamer 22,000 francs que le duc de Bouillon tardait trop à lui envoyer, attendu qu'il craignait que ses maçons, ses charpentiers et son boucher ne le fissent mettre en prison. Déjà, le 18 janvier, il lui avait recommandé de fléchir ses illustres et injustes débiteurs le duc de Bouillon et le maréchal de Richelieu, et de saisir le fermier général Marchand, jusqu'à ce qu'il eût quittance de *tout ce qu'il* devait. Il lui disait aussi : « J'avais fondé une colonie assez florissante; mais les malheurs qui me sont arrivés coup sur coup précipitent la ruine de cet établissement. J'ai des *sommes immenses* à payer au mois de juin, et des princes souverains (un) qui me doivent beaucoup d'argent me laissent sans secours; de façon qu'avec un revenu considérable je suis à la veille de manquer, et menacé de *mourir chargé de dettes.* »

De tous ces fragments il résulte qu'à Ferney, comme à Cirey, Voltaire s'occupait beaucoup de sa fortune, et qu'il recourait à la rhétorique aussi souvent qu'aux voies judiciaires pour se faire payer de ses débiteurs. Devenu constructeur, entrepreneur, accablé de maladies et d'années, il ne négligea aucun de ces avantages et arriva à traiter, sans ridicule, tous ses négligents débiteurs, d'ennemis de l'État et du genre humain. Il ne plante pas un arbrisseau à Ferney, il n'y pose pas une pierre, sans l'apprendre à ses correspondants; il réunit quelques colons fugitifs, il fait les avances de quelques maisons; il encourage plusieurs manufactures; il a besoin d'un certain nombre de domestiques et d'ouvriers. Tout de suite il s'agit d'une ville bâtie, d'un personnel de trente personnes, de cent bouches à nourrir, de dépenses immenses, de 500,000 francs pour son château, de 1,500,000 francs pour ses maisons. Il parle de tous ses vassaux comme d'une famille. Malheur à qui lui doit des arrérages! Sa conduite devient un crime. Car voilà Voltaire ruiné, banqueroutier, sans culotte, sans argent et sans bois pour se chauffer; voilà des familles sans pain, des ouvriers sans travail, des orphelins sans protecteur, des entreprises anéanties, un commerce languissant, une province appauvrie, et par conséquent une perte pour l'État et un déshonneur pour la France. Soit qu'il se plaigne à Terrai, soit qu'il sermonne tous les seigneurs que nous connaissons, Voltaire représente les besoins de sa colonie, de ses manufactures; à ses neveux et à ses nièces, il substitue un pays, de sorte que des hommes qui n'avaient pris d'engagement qu'avec un homme, étaient tout étonnés, un jour d'échéance, de traiter de puissance à puissance avec une peuplade, un royaume, l'humanité tout entière. Là finit Voltaire créancier, parce qu'il a tout épuisé, la prudence, la raison, la ruse, le mensonge, l'audace. Harpagon n'a pas été si loin.

Dans ses procès, quel qu'en fût le sujet ou l'importance, Voltaire inonda le sanctuaire de Thémis de placets, de mémoires, de factums; il écrivait lettres sur lettres à tous les juges, à tous les amis et à toutes les amies de tous ses juges; depuis le greffier jusqu'au président, soit à Berlin, soit à Gex, soit à Paris, soit à Dijon ou ailleurs, il intéressait l'honneur de la magistrature à ses causes. Comme Harpagon, il lui fallait justice de la justice. Qu'il eût tort ou raison, il exigeait qu'on lui accordât ses conclusions; il se vengeait par des sarcasmes de ceux qui avaient osé rendre un arrêt contre lui, et travaillait à déshonorer et à ridiculiser sa partie adverse, comme il le fit à l'égard du président de Brosses.

VI. — *Comme quoi Voltaire prêtait à des taux exorbitants.*

Voltaire ne devait rien négliger pour arriver à se faire rembourser ses fonds, qui étaient presque toujours considérables, puisqu'il ne prêtait guère moins de 10,000 à 20,000 francs à ses illustres débiteurs. S'agissait-il d'intérêts, c'étaient aussi des sommes assez fortes qui lui revenaient.

A quel taux prêtait-il donc?

Wagnière (p. 65) nous apprend qu'il avança beaucoup d'argent à ses vassaux à 4 pour 100. Nous l'avons vu, le 29 août 1769, se réduire à ces 4 pour 100 au moment où il confiait pour quatre années 96,000 livres à un prince. Que faut-il conclure de ces arrangements?

Le 12 janvier 1740, il disait à l'abbé Moussinot : « Il y a des occasions où il faut savoir perdre. » Sur la fin de sa vie, comme il avait habituellement plus de 120 à 140,000 livres à placer chaque année, il lui était difficile, loin de la capitale, de trouver des occasions de prêter tant d'argent. Il eût beaucoup perdu à le garder dans ses coffres. Il était donc obligé de se contenter d'un modique intérêt de ses débiteurs. C'est ce qui aide à comprendre son procédé à l'égard du duc de Wurtemberg. D'ailleurs plus l'emprunteur est solvable et offre de garanties, plus il lui est facile de trouver des sommes considérables au-dessous de 5 du 100. Il se pourrait que la réduction de Voltaire fût forcée, et la condition essentielle du contrat plutôt que l'effet d'une générosité inexplicable; car nous savons par son *Livret* et par sa correspondance que son taux ordinaire était de 5 pour 100 chez les financiers. Mais dès qu'il y avait des actions, des billets, des spéculations qui rapportaient davantage, il s'empressait d'en profiter, en retirant tous les capitaux qu'il avait déposés chez les receveurs à raison de 5 du 100. De même, quand il pouvait sûrement et tranquillement augmenter son taux avec des individus riches, il le faisait sans scrupule. Deux hommes graves vont nous le prouver.

« Une manœuvre bien singulière, et que je tiens de source, raconte Formey, dans ses *Souvenirs d'un citoyen* (t. II, p. 238), c'est que, se rendant à Munich, Voltaire se proposa d'y placer des sommes considérables à un intérêt exorbitant. Pour réussir, il mit tout son art à se rendre agréable à l'électeur, et entre autres choses il commença la composition de *Candide*, dont il lisait les chapitres à ce prince, à mesure qu'ils étaient faits. Après avoir bien bataillé pour les intérêts qu'il exigeait, et les avoir obtenus, il trouva tout de suite un prétexte pour s'en aller, laissant là l'électeur, et emportant ce qu'il avait fait de *Candide*. C'est ce que m'a raconté et certifié l'envoyé de Saxe, qui était alors à la cour de Munich, et qui est encore plein de vie lorsque j'écris ceci. » Collini n'est ni moins positif, ni moins explicite. Dans sa lettre, du 25 décembre 1754 à M. Dupont, il laisse entendre que Voltaire prêtait de l'argent à 15 ou 20 pour 100 (1).

Ce qui prouve encore combien Voltaire aimait les gros intérêts, c'est qu'il ne prêtait à terme que quand il ne pouvait pas placer en viager. Dès 1722 il avait déjà une rente viagère. Sans cesse il presse le Moussinot de chercher des hommes solides sur lesquels il puisse placer en viager. C'est à cette condition qu'il prête aux grands seigneurs de France et aux princes d'Allemagne. A Ferney il construit des maisons, mais pour les vendre

---

(1) *Lettres inédites de Voltaire et Collini à Dupont*, p. 182.

en viager. Presque tous ses capitaux, il ne s'en débarrassait que pour une rente viagère.

S'il ne vendait ses maisons à ses vassaux que moyennant une rente viagère de cinq, ou de six ou de sept pour cent, il faut remarquer que la plus grande partie de sa fortune était placée sur de grands seigneurs en viager. Le 7 décembre 1737, il avait mandé à Moussinot : « Point de rente viagère à moins du denier dix. » Il paraît en effet que c'est au denier dix qu'il traita constamment avec les grands seigneurs.

VII. — *Idolâtrie de Voltaire pour les rentes viagères.*

Pour expliquer l'idolâtrie de Voltaire pour la rente viagère, il est nécessaire de parler de son âge et de sa santé, dont il se prévalait chaque fois qu'il écrivait à ses débiteurs ou qu'il s'entretenait avec eux.

Fixons d'abord le jour de sa naissance.

Les *Registres* de la paroisse Saint-André-des-Arts nous donnent ce document : « Le lundi vingt-deuxième jour de novembre 1694, fut baptisé dans l'église Saint-André-des-Arts, par M. Bouché, prêtre, vicaire de ladite église, soussigné, François-Marie, NÉ LE JOUR PRÉCÉDENT, fils de Mᵉ François Arouet, conseiller du roi, ancien notaire au Châtelet de Paris, et de demoiselle Marie-Marguerite Daumart, sa femme. Le parrain messire François de Castagner, abbé commendataire de Varennes, et la marraine dame Marie Parent, épouse de monsieur Symphorien Daumart, écuyer, contrôleur de la gendarmerie du roi. Signé : Parent, François de Castagner de Châteauneuf, Arouet, L. Bouché. »

Où Voltaire est-il né ? En 1760, dans son *Épître à Boileau*, il dit :

> Dans la Cour du Palais je naquis ton voisin.

Déjà, le 17 juin 1768, il avait mandé à M. Deparcieux qu'il était né à Paris, et, le 4 mai 1764, dans une lettre à M. de la Marche, il s'était donné pour un Parisien. Longtemps auparavant, le 15 avril 1739, il se plaignait à Frédéric de ce que la nature l'avait fait naître bourgeois de Paris.

Longchamp (p. 335), Wagnière (p. 119), Collini (p. 119), nous assurent aussi que Voltaire était né à Paris.

Dès 1772, Sabatier de Castres plaçait le berceau de Voltaire à Paris (1). Personne ne le contredit. Palissot, dans un article consacré à Voltaire (2), et lu en présence de Voltaire en 1771 (3), répéta que Voltaire était Parisien ; ni Voltaire, ni philosophes ne lui en firent un reproche.

Voltaire mort, Luchet (t. I, p. 1) assura qu'il était né à Paris, suivant les renseignements de la famille du poète. Chaudon (t. I. p. 1) se rendit l'écho de cette assertion, ainsi que Taillefer, dans son *Tableau historique* (t. V, p. 84). Personne encore ne réclama.

---

(1) *Les Trois Siècles de notre littérature.* Amsterdam, 1772, t. III, p. 393.

(2) *Mémoires pour servir à l'histoire de notre littérature.* Genève, 1775. In-8°, p. 281.

(3) *Idem.* Paris, 1803. In-8°, t. II, p. 472.

En 1789, Condorcet avance, dans sa *Vie de Voltaire*, que ce philosophe naquit à Chatenay, et depuis, le *Voltairiana*, Feller, la *Biographie universelle*, le *Plutarque français*, le *Dictionnaire de la conservation*, la *Galerie française* ou Collection de Portraits des hommes et des femmes qui ont illustré la France dans les xvie, xviie et xviiie siècles, Lepan, Paillet de Warcy ont répété que Voltaire était né à Chatenay. Quelle raison Condorcet avait-il donc alléguée, pour donner un démenti à Voltaire lui-même, ainsi qu'à Sabatier de Castres, à Palissot, à Luchet, à Chaudon et à Taillefer? *Aucune*. C'est à cause de cela qu'il a fait autorité. M. Berriat-Saint-Prix est le seul littérateur qui ne l'ait point cru sur parole. Il a compulsé les archives de l'arrondissement de Sceaux, et il n'a trouvé aucun document qui prouvât que Voltaire reçut le jour à Chatenay. S'il en eût été ainsi, comment admettre que depuis la publication de l'*Épître à Boileau*, en 1769, jusqu'à l'apparition de l'ouvrage de Condorcet, en 1789, il ne se soit trouvé personne qui se soit fondé sur la tradition, si tradition il y a? Et, d'ailleurs, que serait une tradition en pareille matière? n'y a-t-il pas eu des traditions pour placer le berceau de Mme de Sévigné au château de Bourbilly en Bourgogne? Mais il n'existe aucune tradition. Condorcet vivait à l'époque où l'on se préparait à célébrer la translation des cendres de Voltaire au Panthéon. Prudhomme eut la bonne idée de faire une enquête sur la patrie de Voltaire. Or, voici le résultat qu'il donne dans le numéro 100, p. 448, du tome VIII des *Révolutions de Paris* : « Voltaire naquit à Chatenay, village à trois lieues de Paris. Nous nous y sommes transportés pour vérifier ce fait. Son nom y est connu; mais on s'y est peu soucié de conserver l'indication précise du lieu de sa naissance. Un silence stupide est notre seule réponse, quand un étranger nous demande : Montrez-nous la maison où naquit l'auteur de *Brutus.* » Condorcet n'a point répondu à ce défi.

A la vérité, l'acte de baptême de Voltaire n'indique point qu'il naquit à Paris. Ne faut-il pas le conclure, puisqu'il ne lui donne pas d'autre patrie? Voltaire s'est dit Parisien; Collini, Longchamp, Wagnière, Luchet, Palissot ont connu Voltaire et sa famille, et ont répété qu'il était Parisien. Peut-on leur opposer le témoignage d'un Condorcet, qui le fait naître à Chatenay, sans dire pourquoi il lui a plu de choisir Chatenay préférablement à Paris ou à Brive-la-Gaillarde?

D'ailleurs voici une contradiction. Tous les biographes assurent que Voltaire vint au monde dans un état qui ne laissait pas d'espoir de le conserver longtemps. Dans ce cas ne faut-il pas mépriser sa famille qui aurait eu la barbarie de l'amener depuis Chatenay jusqu'à Paris pour le faire baptiser?

Comme il est impossible de s'inscrire en faux contre cet acte de baptême, on s'est avisé de reculer de plusieurs mois le jour de la naissance de Voltaire.

Malheureusement les biographes ne sont pas tous d'accord. Dès 1750, Baculard d'Arnaud fait naître Voltaire le 20 février 1694, dans la *Préface* lue et corrigée par Voltaire, que nous avons citée plusieurs fois. A la même époque, dans une notice qu'il envoya aux frères Parfaict, et qu'on lit à la page 288 du tome VI du *Dictionnaire des théâtres de Paris*, publié à Paris en 1757, et rajeuni au moyen d'un nouveau millésime en 1767. Voltaire fixe sa naissance au 20 novembre 1694.

Dans son article sur Voltaire dont nous avons déjà parlé, Palissot opina pour le 20 février. Mais en 1772, La Harpe publia, à la suite de sa *Réponse d'Horace à M. de Voltaire*, un *Précis historique sur M. de Voltaire* où on lit à la page 17, que ce dernier naquit le 21 novembre. Dans sa *Correspondance* de novembre 1772, Grimm dit à ce sujet : « Il est bien singulier que M. de La Harpe, si intimement lié avec M. de Voltaire, ait débuté, en écrivant sa vie, par un fait faux. C'est en février 1694 que M. de Voltaire est né, et non le 21 novembre 1694, comme le dit M. de La Harpe. » A la page 98 du tome IV de ses *OEuvres* publiées à Paris en 1778, La Harpe reproduisit son *Précis historique sur M. Voltaire* qu'il avait composé en 1772 pour une *Galerie universelle;* cette fois il certifia que le philosophe vint au monde au mois de février.

Luchet (t. I, p. 1) dit tenir de la famille de Voltaire que c'était le 20 novembre qu'il était né. Aussi Chaudon (t. I, p. 1) a-t-il épousé son opinion.

Dans son *Tableau historique* (t. IV, p. 84), Taillefer au contraire s'en tint au 20 février, de même que Duvernet, dans les cinq éditions de sa *Vie de Voltaire* que j'ai sous les yeux. Mais l'édition de Genève, in-8° de 355 pages, est ornée d'un portrait de Voltaire, né en 1695.

Condorcet ayant dit que ce dernier était né le 20 février, le *Voltairiana*, la *Biographie universelle*, le *Plutarque français*, le *Dictionnaire de la conversation*, la *Gale-*

rie française, Lepan et Paillet de Warcy ont répété que Voltaire était né le 20 février.

N'oublions pas Wagnière (p. 19) qui nous dit : « La vérité est qu'il naquit le 20 février 1694 et non le 20 novembre, quoique son extrait de baptême, que j'ai vu et tenu, porte cette dernière date. » Assertion qui serait accablante, si elle était motivée.

Quant à Voltaire, il a si souvent varié qu'il nous forcera de nous amuser à ses dépens. S'il écrit aux frères Parfaict qu'il est né le 20 novembre, il laisse dire à La Harpe que c'est le 21, à Baculard d'Arnaud et à Palissot que c'est le 20 février, date que préférera Wagnière, d'après ses conversations. Il en est de même dans sa correspondance. Le 20 février 1765, il mande à Damilaville : « Je suis né en 1694, le 20 février, et non le 20 novembre, comme le disent les commentateurs mal instruits. » Dans une lettre, du 25 novembre 1777, au roi de Prusse, il s'exprime ainsi : « J'ai aujourd'hui quatre-vingt-quatre ans. » Le 27 février 1765, il avait assuré au duc de Richelieu que c'était bien le 20 de février, et non le 20 de novembre, qui était la date de sa naissance.

Il augmente le nombre de ses années aussi facilement que celui de ses jours et de ses mois. Le 25 février 1763, il certifie au cardinal de Bernis que c'est en 1693 qu'il est né. Dans ses lettres, du 30 septembre 1761 et du 15 janvier 1767, à M. de Ruffey, et du 19 auguste 1768, au président de Brosses, il mande qu'il avait soixante-six ans le 11 décembre 1758. Le 25 décembre 1761, il dit à la comtesse de Bassewitz qu'il aura bientôt soixante-dix ans, mais, le 4 novembre 1762, il se plaignait de n'avoir que soixante-huit ans. Une fois au 30 mars 1763, il se vanta au duc de Richelieu d'être dans sa soixante-dixième année. Le 26 avril suivant, il parlait de la soixante-douzième année. Au contraire, le 30 juillet suivant, il n'a plus que soixante-dix ans, selon son billet à Lekain. Il serait facile d'augmenter le nombre de ces contradictions.

Voltaire a-t-il donc ignoré le jour de sa naissance? Assurément non. A chaque instant il avait besoin de son extrait baptistaire pour toucher ses rentes; jamais il n'en parla lui-même comme d'un acte de nulle valeur. Ainsi, le 1er janvier 1777, il écrivait à d'Argental : « Ne dites point, je vous en prie, que je n'ai que quatre-vingt-deux ans; c'est une calomnie cruelle. Quand il serait vrai, selon un maudit extrait baptistaire, que je fusse né en 1694, au mois de novembre, il faudrait toujours m'accorder que je suis dans ma quatre-vingt-troisième année. Vous me direz que quatre-vingt-trois ne me sauveront pas plus que quatre-vingt-deux de la rage des barbares qui me persécutent; cependant ma remarque subsiste. » Cette dernière idée se retrouve développée dans d'autres lettres. Le 5 janvier 1770, il avait mandé à d'Argental : « Je vous l'avais bien dit que vous n'aviez que soixante-neuf ans. Vous êtes bien injuste et bien lésineux de m'en accorder à peine soixante-quinze, lorsque je suis possesseur de la soixante-seizième. Il faut dire que j'en ai soixante-dix-huit, et n'y pas manquer; car après tout, on se fait une conscience d'affliger trop un pauvre homme qui approche de quatre-vingts. » Aussi lui avouait-il, le 19 février 1770, que les gens de soixante-seize ans sont réputés octogénaires.

8.

Déjà le 20 février, il avait dit à Damilaville : « J'entre aujourd'hui dans ma soixante-douzième année. Me persécuterait-on encore dans ce monde à mon âge? Cela serait bien welche. » Le 20 octobre 1764, il envoyait ces mots au président Hénault : « Je pourrais, si je voulais, me plaindre qu'à l'âge de soixante-onze ans, accablé d'infirmités et presque aveugle, on ne veuille pas me laisser achever ma carrière en paix. » Le même jour, il faisait cette confidence à Duclos : « Je pourrais me lamenter sur la persécution qu'on suscite à un solitaire âgé de soixante-onze ans, accablé d'infirmités et presque aveugle; mais il faut que les philosophes aient un peu de courage et ne se lamentent jamais. » Tous ces fragments nous apprennent pourquoi Voltaire aimait à se vieillir de jours, de mois et d'années, et nous expliquent ses perpétuelles antidates de naissance. Comme à ses yeux un mensonge utile devenait une nécessité et même une vertu, il n'a pas hésité à reculer le jour de ses premiers soupirs, parce que cette conduite si peu honorable, il la regardait comme un besoin.

Il est digne de remarque qu'il a toujours respecté son maudit extrait baptistaire, et qu'il n'a pas osé une seule fois déclarer positivement et publiquement s'inscrire en faux contre cet acte. Aussi se contente-t-il de dire dans son *Commentaire historique* : « Les uns font naître François de Voltaire le 20 février 1694; les autres, le 20 novembre de la même année. Nous avons des médailles de lui qui portent ces deux dates; il nous a dit plusieurs fois qu'à sa naissance on désespéra de sa vie, et qu'ayant été ondoyé, la cérémonie de son baptême fut différée plusieurs mois. » N'est-ce pas laisser la question indécise ? N'est-ce pas avouer l'impossibilité de donner un démenti à la vérité ? Cet ondoiement jeté là comme un trait d'union entre son berceau et les fonts baptismaux de Saint-André-des-Arts n'est-il pas une pauvre ressource qui cache le ridicule de ces paroles vagues ? car si Voltaire eût été ondoyé, son acte de baptême en aurait fait mention, comme c'était l'usage.

Tout concourt à nous forcer de nous en tenir à son acte de baptême. De temps immémorial les registres de l'état civil ont été regardés comme des pièces authentiques jusqu'à inscription de faux. Pour que l'extrait baptistaire de Voltaire n'eût point ce caractère, il faudrait admettre que ses signataires eussent voulu et pu tromper un prêtre. Ils n'avaient aucun intérêt à le vouloir, puisqu'il n'existait aucune loi qui obligeât de faire baptiser ou circoncire le nouveau-né ; le père, comme officier ministériel, le parrain, comme abbé, la marraine, d'honnête condition, ne pouvaient donc pas s'engager à dire un mensonge qui les eût couverts de ridicule aux yeux d'un prêtre. Celui-ci, non plus, n'aurait pu ni voulu consacrer sur ces registres ce mensonge inutile. A la vérité, Duvernet (p. 18) prétend que ce prêtre fut induit en erreur, et qu'on lui laissa ignorer le temps de la naissance de l'enfant. Duvernet a été assez impudent ou assez niais pour raconter une pareille bévue ; mais il aurait dû ajouter que le célébrant ne manifesta aucune surprise ni aucun soupçon à la vue de ce nouveau-né de neuf mois. Dans le cas où ce prêtre eût été distrait au point de ne pas s'apercevoir de sa méprise, n'y avait-il pas un sacristain pour le tirer de sa léthargie ? Or, si ce sacristain, si ce prêtre ont eu l'inadvertance de ne pas remarquer que le jeune François-Marie Arouet, présenté à l'âge de neuf mois, devait avoir plus de vingt-quatre heures au dire d'un notaire, d'un abbé commendataire, et d'une marraine déjà âgée, comment concevoir que, pendant toute sa vie, Voltaire aurait oublié de se moquer d'une scène aussi comique?

Ayant à opter entre cet extrait baptistaire et les perpétuelles et innombrables contradictions de Voltaire, je n'hésite pas à conclure qu'il est de toute impossibilité de prouver que Voltaire ne naquit pas à Paris le 21 novembre 1694, comme l'indique son acte de baptême.

Quand je pense à la multitude, à la gravité et à l'érudition de tous les biographes qui ont pu et dû rechercher et lire avec attention cet acte de baptême, j'ai peine à concevoir que M. Berriat-Saint-Prix soit le premier qui, en 1830, l'ait étudié et en ait tiré les conclusions que rien ne saurait détruire. M. Beuchot a trouvé ses raisons péremptoires ; mais, par une étrange contradiction, en ayant soin de remarquer les différentes dates que Voltaire a données de sa naissance, il s'est appliqué à les juger, en adoptant ce 20 février que lui avaient transmis presque tous ses prédécesseurs, et dont M. Berriat-Saint-Prix avait démontré l'absurdité.

Le jour de la naissance de Voltaire une fois fixé, il est facile de compter toutes les occasions où il s'est permis de se donner plus de jours, de mois et d'années qu'il n'en avait réellement. En feuilletant sa correspondance, on restera persuadé qu'il ne s'est pas seulement servi de ces mensonges pour en imposer au pouvoir, mais aussi pour séduire ses débiteurs. Rarement il oublie de leur rappeler son âge, le nombre de ses années qu'il écrit en toutes lettres, en appuyant sur la soixantième, la soixante-dixième, la quatre-vingtième, la quatre-vingt-quatrième, anticipant toujours sur l'année prochaine de quelques jours et de quelques mois, quand il n'a pas besoin de deux ans pour déterminer un emprunteur ou un vendeur, le président de Brosses, par exemple, à accepter ses propositions, comme nous le verrons.

Ces mensonges ne suffisaient pas au but qu'il se proposait. Aussi a-t-il tiré un grand parti de ses maladies.

Collini (1) disait en parlant de lui : « Les visages secs et blêmes sont excellents pour tromper le monde et pour prêter de l'argent à 15 ou 20 pour cent. » Wagnière (p. 24) lui-même convient que « Voltaire tirait un gros intérêt à cause de la mauvaise santé dont il s'est plaint toujours. »

Voltaire n'est pas moins explicite. Le 10 mai 1764, il mandait à son ami de Cideville : « Ce qui pourra me consoler, c'est le petit plaisir que j'ai de désespérer le marquis de Lezeau. Il est tout étonné de ne m'avoir pas enterré au bout de six mois. Je lui joue, depuis plus de trente ans, un tour abominable. » Une lettre, du 4 octobre 1758, au même correspondant nous donne le mot de l'énigme. « Le petit babouin crut faire un bon marché avec moi, parce que j'étais maigre et fluet, dit Voltaire ; *vivimus tamen*, et peut-être Ango de Lezeau *occidit* dans son marquisat. »

Il est digne de remarque que Voltaire a commencé à

---

(1) *Lettres inédites de Voltaire et Collini à Dupont*, p. 182.

gémir sur ses maladies dès 1722, année où il plaça pour la première fois de l'argent en rente viagère. Comme depuis il eut toujours des fonds de disponibles, il n'a pas oublié de se prévaloir de ses infirmités. Semblable à feu M. Argan, « il marche, dort, mange et boit tout comme les autres, mais cela n'empêche pas qu'il ne soit fort malade, et ce sont des impertinents qui vous ont dit qu'il était mieux. Il ne s'est jamais si mal porté. » En effet, à la moindre contrariété, il tombera dans des accès de colère si violents, « qu'il faudra plus de huit médecines et douze lavements pour réparer tout ceci ». A la vérité, en 1719, Voltaire n'a qu'un bouton sur l'œil, pour lequel suffira un petit emplâtre qu'il demandera à la marquise de Mimeure. Bientôt adieu aux beaux jours ! ils ont passé devant lui comme la fleur des champs. Dès le mois de juin 1723, il écrit à Thieriot que sa santé et ses affaires sont délabrées à un point qui n'est pas croyable ; le 4 novembre, arrive la visite de la petite vérole ; pour Voltaire, c'est une lèpre suivie d'une douloureuse convalescence, qui l'oblige à profiter des chaleurs du mois de juillet pour prendre les eaux à Forges. Malheureusement, ces eaux lui font plus de mal que de bien, avoue-t-il à Thieriot, le 5 du mois d'août. Le 24 suivant, sa santé est plus faible que jamais. S'il écrit à Cideville qu'il n'est plus tout à fait si mourant, il mande à Mme de Bernières qu'il garde le lit presque toujours, et qu'il est dans un état mille fois pire qu'après sa petite vérole, de sorte qu'au mois de novembre il n'est pas en état de se faire transporter loin de Paris, parce qu'il passe sa vie dans des souffrances continuelles, qu'il n'espère pas même la fin de ses maux, et qu'il n'envisage pour le reste de la vie qu'un tissu de douleurs qui l'accable au point de ne pas lui donner une minute de relâche.

Le climat de l'Angleterre ne devait pas le guérir, pas plus que ses voyages en Belgique, en Hollande, en Prusse. Soit qu'il séjournât dans un château, dans un palais, dans un ermitage, dans une auberge ou un hôtel, soit qu'il s'arrêtât à Paris ou qu'il s'en éloignât, il n'abandonna pas son thème favori. Retiré sur la frontière de France, dans un pays délicieux, il se dit toujours malade.

Malheur à qui le complimentait sur sa verte vieillesse! Le 6 décembre 1754, il écrivait à M. Dupont : « Permettez-moi de vous dire que vous êtes injuste pour ma santé. Il y aurait je ne sais quoi de méprisable à feindre des maladies, quand on se porte bien ; et un homme qui a épuisé les apothicaires de Colmar de rhubarbe et de pilules, ne doit pas être suspect d'avoir de la santé! Elle n'est que trop déplorable, et vous ne devez avoir que de la compassion pour l'état douloureux où je suis réduit. » Le 15 janvier 1761, il mandait à Mme du Deffand : « M. de Trudaine ne sait ce qu'il dit, quand il prétend que je me porte bien. » Voilà qu'en juillet 1770, Pigalle apporte les nouvelles les plus satisfaisantes de la santé de Voltaire chez lequel il venait de passer huit jours. « Il m'a assuré, raconte Grimm dans sa *Correspondance littéraire*, qu'il montait les escaliers plus vite que tous les souscripteurs ensemble, et qu'il était plus alerte à fermer une porte, à ouvrir une fenêtre, à faire la pirouette que tout ce qui était autour de lui. J'ai gardé à Pigalle le secret de toutes ces nouvelles; je savais bien qu'elles seraient prises en mauvaise part à Ferney, mais il faut que quelque maladroit ait fait compliment au patriarche sur son embonpoint, car voici la lettre que je viens d'en recevoir le 10 juillet : « Mon cher prophète, M. Pigalle, quoique le meilleur homme du monde, me *calomnie étrangement;* il va disant que je me porte bien, et que je suis gras comme un moine. Je m'efforçais d'être gai devant lui, et d'enfler les muscles buccinateurs pour lui faire ma cour. » Il paraît que Pigalle ne fut pas le seul qui eût trouvé Voltaire dans une santé florissante; car, le 1er novembre 1773, Voltaire s'exprimait ainsi dans une lettre à Mme du Deffand : « M. Delisle se moque de moi de dire qu'il m'a trouvé de la santé. Je n'en ai jamais eu, *je ne sais ce que c'est que par ouï-dire.* Je n'ai pas passé un jour de ma vie sans souffrir beaucoup. J'ai peine même à concevoir ce que c'est qu'une personne dans une santé parfaite; car on ne peut jamais avoir de notion juste de ce qu'on n'a point éprouvé. » Le 3 avril 1775, il envoie ces mots à d'Argental : « Il y a donc des gens assez barbares pour avoir dit que je me porte bien. » Les *Mémoires de Bachaumont,* ceux de Marmontel et des autres philosophes confirment les jugements de ces divers voyageurs dont Voltaire vient de se plaindre avec tant d'énergie. Wagnière (p. 93) lui-même convient que le philosophe était, dans le fond, d'une constitution extrêmement forte, quoique presque tous les jours il souffrît des entrailles. Paris fut étonné de le voir, à l'âge de quatre-vingt-quatre ans, entreprendre des travaux, supporter des fatigues, souffrir des incommodités qui eussent tué un jeune homme. Sans les imprudences qu'il y commit, on peut présumer qu'il aurait assisté à toutes ces fameuses journées de la révolution dont il avait eu le pressentiment, depuis si longtemps. Quand on fit l'autopsie de son corps, il fut constaté que sa cervelle était sans altération, et d'une ampleur fabuleuse, et qu'aucun homme n'avait été mieux constitué, raconte Wagnière (p. 163).

Ses débiteurs, étonnés de le voir vivre si longtemps, s'impatientaient de lui envoyer de gros intérêts chaque année. Aussi prirent-ils la résolution d'être de moins en moins exacts. C'est ce qui nous explique les arrérages qui leur étaient sans cesse et si instamment réclamés.

En dépit des moqueries dont on accueillait l'histoire de ses maladies, Voltaire s'opiniâtrait à surpasser Argan et Harpagon. Cléante disait à Harpagon : « Ne rougissez-vous pas de déshonorer votre condition par les commerces que vous faites, de sacrifier gloire et réputation au désir insatiable d'entasser écu sur écu, et de renchérir, en fait d'intérêts, sur les plus infâmes subtilités qu'aient jamais inventées les plus célèbres usuriers? » Et Harpagon de répondre : « Bienheureux qui a tout son fait bien placé et ne conserve seulement que ce qu'il lui faut pour sa dépense! » N'est-ce pas là l'esprit de Voltaire? A ses yeux, la fin justifiait tous les moyens.

Plus il avançait en âge, plus il avait de capitaux à placer. De là, la nécessité d'appuyer sur son âge et sur sa santé pour tirer de gros intérêts, toujours proportionnés à cet âge et à cette santé. Par ce motif, afin de payer moins cher, il acheta les Délices, Monrion et Tourney, et un hôtel à Paris, en viager. De là ces mots qu'il écrivait, le 9 septembre 1758, au président de Brosses, au moment où il brûlait d'envie d'acquérir la seigneurie de Tourney : « Vous n'êtes pas homme à faire valoir votre terre de Tourney. Voulez-vous me vendre votre terre à vie? Je suis vieux et malade. Je sais bien que je fais un mauvais marché; mais ce marché vous sera utile et me sera agréable. Je m'engage à ne pas vivre plus de quatre à cinq ans. »

Cependant il vivait toujours. Il s'accoutuma à ne plus paraître que dans l'accoutrement d'un malade. Chaque fois qu'il recevait un ami ou un voyageur, il lui parlait comme si c'était la dernière fois qu'il s'entretenait avec lui; faisait-il une visite, il disait qu'il suspendait son agonie; achetait-il une maison, il la regardait comme son sépulcre, et il finit par construire un tombeau. Toute crise le tuait, toute indisposition allait le réduire en poussière. Il n'écrivait pas une lettre sans parler de mort. Pour que rien ne manquât au drame, il laissa croire qu'il n'avait apporté qu'un léger souffle de vie en naissant. Il n'oublia pas non plus de multiplier le nombre de ses maladies par celui de ses années. Toute sa correspondance semble dictée par Harpagon et par Argan, tant il s'est identifié avec leur rôle! Sans doute on riait quelquefois, en décachetant ses missives. Lui aussi, riait; car, grâce à ces mensonges si souvent renouvelés, il finit par placer toute sa fortune en viager et à gros intérêts, suivant Wagnière et Collini, et parvint à attendrir ses débiteurs et à obtenir d'eux les rentes et les arrérages qui lui étaient dus.

En un mot, Voltaire enchérit si bien et sur l'avarice d'Harpagon et sur les maladies d'Argan, qu'en 1778 il était parvenu à posséder l'immense fortune dont nous connaissons l'état exact.

CHAPITRE TROISIÈME

HISTOIRE DES DÉPENSES DE VOLTAIRE.

I. — *Régime de Voltaire.*

Les lettres de Voltaire offrent un cours complet de médecine. Elles inaugurent aussi l'ère de la littérature moderne, car elles sont tellement imprégnées de mélancolie, qu'aucun romantique n'a eu le génie ou l'audace de pousser continuellement de pareils cris de désespoir sur les misères de l'humanité. En raison même de leur durée et de leur violence, ces lamentations touchent au comique. C'est comme une figure à deux profils; un côté représente *Jean qui pleure*, et l'autre rappelle *Jean qui rit*.

Voltaire eut besoin de remonter jusqu'au péché originel pour se rendre compte du vice de son organisation. C'est pourquoi on lit, page 197 des *Pièces inédites de Voltaire*, in-8°, de 1820, qu'il se croyait né de parents malsains et morts jeunes.

Malheureusement cet héritage de famille n'était qu'un préjugé d'esprit. Ces ancêtres n'ont pas dû être malsains, s'ils ne sont pas morts jeunes.

La mère de Voltaire, Marie-Marguerite Daumart, femme Arouet, a été inhumée, le 13 juillet 1701, âgée d'environ quarante ans.

Voltaire a certifié, comme témoin, que son père (baptisé le 22 août 1649 et marié le 7 juin 1683) est mort âgé d'environ soixante-douze ans.

Il a aussi certifié, comme témoin, que son frère aîné (né le 22 mars 1685) est mort âgé d'environ soixante ans.

Enfin une lettre du 11 janvier 1769, à M. Sales de Prégny, fournit ce dernier certificat « Je vous avertis que je compte vivre jusqu'à quatre-vingt-deux ans au moins, attendu que mon grand-père qui était aussi sec que moi, et qui ne faisait ni vers ni prose, en a vécu quatre-vingt-trois. »

Par sa longévité, il a justifié la vigueur de sa race.

La sobriété a dû contribuer à la conservation de cette constitution native. Voltaire mentionne une indigestion, dans une lettre, de 1721, à Thieriot; il s'est plaint d'indigestion, dans une autre lettre, du 24 juillet 1750, à d'Argental. Ce sont les seuls cas d'indigestion que j'aie remarqués dans une vie si longue. Aucun homme de son époque ne fut aussi heureux sous ce rapport.

Il a payé son tribut à la petite vérole, comme la plupart de ses contemporains qui n'ont pas connu les avantages du vaccin. Il s'est relevé de cette épreuve sans être gravé ni affaibli.

Il s'était donné la peine de s'anoblir, en ajoutant au nom patronymique d'Arouet un substantif de deux syllabes dont la décomposition est assez singulière, *vol* et *taire*. Serait-ce en prévision de *vol* à *taire ?* La noblesse une fois usurpée, rien de plus naturel que de choisir, parmi les maladies, celle qui semble un apanage de l'aristocratie, une marque d'opulence. Le 24 novembre 1753, il avoue à d'Argental que la goutte est le moindre de ses maux.; le 4 décembre 1754, il lui rappelle sa goutte sciatique. Aussi ne manque-t-il pas de citer de temps en temps ses attaques de goutte. Le 15 février 1761, il dit à Lebrun qu'il a un peu de goutte ; le 1ᵉʳ mars suivant, il se plaint de la goutte au comte de La Touraille. Cette fois la goutte était peut-être bien prononcée. Passons-lui donc la goutte avec sa particule de gentilhomme.

Passons encore la fièvre qui s'accorde si bien avec l'enthousiasme de la composition.

Voltaire a inventé une fièvre de compassion, car, le 10 septembre 1774, il jure à Marin qu'il a toujours la fièvre, le 24 août, jour de la Saint-Barthélemy.

Pourtant il a connu tous les degrés et toutes les espèces de fièvres. Le 16 octobre 1761, il mande à d'Argental qu'il a un peu de fièvre. Ce jour-là, il est bien modéré. Pour Mᵐᵉ de Bernières, il a eu véritablement la fièvre, en juillet 1723. Le 15 mai 1762, c'est une fièvre, continue dont il fait part à Bernis. La fièvre est lente dans la lettre, du 15 mai 1762, à d'Argental, et dans celle, du 9 novembre 1767, à Richelieu. En décembre 1723, le baron de Breteuil a pu s'assurer que la fièvre fut maligne. Enfin le 24 août 1724, Thieriot fut informé qu'on s'était permis la fièvre double-tierce; qui reviendra souvent.

La fièvre n'est pas trop sauvage. En avril 1734, Voltaire mande à d'Argental que la fièvre et la dyssenterie ne le quittent point. Le 27 février 1773, il lui annonce que la fièvre double-tierce a pour dames de compagnie une toux convulsive, la goutte et la strangurie. Le 17 mars suivant, il lui affirme qu'il a eu cinquante accès de fièvre, accompagnés de trois ou quatre maladies mortelles.

Il prend la peine de compter tous les accès de fièvre. D'abord, en 1769, huit violents, le 24 mars, pour M. Gros, curé de Ferney ; neuf, le 27, pour Thieriot ; dix, le même jour, pour Collini ; onze, le 3 avril, pour Mme du Deffand ; douze, le lendemain, pour Saint-Lambert. Puis, voici le mois de mars de 1773, qui est le triomphe de la fièvre : le 1er, vingt-deux accès pour Condorcet ; le 3, vingt-huit pour le comte de Rochéfort ; le 17, cinquante pour d'Argental ; le 19, même nombre pour Frédéric II ; mais, le 25, il y en a cinquante-deux au service de Catherine II.

Quand la tête est en feu, le corps se dérange volontiers. C'est l'état de tous les hommes de cabinet. Le 27 avril 1751, Voltaire appelle l'attention de d'Argental sur ses maux d'entrailles. Le 15 janvier 1739, il se plaint à Thieriot de ce qu'il a une espèce de néphrétique. Il dit à Cideville, le 7 janvier 1746, qu'il a une espèce de dyssenterie. C'est une vraie dyssenterie qu'il expose devant d'Argens, le 10 février 1752. Voilà donc une bonne place pour la colique. En 1732, Voltaire parle à Moncrif d'une détestable colique ; dans la lettre, du mois d'octobre 1742, à Aunillon, il s'impatiente à propos d'une énorme colique. La colique reste à poste fixe. Voltaire avoue, le 7 août 1750, à Mme de Fontaine, qu'il a la colique tous les matins. Rien n'y fait. Aussi Voltaire déclare-t-il, le 9 août 1769, à Thieriot, qu'il vient d'attraper la soixante-seizième année, en ayant tous les jours la colique.

Les évacuations vont bon train. Le 19 février 1739, Voltaire annonce à Helvétius un flux de sang; le 15 mars 1778, c'est un vomissement de sang, dont il se plaint à Florian.

C'est le bonheur comme le malheur des poëtes, d'avoir la faculté de tout sentir vivement et de le croire. Voltaire est prôné comme un poëte national, et classé parmi les poëtes épiques pour sa *Henriade*. Il aurait honte de n'être qu'une individualité. Sa prétention permanente est de représenter l'humanité tout entière. Son génie, ou plutôt son audace se réduira à accaparer toutes les misères, et à s'inoculer à peu près toutes les maladies qui ont un nom. Horace reproche à Homère de sommeiller quelquefois. Voltaire a la modestie de confesser à d'Argental, le 14 mars 1764, qu'il radote quelquefois. Dans ces rares moments de délire, il oublie totalement ses souffrances. Ainsi, le 30 janvier 1761, il se donne à d'Argental pour un vert vieillard. Le 27 février 1775, il joue le bonhomme Jérémie pour Mme du Deffand. Il écrit, le 18 mars 1751, à Mme de Fontaine : « J'ai cru mourir, mais je n'ai fait que vieillir. » Le 7 novembre 1777, il mande à Tronchin : « Je n'ai qu'une maladie, c'est une faiblesse attachée à mon âge de quatre-vingt-deux ans. » Autre aveu naïf à Marmontel, le 28 novembre 1768 : « Le patriarche est toujours malingre, et s'il est goguenard dans les intervalles de ses souffrances, il ne le doit qu'à ce régime de gaieté, qui est le meilleur de tous. » Enfin, en mars 1769, Mme du Deffand a reçu cette indiscrétion : « Selon que les objets se présentent à moi, je suis Héraclite ou Démocrite; tantôt je ris, tantôt les cheveux me dressent à la tête. »

Dans sa lettre à Frédéric II, du 17 mars 1749, Voltaire prend le titre d'éternel malade. Le 6 juin 1764, il pose pour l'homme de douleur aux yeux de d'Argental. Le 30 octobre 1777, il ne craint pas de déclarer à M. de Ruffey qu'il est un objet de pitié.

Pourquoi? Hélas! il est né faible, a-t-il dit à tous ses amis, et notamment à Mme de Chambonin, le 17 novembre 1763. Il répète, le 8 août 1767, à M. de Ruffey, qu'il est né extrêmement faible. Enfin il fait observer, le 22 avril 1768, à Prault, qu'il est né faible et malade. Il ne s'est jamais contredit sur ce point.

En 1750, il dit à la comtesse de Staal qu'il est l'homme du monde le plus infirme. Le 17 mars 1749, il jure à Frédéric II qu'il n'y a jamais eu de corps si frêle que le sien. Le 17 avril 1773, il rappelle à d'Argental qu'il a un corps de roseau et des organes de papier mâché. Le 19 août 1766, il s'est donné à Richelieu pour un vieux roseau courbé par les orages. Dans sa lettre, du 26 janvier 1749, à Frédéric II et dans une autre, du 21 août 1761, à Duclos, il réduit toute sa vie à un souffle. S'il en est ainsi, il aura raison d'affirmer à d'Argental, le 30 janvier 1767, qu'il a une tête de soixante-treize ans, mais un corps de quatre-vingt-dix.

Voici sa vie, suivant ce mot, du 22 avril 1768, à

M. Paulet : « Il y a environ soixante-quatorze ans que je soutiens, comme je peux, mon procès contre la nature. » Le 6 juillet 1755, il donne à entendre à M. de Brenles, qu'il est né pour souffrir. Le 6 mai 1750, il parle à Darget de souffrances continuelles ; le 1ᵉʳ février 1752, il n'a, pour Hénault, qu'une santé perdue sans ressource. Qu'il écrive, le 6 juillet 1755, à M. de Brenles, ou à d'Argental, le 19 avril 1773, il se croit inguérissable. C'est une idée fixe.

Combien d'heures va-t-il vouer à la souffrance ? Le 3 mars 1754, il informe Mᵐᵉ du Deffand qu'il souffre dix heures sur douze. Le 27 octobre 1762, il mande à Albergati : « La journée n'a que vingt-quatre heures ; j'en souffre dix-huit, et je ne me porte pas trop bien les six autres. » Plus tard, il écrit à Richelieu, le 25 mai 1772 : « Je suis plié en deux, je souffre vingt-trois heures sur vingt-quatre. » A la fin, plus de repos. De là ce mot, du 10 octobre 1774, à d'Argental : « J'ai quatre-vingts ans, et je souffre vingt-quatre heures par jour. »

Cette continuité de la souffrance est-elle compatible avec l'intensité ? Assurément. Le 21 décembre 1753, Voltaire se plaint à d'Argental de ce qu'il souffre comme Scarron. Le 1ᵉʳ novembre 1770, il déclare à Grimm qu'il est toujours Job. S'il écrit, en 1732, à Moncrif, et à d'Argental, le 21 mars 1774, c'est pour dire qu'il souffre comme un damné. Enfin, suivant sa lettre à d'Argental, du 27 avril 1751, il aurait souffert comme un diable.

Il se croit né avec de merveilleuses prédispositions pour toute espèce de souffrance. Il avoue, le 17 octobre 1754, à Richelieu, qu'il a la figure malingre et ratatinée. L'apparence n'est pas trompeuse, car il dit à Thieriot, le 30 janvier 1755, qu'il est malingre. Dès le 9 mars 1747, il se plaint à Frédéric II de ce qu'il a le corps cacochyme. Le 8 août 1756, il parle à Tressan de sa vieillesse cacochyme. Le 10 juillet 1771, il se courbe comme un pauvre cacochyme devant Catherine II.

Cette vie de souffrances perpétuelles serait inexplicable sans hypocondrie ni mélancolie. Dès le 10 janvier 1731, Voltaire avoue à Cideville qu'il est hypocondre. Le 8 mai 1750, sa lettre à Frédéric II le montre mélancolique.

Si l'on est curieux de connaître toutes les maladies qui consument Voltaire, il répond qu'il a autant de maladies que d'années. Le 30 octobre 1776, il dit à Mme de Saint-Julien qu'il a quatre-vingt-deux ans et quatre-vingt-deux maladies. Le 27 juin 1777, il déclare à d'Argence de Dirac qu'il a quatre-vingt-trois ans et quatre-vingt-trois maladies. Le 22 octobre suivant, c'est à Mme Necker qu'il affirme qu'il a quatre-vingt-quatre ans et quatre-vingt-quatre maladies.

Pour prévenir tout doute, il finit par confesser à Vasselier, le 28 avril 1773, qu'il a tous les maux ensemble. C'était le même état que le 23 janvier 1755 au moment où il informait Cideville que toutes les misères étaient rassemblées sur son pauvre individu.

Pour le coup, c'est trop fort pour le scepticisme universel de notre époque.

Il est urgent de faire le dénombrement des épreuves, des maladies passagères ou incurables, légères, graves ou mortelles dont Voltaire s'est cru le sujet.

Le 6 octobre 1756, il parle à la comtesse de Lutzelbourg des cruelles morsures de son singe. Heureusement il ne dit rien du perroquet ni de l'écureuil qui complétaient sa ménagerie, suivant la lettre, du 19 février 1757, à M. de Chenevières. Il choisit le 3 janvier 1758 pour annoncer à Dalembert qu'il est incommodé des mouches. Voilà les seuls accidents à noter.

Tout le monde a des vapeurs. Le 19 mai 1750, Voltaire ne manque pas d'avouer à Darget qu'il n'en est pas exempt, et il rappelle à Voisenon, le 24 juillet 1756, qu'il en a quelquefois.

Il confesse à Mme d'Argental, le 20 juillet 1759, qu'il lui a pris un évanouissement. Le 28 novembre 1723, il écrit à Mme de Bernières qu'il a la gale. Le 2 avril 1755, il dit à Richelieu qu'il se mêle d'avoir une dartre. Il annonce des crampes, en 1751, à Frédéric II ; un érysipèle très grave, le 17 juin 1752, à Mme de Fontaine; la grippe, le 18 janvier 1768, à Chabanon ; une maladie de poitrine, le 4 mai 1770, à Frédéric ; un tremblement de nerfs, le 3 juin 1771, à Richelieu.

S'il nous fait grâce des maux de dents, c'est qu'il a perdu ses dents de bonne heure. Le 19 décembre 1752, il mandait à Bagieu : « J'ai apporté à Berlin environ une vingtaine de dents, il m'en reste à peine six. » Ce jour-là il était généreux, car, le 6 février, il avait appris à d'Argental qu'il avait perdu ses dents; le 23, il parlait encore à Darget de la perte de toutes ses dents. Enfin, le 1er janvier 1777 et le 30 janvier 1778, il jurait à d'Argental qu'il n'avait plus de dents.

Il ne lui est jamais arrivé de maudire les chaleurs. Quant au froid, il prenait d'assez grandes précautions pour n'en être pas saisi. Le 6 avril 1772, il apprend à Richelieu qu'il couvre toujours sa pauvre tête, quelque temps qu'il fasse. Le 29 mai 1768, il écrit à Collini : « Il faut que je fasse du feu dix mois de l'année. » La margrave d'Anspach a remarqué qu'il avait l'habitude de tourner le dos au feu. Cette position est expliquée dans cette lettre, du 25 décembre 1761, à Mme de Basservitz : « Je reste à ma cheminée et entre deux poêles. »

Ces mesures ne suffirent pas toujours contre les coups de vent et les gelées. En écrivant, le 21 janvier 1722, à Mme de Bernières, et à Mme du Deffand, le 20 juin 1764, Voltaire mentionne un mal de gorge horrible. En 1750, c'est une toux qu'il annonce à la duchesse du Maine; le 27 février 1773, il parle à d'Argental d'une autre toux, d'une toux convulsive. Le 25 mai 1764, il apprend à la Harpe qu'il a une extinction de voix; le 5 février 1777, il appelle l'attention d'Hennin sur une nouvelle extinction de voix; il a extinction de voix et extinction de tout. Entre ces deux extinctions est venu se fourrer un catarrhe, comme le prouve la lettre du 24 avril 1770, à Hennin.

C'est l'occasion de parler de l'humeur scorbutique qui figure, dans la lettre du 22 février 1751 à d'Argental, et de l'affection scorbutique dénoncée à Bouvard, le 5 mars 1770. Dans la lettre du 23 mai 1752, à Darget, le scorbut est nommé.

Heureusement Voltaire a eu la générosité de ne pas se faire muet. S'il l'avait été, comment se serait-il plaint ?

Il va nous dédommager amplement de ses rares indispositions de bouche.

Il s'imagine un jour qu'il a perdu les yeux, les jambes, comme les dents, la langue.

C'est le 29 août 1742 qu'il apprend à Frédéric II qu'une abominable fluxion l'a rendu sourd. Cette surdité n'a fait que passer, car, le 1er octobre 1760, il se plaint à Mme d'Argental de ce qu'il est devenu un peu sourd. Il paraît que la surdité aimait à le hanter, car elle est revenue avec une bonne compagnie. Le 30 août 1762, Voltaire affirme à Collini qu'il est devenu sourd et aveugle.

Qu'est-ce que cette cécité? Sera-t-elle aussi peu incurable que la surdité et l'extinction de voix? Il est facile à Voltaire de faire le sourd-muet pour se débarrasser de la badauderie des voyageurs, puisque sourd et muet, cela va bien ensemble. Mais comment grimer l'aveugle? Voltaire avait de trop beaux yeux pour les perdre.

Il a commencé par avoir un bouton sur l'œil. Le 20 février 1740, il se plaint à d'Argental de ce qu'il a la plus abominable ophtalmie dont jamais deux yeux aient été affublés. Le 13 avril 1763, il lui jurera que les yeux lui cuisent. Le 5 août 1764, il lui annonce une grosse fluxion sur les yeux. Encore une fluxion en 1766. Enfin nous trouvons des fluxions sur les yeux, dans la lettre, du 12 octobre 1771, à Thibouville. Quelle est l'influence de toutes ces fluxions? Le 25 décembre 1761, Voltaire écrit à Mme de Basservitz qu'il est borgne. Le 11 octobre 1763, il dit à Mme du Deffand qu'il est aveugle par bouffée. Le 24 février 1765, il ne lui reste que la moitié d'un œil au service de d'Argental. De là à la cécité, il y a peu à faire. Voltaire apprend donc, le

21 avril 1767, à Marmontel qu'il est aveugle comme Bélisaire; le 12 avril 1770, à Frédéric II, qu'il est aveugle comme Milton; le 8 août 1771, à Dalembert, qu'il est un petit Tirésie, ou un petit Œdipe. Il ne revient pas sur ce qu'il a dit. C'est pourquoi, dans sa lettre, du 18 mars 1778, à Mme de Fontaine, il se présente comme borgne d'un œil et maléficié de l'autre.

Revenons aux fluxions auxquelles on impute tant d'infirmités.

Le 3 novembre 1760, Voltaire informe d'Argental qu'il a une bonne fluxion; le 29 août 1762, c'est une fluxion de poitrine qu'il décrit à Thibouville. Le 29 août 1762, il dit à Damilaville qu'il est accablé de fluxions. Nouvelle mention de fluxions, le 15 mai 1765, à l'adresse de Bernis. La lettre du 31 janvier 1766, à Chabanon, a ramené toutes les fluxions à l'unité; mais cette fluxion est bien conditionnée, car elle règne sur la poitrine, comme sur les yeux et les oreilles.

Les inflammations sont de la même famille que les fluxions. Le 26 novembre 1733, Voltaire annonce à Cideville une inflammation d'entrailles. Il apprend à d'Argental, le 10 août 1753, qu'il a les doigts enflés, et, le 4 juin 1754, que jambes et mains sont également enflées. Le 5 août 1765, c'est une inflammation de poitrine dont il fait part à Villette.

Il ne manque plus que l'hydropisie, ce sera un avantage pour Voltaire déjà maigrelet, en juin 1757, comme il l'avouait à Mme de Fontaine. Le 10 août 1753, il annonce à d'Argental qu'il vise à l'hydropisie. Elle ne vint pas vite, car il faut attendre jusqu'au 12 février 1773 pour lire ces mots à Richelieu : « Mes deux fuseaux de jambes sont devenus gros comme des tonneaux. »

Les rhumatismes devaient jouer un mauvais tour à l'hydropisie. Le 6 octobre 1756, Voltaire notifie à la comtesse de Lutzelbourg l'apparition d'un vilain rhumatisme. C'était peut-être le même que le rhumatisme goutteux dont il est question dans la lettre du 16 décembre 1755, à la duchesse de Saxe-Gotha, et que le rhumatisme goutteux, horrible, universel qu'on voit dans la lettre, du 1er novembre 1756, à Richelieu. Ce rhumatisme ne resta pas solitaire. Dès le 7 janvier 1755, Voltaire apprend à M. de Brenles qu'il est persécuté par trois ou quatre rhumatismes. Dans sa lettre, du 7 janvier 1764, à Damilaville, il nous revient affublé de rhumatismes.

Voici encore des maladies qui ne badinent pas. Le 30 octobre 1751, Voltaire annonce à Tronchin de Lyon qu'il est affublé d'une sciatique. Le 12 février 1773, c'est à Dalembert qu'il parle d'une strangurie qui ne le quittera plus.

Parfois les maladies se succèdent. Ainsi, le 16 février 1752, Voltaire écrit à d'Argental : « Mon érysipèle est rentré, la dyssenterie est survenue. » Le 12 février 1778, il fait observer à Tronchin qu'il passe de la strangurie au diabète.

C'est rare, ce cas de maladie isolée dans les lettres de Voltaire. Il sait trop de médecine et de rhétorique pour ne pas absorber toutes les maladies graves et surtout la complication des maladies mortelles.

Le 17 juin 1752, Voltaire parle à Mme de Fontaine d'une humeur scorbutique qui le tue, et d'un érysipèle qui l'achève. Le 25 novembre suivant, il dit à Richelieu que son érysipèle est escorté d'une humeur scorbutique et de rétrécissement dans les nerfs. Le 24 mars 1778, il signale au président de Meynières l'attaque d'une strangurie mortelle et un vomissement de sang. Il cumule quelquefois autant de maladies que l'imagination peut le passer. Ainsi il se plaint à Collini de ce qu'il est assiégé par la colique, une sciatique et toutes les misères. Le 6 février 1752, il mande à d'Argental qu'il a perdu les cinq sens. Nous savons que l'extinction de voix a occasionné l'extinction de tout.

C'était faire pressentir la paralysie. Dès le 17 février 1759, Voltaire prenait l'attitude d'un paralytique devant Frédéric II. Il paraît qu'il y a eu des moments d'intermittence dans la paralysie. La lettre du 3 janvier 1755, à Hénault nous donne un Voltaire perclus de tous les membres. Dix jours après, Voltaire ne se montre à M. de Chenevières que comme presque paralytique. Enfin, avec la lettre, du 10 novembre 1756, à Thieriot, il nous revient perclus seulement de la moitié du corps.

Rien ne doit manquer à cette collection de maladies. En mars 1752, Voltaire écrit à d'Argental : « Je ne suis point en apoplexie, mais c'est de toutes les maladies en *ie* la seule qui me manque. » C'est pourquoi, le 4 janvier 1766, il apprend à d'Argental qu'il a eu un quart d'apoplexie, et, le lendemain, il s'empresse de faire part à Frédéric II de cette légère attaque. Le 24 février, il fait observer au duc de la Vallière que cette apoplexie lui a un peu affaibli le cervelet ; il ajoute qu'il a entièrement perdu la mémoire. C'est encore une petite apoplexie qu'il mentionne, dans sa lettre, du 14 novembre 1775, à Lekain. Cela était suffisant à ses yeux pour qu'il crût avoir le droit de prendre le titre d'apoplectique qui décore la lettre, du 17 mai 1777, à Turgot.

S'il a vraiment été la sangsue de toutes les maladies, il avait raison de dire à M. Taulès, dès le 14 septembre 1766 : « Je n'ai plus qu'une demi-existence tout au plus. »

C'est approcher de l'agonie. Voltaire se croyait toujours en agonie. Il le déclare notamment, en février 1734, à Formont, le 17 juillet 1748 à d'Argenson, le 31 août 1749, à Frédéric II. Revenir à la vie, pour lui, c'était suspendre l'agonie, comme le prouve sa lettre, du 27 octobre 1754, à Richelieu.

C'est dans un de ces moments-là qu'il a dû écrire; le 26 janvier 1749, à Darget : « Je suis si étonné d'être en vie, que cela me paraît quelquefois plaisant. » Même aveu à Thieriot, le 2 mars 1769 : « Je suis tout étonné d'être en vie. »

L'agonie est la porte de la mort. Le 8 mai 1773, Voltaire prévient d'Argental qu'il a la mort sur le bout du nez. Il écrit, le 5 février 1747, à Frédéric II, qu'il se meurt fort souvent; le 1er février 1752, à Hénault, qu'il se meurt, le 26 mai 1753, à d'Argens qu'il se meurt positivement; le 23 janvier 1755, à Thieriot, qu'il a passé sa vie à mourir ; le 13 août 1756, à Mme de Lutzelbourg, qu'il se meurt toujours. Le 20 avril 1760, il explique ainsi à M. de Chenevières pourquoi il n'est pas encore enterré : « Il est bien vrai que je ne suis pas encore mort, mais je ne puis pas non plus assurer absolument que je suis en vie. Je suis tout juste dans un honnête milieu. »

Enfin il se détermina à mourir. Comme il a bien voulu mourir en personne, il s'est donné la peine de s'enterrer lui-même. La lettre du 1er mars 1768, à Richelieu, tient lieu d'acte de décès et de procès-verbal d'inhumation : « Je me regarde déjà comme un homme mort quoique j'aie égayé mon agonie autant que j'ai pu. Me voici donc mort et enterré. »

La preuve que Voltaire, de son vivant maigre comme un hareng saur, et comme on le voit page 408 du tome XXXIX de ses *OEuvres*, éditées par Beuchot, est bien mort et enterré, c'est qu'il n'est plus qu'un cadavre. Le 26 janvier 1749, Voltaire s'affaissait comme un cadavre devant Frédéric II. Le 6 mai 1750, il voulait n'être qu'un cadavre pour Darget.

Comme ce cadavre n'a pas été embaumé, peut-être par économie, il se décompose rapidement pour passer à l'état de squelette. Le 15 octobre 1754, Voltaire se vante à Moncrif de n'être plus qu'un ancien squelette. Le 23 janvier 1755, il prévient Thieriot qu'il est plus squelette que jamais. Le 17 mai 1773, il écrit à M. de Chenevières : « Je ressemble comme deux gouttes d'eau à une momie d'Égypte mal conservée. » Pressé de quitter Ferney pour venir à Paris, il répond, le 20 janvier 1778, à d'Argental : « Je compte vous apparaître comme Lazare sortant du tombeau. »

Le 2 août 1756, Voltaire a dit à Dalembert : « Mon miracle est d'exister. » Il faut admettre ce miracle, si toutes les lettres de Voltaire sont sincères. Au contraire, si la raison répugne à les prendre au sérieux, on sera forcé de les renvoyer à tous les gens de goût. La critique devra avouer que Voltaire, dont on ne connaissait que le perpétuel ricanement, est le premier des poètes mélancoliques. La morale ne pourra pas citer de menteur qui se soit plus souvent et plus impudemment moqué de tous ses correspondants.

La plupart de ces correspondants vivaient encore et durent rougir de leur crédulité, quand Voltaire vint les surprendre à Paris en 1778. Il avait alors ses quatre-vingt-quatre ans ; si ses quatre-vingt-quatre maladies lui firent l'honneur de l'escorter, ce fut dans le plus grand incognito, car personne n'aperçut ces dames de compagnie, puisque personne n'en parla.

Il fit en cinq jours le voyage de Ferney à Paris. Dans ses *Mémoires*, page 122, Wagnière, qui lui servit de secrétaire pendant les vingt dernières années de sa vie, affirme qu'il arriva avec la meilleure santé, une humeur agréable, une gaieté charmante, encore assez robuste pour aller à pied chez le comte d'Argental, en descendant de voiture ; il distingua parfaitement les personnes qui s'empressèrent de le visiter, et il sut trouver un mot d'esprit, des reparties vives et saillantes, suivant le caractère et le rang des trois cents adorateurs qui encombrèrent son hôtel, comme le prouve Mme du Deffant, dans sa lettre, du 12 février 1778, à Walpole.

Les mémoires et les journaux du temps sont unanimes à lui reconnaître l'impétuosité d'Achille et l'activité d'Hercule, la voix de Stentor et l'oreille du sauvage, et surtout des yeux d'aigle, des yeux encore si excellents qu'il n'eut jamais besoin de se servir de lunettes, comme le constatent les *Mémoires* de Bachaumont, du 8 novembre 1776, et les *Mémoires* de Wagnière, page 94.

Ainsi Voltaire a passé sa vie à mentir, et non à mourir, ni à souffrir.

Cette perpétuelle concomitance de graves maladies incompatibles avec des travaux d'une constitution antédiluvienne deviendrait inexplicable dans la vie d'un autre homme. Sous la plume de Voltaire, les hyperboles et les mensonges coulent avec tant de facilité, tant d'impétuosité, qu'il oblige la raison à ne pas le croire sur parole. Nous ne prendrons pas au pied de la lettre toutes les contradictions et toutes les invraisemblances sur lesquelles nous venons de glisser. Nous n'aurons pourtant pas la cruauté d'étrangler un chapitre si palpitant d'intérêt.

Il nous importe seulement de connaître la nature de son tempérament. Or voici ce qui nous a paru la vérité vraie : « — Je ne cesserai de souffrir qu'en cessant de vivre, » disait Voltaire, le 15 janvier 1765 à Damilaville. Pourquoi ? Il répondait, le 26 septembre 1768, au duc de Richelieu : « Je n'espère point guérir, puisqu'il faudrait changer en moi la nature. » Qu'était-ce que cette espèce de rachitisme ? Il la définissait ainsi dans une lettre, du 24 janvier 1766, à d'Argental : « Mon mal n'est que la faiblesse avec laquelle je suis né, et que les ans ont augmentée. » Tel est le dernier mot de toutes ses lamentations. « *Je me plains toujours selon l'usage*, avouait-il, le 19 août 1759, au comte d'Argental, MAIS DANS LE FOND JE SUIS FORT AISE; » car « *je suis flexible comme une anguille et vif comme un lézard, et travaillant toujours comme un écureuil,* » confessait-il au même ami, le 22 octobre 1759. C'est pourquoi, charmant de tout point, rapportent les *Mé-*

moires de Bachaumont, le 14 juillet 1769, il n'était intraitable que sur l'article de la santé. Il devenait furieux quand on se permettait de ne pas s'apitoyer sur ses maladies et d'en interrompre par un rire sardonique l'histoire qu'il aimait à en faire. Il voulait qu'on le crût toujours en danger de mort. Cette manie d'être gravement indisposé devint de plus en plus grande avec l'âge, remarque Wagnière (p. 301). On la lui pardonnait volontiers, mais on ne manquait pas de s'en moquer. On savait qu'il faisait peu de cas des médecins; il se passait de leur science, si l'on en croit Wagnière (p. 93), et les *Mémoires de Bachaumont*, du 8 novembre 1776. Tronchin n'était pour lui qu'un ami et qu'un voisin.

Maintenant que nous avons entrevu la constitution de Voltaire, il est facile de rabattre quelque chose et du nombre et de l'intensité de ses souffrances. Mais, s'il n'a pas été en proie à toutes les maladies que nous avons nommées, il est certain qu'il n'a reçu de la nature qu'une organisation frêle et délicate, une de ces organisations qui ont besoin d'être bien traitées, bien dorlotées, bien mitonnées sur des édredons de coton. A-t-il eu toutes ces petites attentions qui ne sont pas inutiles à la santé, mais qui consument un temps précieux ?

Si Voltaire dédaignait de consulter et d'appeler les médecins, jamais hypocondre ni femmelette ne firent plus d'honneur aux potions. Aussitôt qu'il se sentait la moindre chose, il se purgeait. Dès la fleur de l'âge, il en avait contracté l'habitude (1); il ne la perdit jamais.

---

(1) *Mémoires de Bachaumont*, du 14 juillet 1769.

Il reconnut l'inutilité des eaux de Forges et de Plombières (1); mais il fut toujours fidèle au système purgatif. Comme M. Argan, d'heureuse mémoire, il ne prenait guère moins de huit médecines et de douze lavements par mois; la casse, la rhubarbe, le séné deviennent des nécessités pour lui; en quelque endroit qu'il soit, il ne peut s'en passer. Dans le mois d'octobre 1724, il mande à Mme de Bernières qu'il est arrêté à Paris par Bosleduc, qui le médicamente, et par Capron, qui lui donne de l'essence de cannelle. En 1727, « les banqueroutes sans ressources qu'il avait essuyées en Angleterre, le retranchement de ses rentes, la perte de ses pensions et les dépenses que lui coûtèrent les maladies dont il avait été accablé, l'avaient réduit à un état bien dur, » suivant sa lettre, du 2 février, à Thieriot. Une découverte importante vint le consoler. « Il faut que vous sachiez, écrit-il, le 27 mai, à Thieriot, qu'on a en Angleterre une machine pour prendre un lavement, qui est un chef-d'œuvre de l'art, car vous pouvez la mettre dans votre gousset et en faire usage quand et partout où il vous plait; vous pouvez vous en servir toutes les fois et quelque part où vous soyez. Si jamais j'ai le plaisir de vous revoir, soyez sûr que vous aurez une demi-douzaine de ces instruments délicieux. » Il est probable que Voltaire ne quitta pas l'Angleterre sans en rapporter une provision considérable. A Cirey, nous le trouvons avec des vapeurs, se droguant sans cesse, suivant Mme de Graffigny (p. 278), et

---

(1) Lettres à Thieriot, du 5 août 1724, et à Mme du Deffand, du 2 juillet 1754.

priant son cher Moussinot de lui envoyer une chaise percée de la dernière commodité pour un philosophe voluptueux. Le 17 février 1749, il espère que le roi Frédéric lui expédiera une livre de vraies pilules de Stahl, de sorte que les pilules méritent, après la casse et la rhubarbe, d'être placées au nombre de ses jouissances. Aussi apprend-il, le 11 mars 1751, à Darget, qu'il porte au Marquisat des pilules et de la casse, et à M. Dupont qu'il a épuisé les apothicaires de Colmar de rhubarbe et de pilules; le 13 février 1755, il en conseille l'usage à Mme de Fontaine, à cause du bien que la rhubarbe surtout a constamment opéré sur lui. A chaque instant, il loue la vertu de la rhubarbe et de la casse. Le 19 avril 1775, il dit à Mme du Deffand : « Je suis de l'avis d'un médecin anglais, qui disait à la duchesse de Marlborough : Ou prenez souvent de petites purges domestiques, ou vous serez bien malade. J'ai suivi les principes de ce médecin, et je ne m'en suis pas mieux porté; cependant, vous et moi nous avons vécu assez honnêtement en prévenant les maladies par un peu de casse. Je fais monder la mienne. Elle fait beaucoup plus d'effet lorsqu'elle n'est pas cuite et qu'elle est fraîchement mondée. Ma dose est d'ordinaire de deux ou trois petites cuillerées à café, et on peut en prendre deux fois par semaine sans trop accoutumer son estomac à cette purge domestique. Quelquefois aussi je fais des infidélités à la casse en faveur de la rhubarbe; car je fais grand cas de tous ces petits remèdes qu'on nomme minoratifs, dont nous sommes redevables aux Arabes. Je reviens à la purge domestique, tantôt casse, tantôt rhubarbe, et je dis hardiment que ce sont des fruits dont la terre n'est pas couverte en vain ; qu'ils servent à la fois de nourriture et de remèdes, et qu'il faut bénir Dieu de nous avoir donné ces secours dans le plus détestable des mondes possibles. Je vous dis encore que nous ne devons pas tant nous dépiter d'être un peu constipés, que c'est ce qui m'a fait vivre quatre-vingt et un ans, et que c'est ce qui vous fera vivre beaucoup plus longtemps. On souffre un peu quelquefois, je l'avoue ; mais, en général, c'est notre loi de souffrir de manière ou d'autre. Je m'acquitte parfaitement de ce devoir. » A la casse et à la rhubarbe, dont il se servait deux ou trois fois par semaine pour aller à la garde-robe, rapportent Wagnière (p. 93) et les *Mémoires de Bachaumont,* du 8 novembre 1776, il faut joindre les lavements au savon, qu'il n'épargnait pas plus dans sa vieillesse qu'il ne l'avait fait dans sa jeunesse, suivant Wagnière (p. 35 et 93). Ainsi, lorsqu'il était à Berlin, il demanda au roi la permission de se rendre dans différentes cours d'Allemagne. « Ce monarque, raconte Wagnière (p. 35), chargea le général comte de Chazot de l'accompagner et de payer tous les frais du voyage. A leur retour, le comte présenta la note des déboursés. Le premier article portait une somme assez forte *pour lavement au savon,* à deux kreutzers chacun, pris par M. de Voltaire pendant les deux mois de notre voyage. — Comment diable ! s'écria le roi, quel compte d'apothicaire me présentez-vous là ? — Sire, reprit M. de Chazot, je n'en rabattrai pas un denier à Votre Majesté, car mon compte est de la plus grande exactitude. » Comme Voltaire se traitait lui-même, il ne cessait de recourir à tous ces médicaments, et n'en ménageait pas la dose toutes les fois qu'il souffrait des entrailles. Il est fâcheux que, dans sa dernière maladie, il n'ait pas eu la patience d'attendre l'effet de quelques cuillerées d'opium, et qu'il eut l'imprudence d'en avaler une bouteille, ce qui lui occasionna une rétention d'urine et la gangrène, des douleurs inouïes et des maux sans remède, au dire de Wagnière (p. 153).

Ce fréquent usage de potions et de clystères exigeait une vie réglée ; Voltaire s'astreignit à un régime exact et austère. Dès le 27 juin 1725, il mande à Mme de Bernières qu'il ne connaît plus d'autre remède que le régime ; le 17 juin 1752, il fait espérer à Mme de Fontaine que, grâce au régime qu'il observe, il prolongera sa vie de quelques mois ; le 26 septembre 1768, il apprend au duc de Richelieu que ses maladies le condamnent à la retraite et à un régime qu'il ne doit plus quitter.

Ce régime annonce une grande sobriété dans le boire et dans le manger.

Voltaire croyait boire beaucoup en avalant un demisetier de vin à chaque repas, comme il l'avouait, le 12 décembre 1768, à Mme du Deffand. Il n'offrait aux Génevois et à tous ces hôtes et à tous ses commensaux que du vin de Tourney ou du pays de Gex (1). Quant à lui, pauvre malade, il lui fallait un restaurant bourguignon (2). Ce restaurant, il le demandait avec instance à un conseiller au parlement de Dijon, M. Lebault, propriétaire d'un assez bon cru à Corton, à quelque distance de Beaune. Il lui écrivait, le 4 novembre 1761 :

---

(1) *Correspondance inédite de Voltaire avec de Brosses*, p. 247 et 250.

(2) *Ibidem*.

« J'ai l'honneur de vous demander trois tonneaux de vin (deux de bon vin ordinaire et un d'excellent), le tout en bouteilles ; bien potable, bien gardable, et surtout *très peu cher*, attendu que M. de Brosses *m'a ruiné.* » Huit jours après, il lui mandait encore : « Je ne vous demande du vin qu'en cas que vous en ayez de semblable à celui que vous m'avez envoyé *les premières années.* A mon âge, le bon vin vaut mieux que M. Tronchin. Je suis devenu délicat, mais pauvre. Je me recommande à votre goût et à votre compassion. Tâchez de me vendre *bon marché* votre vin. Je sais qu'il y a vin et vin. C'est du bon que je demande. » Le 27 auguste 1768, il espère recevoir cent bouteilles de M. Lebault, et le 11 janvier 1769, il est si content de ce bon vin qu'il dit au conseiller : « *Je compte* sur *vous* jusqu'à la *fin de ma vie.* Je ne veux boire que par vos bienfaits. Je ne puis souffrir *d'autre vin que le vôtre.* »

Quant à la nourriture, Voltaire était moins difficile. Le plus grand plaisir qu'on pût lui faire était de lui envoyer une petite provision de lentilles ; il les aimait singulièrement ; M. Clément de Dreux lui en ayant souvent procuré ou donné, il le remerciait en prose ou en vers (1). Après les lentilles, il n'avait de goût que pour un bon potage, un peu de mouton, des œufs (2), du petit-lait (3). Une fois à table, il mangeait vite et de bon appétit (4). Il n'avait point d'heure fixe pour ses repas,

---

(1) Lettre à Clément de Dreux, du 19 février 1734 ; *Œuvres de Voltaire*, t. XIV, p. 393.

(2) Lettre à Dom Calmet, du 13 février 1748.

(3) Lettre à Darget, du mois de janvier 1751.

(4) *Les Voyageurs en Suisse*, par Lantier. Paris, 1803. In-8°, t. II, p. 48.

et il oubliait quelquefois qu'il n'avait pris aucun aliment; il n'en demandait que quand il avait faim, rapporte Wagnière (p. 93). A Cirey, le café lui tenait lieu de déjeuner; le repas unique était le souper, pas trop abondant, mais recherché, propre et délicat; à Paris, Mme du Chastelet et Voltaire avaient l'habitude de dîner tous les soirs en ville; mais le déjeuner était invariablement le même qu'à la campagne; toujours du café ou du chocolat (1). En 1750, Lekain, admis à voir Voltaire pour la première fois, partagea son déjeuner, qui consistait en une douzaine de tasses de chocolat, mélangé avec du café. Même frugalité à Ferney. Le 8 décembre 1772, Voltaire mandait à Frédéric que, depuis soixante-dix ans, il était fidèle au café. Les quinze dernières années de sa vie, dit Wagnière (p. 93), il y mettait de la crème, et se contentait de deux ou trois tasses par jour; il en avait continuellement sur un guéridon près de lui, suivant Luchet (t. II. p. 274); c'était sa seule nourriture jusqu'à l'heure de son souper, auquel il daignait inviter tous les étrangers qui se trouvaient au château, est-il dit dans les *Mémoires de Bachaumont*, du 8 novembre 1776.

Voltaire ne se dérangeait donc qu'à l'heure du souper. La sobriété n'était pas la seule cause de cette vie sédentaire. Depuis Sénèque, peu de philosophes furent plus sensibles à la fraîcheur et recherchèrent avec plus de reconnaissance le coin de la cheminée. Le séjour de Cirey lui convint à merveille; c'était un incendie de Troie que le foyer de chaque chambre; on brûlait tous

---

(1) Mme de Graffigny, p. 8. — Longchamp, p. 121.

les jours six cordes de bois au château, suivant Mme de Graffigny (p. 160). A Berlin, Voltaire ne se lassait pas de vanter ni de caresser les poêles; le 9 février 1755, il mandait à M. de Brenles qu'il n'avait plus besoin que de bons poêles. Le soleil n'étant jamais assez ardent pour ses membres (1), il lui fallait du feu en été comme en hiver, au dire de Collini (p. 129). A dom Calmet, il n'avait demandé, le 13 février 1748, qu'une cellule bien chaude. Le 4 avril 1768, il ne se réservait plus qu'une chambre pour se chauffer à son aise; car, depuis longtemps, il avait peur de mourir de froid, manda-t-il, le 3 février 1766, à Ximenez. Il s'accoutuma à garder le lit; il n'en sortait que fort tard, pour faire une promenade dans son carrosse; quand le temps ne lui permettait pas cette distraction, il ne se levait que vers les cinq à six heures du soir pour manger avec ses hôtes (2). Disons dans quel équipage il se présentait dans son salon.

« Il était toujours en souliers gris, bas gris de fer, roulés, grande veste de basin, longue jusqu'aux genoux, grande et longue perruque et petit bonnet de velours noir, raconte dans ses *Mélanges* (t. X. p. 257) le prince de Ligne, qui eut l'avantage de passer huit jours à Ferney. Le dimanche, il mettait quelquefois un bel habit mordoré uni, veste et culotte de même, mais la veste à grandes basques, et galonnée en or, à la Bourgogne, galons festonnés et à lames, avec de grandes

---

(1) *OEuvres de Villette*. Édimbourg, 1788. In-8°, p. 103.
(2) Luchet, t. II, p. 274. — Wagnière, p. 93. — *Mémoires de Bachaumont*, du 22 décembre 1774.

manchettes à dentelles jusqu'au bout des doigts ; « car avec cela, disait-il, on a l'air noble. »

Depuis 1770, Voltaire était toujours en robe de chambre et bonnet de nuit (1) ; il ne quitta pas ce costume à Paris, où tant de personnages célèbres ne pouvaient se rassasier de le contempler face à face (2). Parfois il laissait sa robe de chambre de perse à fond blanc, mais il conservait son bonnet de nuit de soie brodé d'or et d'argent et serrant avec un beau nœud de ruban rose une immense perruque grise à trois marteaux, qui contrastait singulièrement avec sa figure cadavérique. Le reste de son habillement consistait, suivant plusieurs voyageurs, en linge fin, superbes dentelles, bas de soie ou de laine blancs, souliers de drap blanc, ou pantoufles de maroquin rouge, culottes rouges, deux gilets, une veste de toile bleue, semée de fleurs jaunes et doublée de jaune (3). Dès sa jeunesse, il avait aimé les vêtements magnifiques ; nous le verrons tout couvert de velours, de dentelles, de fourrures de prix dans les plus belles journées de l'été à Ferney ; cette toilette était resplendissante, mais ridicule. L'âge, les saisons et les climats imposent au faste des lois qu'il ne peut violer sans offenser le dieu du goût. En ne suivant que ses caprices dans ses costumes, Voltaire blessa plus d'une fois le regard des étrangers ; quelques-uns osèrent, à son aspect, crier au chie-en-lit (4). Wagnière (p. 94)

(1) Lettre à Mme du Deffand, du 21 février 1770.
(2) *Mémoires de Bachaumont*, du 12 février 1778.
(3) Lantier, t. II, p. 43. — Sherlock, *Lettres d'un voyageur anglais*. Londres, 1779. In-8°, p. 153. — *Journal des Débats*, du 30 mars 1825.
(4) *Mémoires de Bachaumont*, du 12 février 1778.

lui-même convient que sa manière de se mettre ne paraissait pas élégante.

Voltaire aimait singulièrement la propreté, et il était toujours lui-même fort propre. Il se lavait souvent les yeux avec de l'eau fraîche simple, dit Wagnière (p. 94). Il exigeait, suivant Longchamp (p. 135), qu'on ne lui remît sa perruque que bien peignée, bien poudrée, bien accommodée, bien frisée, bien ébouriffée, sauf à s'en moquer ensuite. Tous ses portraits à l'âge de 24, de 35, de 40, de 80 ou de 84 ans, le représentent sans favoris, sans barbe, sans mouche ni moustache ; il n'a aucun de ces attributs de la virilité dans une précieuse collection de 53 de ses portraits, gravés, je ne sais ni en quelle année, ni dans quel pays, d'après cet Huber dont Grimm et Marmontel ont célébré le rare talent. Il se rasa d'abord lui-même, rapporte Longchamp (p. 135) ; il fut délivré de bonne heure de cette opération : les quelques rares poils qui survenaient, il se les arrachait avec de petites pinces épilatoires (1). Dès le 8 juillet 1765, il écrivait au marquis de Villette : « Je remarquai, lorsque vous me faisiez l'honneur d'être dans mon taudis, que vous ne soumettiez jamais votre visage à la savonnette et au rasoir d'un valet de chambre qui vient vous pincer le nez et vous échauder le menton. Vous vous serviez de petites pincettes fort commodes, assez larges, ornées d'un biseau qui embrasse la racine du poil sans mordre la peau. J'en use comme vous. J'en suis réduit là. Je vous demande en grâce de vouloir bien ordonner à un de vos gens de m'acheter

---

(1) *Mémoires de Bachaumont*, du 11 novembre 1766 ; Wagnière, p. 94.

une demi-douzaine de pinces semblables aux vôtres. »

J'ai dit les habitudes, les besoins, les dépenses personnelles, les dépenses indispensables de Voltaire. La vie matérielle ne lui fut donc ni trop amère, ni trop onéreuse.

II. — *Voltaire parasite des Grands.*

Maintenant suivons Voltaire dans les différentes phases de sa vie séculaire ; pénétrons avec lui dans l'intérieur des maisons qu'il habita.

La première fois qu'il quitta le toit paternel, ce fut pour aller en Hollande servir de secrétaire au marquis de Châteauneuf, ambassadeur de France à la Haye. Quelques incartades le forcèrent de revenir à Paris. Pour obéir à son père, il travailla chez un procureur ; bientôt dégoûté du baragouinage de la procédure et de la vie sédentaire et abrutissante du praticien, il renonça à la poussière des dossiers, à l'étude pétrifiante des lois, à l'avenir du robin. Il se fit littérateur. Pour suivre cette vocation, il rompit en visière à toute sa famille, et il s'abandonna aveuglément à son étoile. La fortune eût vainement essayé de le houspiller. Les muses le traitèrent en favori ; elles le prirent par la main, et le conduisirent tout couronné de fleurs dans les salons dorés où princes et grands se disputèrent l'honneur de le recueillir. Tous se prosternèrent jusqu'à terre devant la majesté de ce génie indépendant ; ils croyaient lire sur son front qu'il venait les dominer par la puissance des idées.

Au château de Saint-Ange, à trois lieues de Fontainebleau, il parle de Henri IV avec M. de Caumartin, intendant des finances ; ces conversations lui donnent l'idée de *la Henriade*. Un poète épique doit boire à la coupe des tribulations ; Voltaire est moins malheureux que le Dante, le Tasse, Camoëns et Milton, si nous en croyons ses lettres de cette époque. Il est exilé à Tulle ; sa famille obtient qu'il se rende à Sulli-sur-Loire. Là, ce n'est point une caverne qui devient l'écho de ses gémissements ; il demeure au château, qui est dans la plus belle situation du monde ; il se promène dans un bois magnifique ; il coule les jours les plus paisibles dans la meilleure compagnie, avec des gens d'un commerce agréable ; le duc de Sulli est le plus aimable des hommes. Ce séjour eût été délicieux si ce n'eût pas été un exil. Voltaire finit par s'y ennuyer ; mais bientôt il regretta cette séduisante habitation. Du 7 mai 1717 au 11 avril 1718, il n'entendit que le bruit des clefs, des serrures, des gonds, des chaines de fer, des verrous sous lesquels il était enfermé à la Bastille. Dès qu'il fut libre, il s'arrêta à Châtenay, puis au château de Villars, à trois quarts de lieue de Melun, chez le maréchal de Villars. Il dit à M. de Mimeure qu'il passe sa vie de château en château. En effet, il est quinze jours avec le duc de la Feuillade au Bruel ; il fait un voyage au château de la Source près d'Orléans, chez milord Bolingbrocke. Mme de Rupelmonde l'emmène avec elle à Bruxelles et à la Haye. A son retour, il hante le château d'Ussé, au confluent de l'Indre et de la Loire ; celui de la Rivière-Bourdet, à trois lieues de Rouen, appartenant à Mme de Bernières ; celui de Maisons, retraite du président de Maisons, à trois lieues de Paris. A Forges, à Fontainebleau, il a un appartement chez le duc de Richelieu. Toutes les fois qu'il traverse Rouen, son ami Cideville lui offre bonne chère, le mène à l'opéra, et lui procure tous les plaisirs de la société et d'une grande ville, suivant une de ses lettres, de 1723, à Thieriot.

Il continue de fréquenter le duc de Richelieu, et de le visiter dans ses différents hôtels. Mais, après avoir été l'hôte de la famille de Bernières, il devint son commensal et son locataire. Nous avons déjà cité un acte sous seing privé, du 4 mai 1723, fait double entre M. de Bernières et Voltaire. Suivant cet acte, Voltaire avait à Paris un appartement de 600 livres de loyer à l'hôtel du président, lequel acceptait, en outre, une somme de 1,200 francs à titre de pension pour le poète et un ami du poète. Or, cet ami, qui se nommait Thieriot, non seulement ne convenait pas de cette galanterie, mais il *regardait même comme absurde* que Voltaire eût payé pension chez Mme de Bernières (1). Ce témoignage mérite d'être pris en considération. Dans une lettre, du 27 juin 1725, à Mme de Bernières, Voltaire nous apprend que M. de Bernières lui réclamait de l'argent. Était-ce pour un terme de loyer? Je le croirais volontiers. Était-ce pour un quartier de pension? C'est ce qu'il faut examiner. Il est certain que Voltaire était domicilié chez le propriétaire susnommé; c'est la première fois que nous le trouvons dans ses meubles. Il manda, le 10 septembre 1724, à Thieriot qu'on lui en avait volé une partie, et qu'il *s'était ruiné a les*

---

(1) *Lettres inédites de Mme du Chastelet à d'Argental*, p. 162.

acquérir, ce qu'il ne manquera pas de redire, chaque fois qu'on lui en livrera d'autres, qu'il achètera une propriété ou qu'il y fera des réparations ou des changements. Il lui avouait aussi qu'il se plaisait dans ce logis sis rue de Beaune, parce qu'il y menait une vie plus solitaire qu'à la campagne, qu'il s'y imposait plus facilement un régime très exact, qu'il y recevait un peu de compagnie, s'y livrait à un travail modéré et pouvait suivre un procès relatif à la succession de son père. Il ne s'absenta que pour aller à Forges, à Maisons, à Fontainebleau, à Villars, à Bellegarde, à Bélébat, et à Versailles, où il fit sa cour à la jeune reine, qui lui donna une pension de 1,500 livres. Soit qu'il résidât à Paris, soit qu'il en sortît, il écrivait souvent à Mme de Bernières et à Thieriot pour leur témoigner le regret de vivre loin d'eux. Or, s'il était continuellement séparé d'eux, il fallait qu'on lui laissât des domestiques pour soigner son ménage, et préparer son déjeuner, car, pour souper, il le prenait en ville, suivant l'habitude de tous les hommes de lettres de ce temps-là. S'il n'en eût pas été ainsi, il n'aurait pas eu de pension à payer. Dans le cas contraire, les égards dont il était l'objet paraissent trop grands pour ne pas les supposer désintéressés. On répugne d'admettre qu'un président à mortier au parlement de Rouen, riche et sans enfants, reçût 600 francs par an pour laisser à la merci de ses gens un personnage distingué avec lequel il cohabitait rarement et mangeait plus rarement encore à la même table. Par conséquent Voltaire n'avait avec lui que les relations d'un locataire, et d'un ami qui avait la faculté de se retirer à la Rivière-Bourdet, quand sa santé et ses occupations lui permettaient ce voyage.

Toutefois, il résulte de ces faits que ce n'est qu'en 1723 que Voltaire commença à dépenser et à jouir d'une résidence et que, si l'on s'en rapporte à la teneur de l'acte précité, il trouvait le moyen de se loger et de se nourrir, lui et un ami, pour la somme de 1,900 francs par an, quoiqu'il eût déjà au moins 8,000 livres de rente. Il ne paraît pas avoir eu d'autre domicile et d'autres frais de maison jusqu'à sa nouvelle incarcération à la Bastille en 1726. Il y entra le 17 avril ; il dut en sortir, le 30 suivant. Il se rendit immédiatement en Angleterre. Il y arrivait en fugitif ; un homme de la police avait été chargé de l'accompagner jusqu'à Calais. Suivant Baculard d'Arnaud, il aurait été admis aux petits soupers du roi (1). Jamais il ne parla de cette faveur singulière, ni dans son *Commentaire historique*, ni dans ses ouvrages, ni dans ses lettres. Le 22 mai 1722, il avait offert de courre un vil juif, de servir d'espion et de mouchard au cardinal Dubois, en lui promettant une reconnaissance éternelle, si on daignait lui confier ce rôle infâme. Malgré son obséquiosité et ses flatteries à Versailles, ses hommages et ses dédicaces à une jeune reine, ses rapports avec Mme de Prie et le duc de Richelieu, il avait longtemps postulé avant d'obtenir quelques grâces. Quitter une telle cour, une si ingrate patrie, qui n'avait voulu ni de son abjection ni de sa honte, et trouver tout de suite sur une terre étrangère, dans le pays de Milton et de Pope, une place à la table de Georges Ier, était un contraste trop frappant

---

(1) *Mémoires de Longchamp*, p. 492.

pour être enseveli dans l'oubli. Voltaire aimait trop à rappeler l'amitié dont les souverains l'honoraient, la souscription immense du susdit Georges Ier à la *Henriade*, les encouragements que le gouvernement britannique prodiguait aux lettres, pour que nous puissions croire que sa modestie l'ait empêché de nous cacher une particularité si agréable pour la vanité d'un proscrit. Son silence sur ce sujet équivaut à une négation. Aussi l'assertion de d'Arnaud me paraît-elle mensongère, tout à fait inadmissible. D'ailleurs Voltaire n'était presque jamais à Londres. Il écrivit, le 16 octobre 1726, à Mme de Bernières qu'il était toujours tapi dans la tanière de Wandsworth, village où il demeurait chez un ami, M. Falkener, riche marchand anglais, auquel il dédia *Zaïre*. Cette retraite lui fut donc peu onéreuse; peut-être n'y eut-il aucune dépense à faire. Si cette hospitalité n'eût pas été généreuse, il l'aurait moins louée, j'imagine.

Quand Voltaire revint en France, il y resta quelque temps dans le plus grand secret, fuyant ses amis, n'envoyant son adresse qu'à ceux dont le commerce lui était indispensable. Le 25 mars 1729, il pressa Thieriot d'accepter une chère simple et frugale, un mauvais lit, une pauvre chambre chez Châtillon, perruquier, rue des Récollets à Saint-Germain. Le 29 suivant, il lui proposa un rendez-vous à Paris chez un ami du nom de Dubreuil, dans le cloître du bienheureux saint Médéric, puis dans une vilaine maison de la rue Traversière, dont le propriétaire, conseiller-clerc, ne craignait pas de garder une porte encore plus vilaine que sa maison. Il quitta Saint-Germain, et s'établit à Paris rue de Vaugirard. Il allait tous les soirs souper rue de Condé, chez M. de Livri, secrétaire du roi (1). Il continua de vivre incognito, de sorte qu'on le croyait encore en Angleterre (2). Dans une excursion à Rouen, il occupa un petit trou à l'hôtel de Mantes, où il trouva peu de commodités (3) ; grâce aux marques d'amitié que lui prodiguèrent MM. de Cideville et de Formont, il regarda ce voyage comme l'un des plus heureux événements de sa vie (4). Après un court séjour dans le château du prince de Guise à Arcueil (5), il courut s'installer près du Palais-Royal, dans un somptueux hôtel appartenant à Mme de Fontaine-Martel, qui lui donna tout de suite à coucher (6) et lui céda un appartement pour l'hiver (7). Dès le 26 décembre 1731, il appelait cette dame la déesse de l'hospitalité. C'était avec raison, car il avouait qu'elle le gardait pour rien (8), quoiqu'il jouît déjà de plus de 28,000 livres de rente. Mais, comme elle en avait 40,000, il lui fit mener grand train, se divertit fort bien chez elle, et y joua ses comédies (9). Il finit par devenir le maître absolu du logis (10). Quoique la bonne femme fût morte, les derniers jours de janvier 1733, il n'était

---

(1) Lettre à Cideville, du 2 mars 1731.
(2) Lettre au même, du 16 février 1731.
(3) Lettre au même, du 2 mars 1731.
(4) Lettres à Cideville et à Formont, de l'année 1731, (n{os} 125 et 126, édit. Beuchot.)
(5) Lettre à Cideville, du 3 septembre 1731.
(6) Lettre à Formont du 26 décembre 1731.
(7) Lettre à Cideville, du 3 février 1732.
(8) Lettre à Formont, du 29 mai 1732.
(9) Lettre à Cideville, du 27 janvier 1733. — (10) *Ibidem.*

pas encore déménagé de chez elle au mois de mai.

C'est le 15 mai que Voltaire quitta définitivement les agréables pénates de la baronne, pour se claquemurer vis-à-vis du portail Saint-Gervais, rue de Long-Pont (1), dans le plus vilain quartier de Paris, dans la plus vilaine maison, où l'on était plus étourdi du bruit des cloches qu'un sacristain (2). Il y demeura jusqu'au mois d'avril de l'année suivante (3). Afin d'avoir et le nécessaire et le confortable, il brocanta, il acheta des magots et des Titien (4). Il se meubla et s'arrangea de manière à mener une vie douce, et à pouvoir offrir d'en partager les petits agréments à quelques hommes de lettres qui voudraient bien s'accommoder de sa personne et de la médiocrité de sa fortune (5). Demoulin et sa femme prenaient soin de son ménage et demeuraient chez lui (6). A ses yeux, Demoulin était plutôt un homme d'affaire, un homme de confiance qu'un domestique (7); il lui servait de copiste et de courtier. Lefebvre et Linant vinrent lui tenir compagnie. Bientôt Linant ne parut pas content de son sort; quoique logé, nourri, chauffé, blanchi, vêtu, ayant son entrée à la comédie, et dînant tous les soirs à la table de Voltaire ou de ses amis, il se plaignit de n'être pas bien chez un poète qui se vantait de dépenser 1,600 francs pour lui. Voltaire convient que Linant et Lefebvre étaient mal logés chez lui; il

---

(1) Lettres à Thieriot et à Cideville du 15 mai 1733.
(2) *Ibidem*.
(3) Lettre à Cideville, du 7 avril 1734.
(4) Lettre au même, du 15 mai 1733.
(5) Lettre au même, du 19 juin 1733.
(6) Lettre à Clément de Dreux, du 19 février 1734.
(7) Lettre à Cideville, du 27 octobre 1733.

aurait désiré les rendre plus heureux ; il regretta que sa pauvreté ne le lui permit pas, n'ayant pas de richesses à dissiper avec eux (1). Il se sépara d'eux pour se rendre à Montjeu. Il conserva encore quelque temps son domicile (2) ; il fut obligé de voyager, et dut renoncer à l'espoir de séjourner à Paris.

III. — *Voltaire chez Mme du Chastelet.*

Voltaire alla demander l'hospitalité à la marquise du Chastelet, qu'il honorait et aimait beaucoup. Quoiqu'elle fût mariée et mère de famille, il ne cessa de vivre avec elle, soit à Paris, soit à Cirey, sur les frontières de la Champagne et de la Lorraine ; il l'accompagna dans tous ses voyages, en France et en Belgique. Il s'absenta rarement de chez elle. Ils cultivaient ensemble les lettres, l'histoire et la philosophie ; ils apprenaient les langues, et s'occupaient beaucoup des sciences. Amis, plaisirs, études, table, tout était commun entre eux. Ils ne se passionnaient pas moins pour le luxe, les spectacles, les fêtes. A Cirey, la chambre de madame était un vrai musée ; l'appartement de Voltaire fut orné avec le même goût : tout y respirait l'opulence. Il était trop accoutumé depuis son enfance à la magnificence et au tourbillon des manoirs pour ne pas se plaire dans cet agréable séjour. Il y prit les allures d'un grand seigneur ; il se laissa servir comme un prince. Son valet de chambre

---

(1) Lettres à Cideville, des 2 août et 27 septembre 1733.
(2) Lettre au même, du 5 novembre 1734.

ne quittait pas sa chaise à table ; ses laquais lui remettaient ce qui lui était nécessaire comme les pages aux gentilshommes du roi. Cela était fait sans aucun air de faste, nous dit Mme de Graffigny (p. 145).

Cette dame a eu l'honneur de visiter la chambre de Voltaire. Nous ne pouvons résister au plaisir de citer la description qu'elle en fit (p. 14) dans un moment d'admiration et d'étonnement facile à comprendre :

« Il a, dit-elle de Voltaire, une petite antichambre grande comme la main ; ensuite vient sa chambre, qui est petite, basse et tapissée de velours cramoisi ; une niche de même avec des franges d'or : c'est le meuble d'hiver. Il y a peu de tapisserie, mais beaucoup de lambris, dans lesquels sont encadrés des tableaux charmants ; des glaces, des encoignures de laque admirables, des porcelaines, des marabouts, une pendule soutenue par des marabouts d'une forme singulière, des choses infinies dans ce goût-là, chères, recherchées, et surtout d'une propreté à baiser le parquet ; une cassette ouverte où il y a une vaisselle d'argent, tout ce que le superflu, *chose si nécessaire*, a pu inventer : et quel argent ! quel travail ! il y a jusqu'à un baguier où il y a douze bagues de pierres gravées, outre deux de diamants. De là on passe dans la petite galerie, qui n'a guère que trente à quarante pieds de long. Entre ses fenêtres sont deux petites statues fort belles, sur des piédestaux de vernis des Indes : l'une est cette *Vénus Farnèse*, l'autre *Hercule*. L'autre côté des fenêtres est partagé en deux armoires : l'une de livres, l'autre de machines de physique ; entre les deux, un fourneau dans le mur, qui rend l'air comme celui du printemps ; devant, se trouve un grand piédestal, sur lequel est un *Amour* qui lance une flèche : on fait une niche sculptée à cet *Amour*, qui cachera l'apparence du fourneau. La galerie est boisée et vernie en petit jaune. Des pendules, des tables, des bureaux, rien n'y manque. Au delà est la chambre obscure, qui n'est pas encore finie, non plus que celle où il mettra ses machines : c'est pour cela qu'elles sont encore toutes dans la galerie. Il n'y a qu'un seul sopha et point de fauteuils commodes, c'est-à-dire que le petit nombre de ceux qui s'y trouvent sont bons, mais ce ne sont que des fauteuils garnis. Les panneaux des lambris sont des papiers des Indes fort beaux; les paravents sont de même; il y a des tables à écran, des porcelaines, enfin tout est d'un goût extrêmement recherché. Il y a une porte au milieu qui donne dans le jardin; le dehors de la porte est une grotte fort jolie. » Tout l'art imaginable avait été employé à séduire Voltaire (1). On lui improvisa jusqu'à un joli théâtre. Le fond de la salle était une loge peinte, garnie comme un sopha, ainsi que le bord sur lequel on s'appuyait. Les décorations étaient en colonnades avec des orangers entre les colonnes. Comme il était impossible d'avoir des acteurs, on engageait tous les étrangers, qui arrivaient, à jouer la comédie; on donnait même des rôles aux laquais de la maison, de sorte qu'il ne restait quelquefois plus de spectateur, tous les gens du château déclamant sur la scène, ou attendant dans les coulisses le moment de parler à leur tour (2). Il fallut un malheur imprévu pour

---

(1) *Pièces inédites de Voltaire.* p. 289.
(2) *Ibidem.* — Mme de Graffigny, p. 97. — Longchamp, p. 172.

interrompre le cours de ces travaux, de ces exercices, de ces conversations, de ces festins, de ces joies.

Mme du Chastelet mourut dans le mois de septembre 1749. Jusque-là elle avait presque toujours cohabité avec Voltaire. Ils se rendaient ensemble à Lunéville, chez le roi Stanislas, et à Sceaux ils étaient hébergés dans le palais de la duchesse du Maine. A Fontainebleau, ils avaient un pied-à-terre chez le duc de Richelieu ; à Paris, ils occupaient le même hôtel, et dînaient dans les mêmes sociétés. Mais partout ils avaient l'habitude de prendre leur café le matin entre onze heures et midi ; quant au souper, il consistait en quelques plats, et en bouteilles de vin ordinaire, même les jours de réception à Paris comme à Cirey, dit Longchamp (p. 121). Il resta toujours à la charge de la marquise. Par conséquent Voltaire n'eut jamais besoin d'un nombreux domestique. Des laquais pour arranger sa perruque, allumer son feu, faire ses commissions suffisaient à son faste ; il avait soin d'en prendre qui sussent écrire, afin qu'ils pussent lui servir de copistes et de secrétaires. A cette époque, il possédait Céran, espèce d'homme de lettres qui lui lisait Virgile et Horace le soir, sans trop les entendre, et qui copiait très mal les vers. Dès le 22 mars 1733, il mandait à Cideville qu'il désirait trouver un autre *amanuensis*; pourtant il n'osa pas renvoyer un bon garçon, qui lui déchiffrait couramment du latin, et qui avait l'honneur d'être parent du poète Rousseau. Ce Céran, mandait Voltaire à Cideville, dans le mois de décembre 1734, mettait, pour une période de vingt-six mille ans,

Six cents siècles entiers par delà vingt mille ans,

ce qui faisait quatre-vingt mille ans au lieu de vingt-six mille : petite bagatelle ! Il écrivait : Le général F... tout, pour le général Toutefêtre ; c'est donner un grand c..., tandis qu'il aurait dû mettre une grande leçon. Dans un billet qu'il envoya à une jeune fille qu'il aimait passionnément, il disait :

> Je me croirai haï d'être aimé *fortement*.

Il transcrivit ainsi un vers de son maître :

> Rangés en bataillon, ils mesurent leurs *repas*.

Il en à vint corriger les fautes des manuscrits qui lui étaient confiés. Dans ce passage véhément :

> Ah ! croyez-moi, mon fils, voyez ces cheveux blancs,
> La triste expérience est le fruit des vieux...,

Voltaire avait oublié le mot *ans*. Céran ne manqua pas de s'apercevoir que cela ne rimait pas ; il remplit ainsi la lacune :

> Ah ! croyez-moi, mon fils, voyez ces cheveux *bleus*,
> La triste expérience est le fruit des vieux...,

Pressé un jour de réciter une tirade de la *Pucelle*, il déclama avec emphase et longuement ce morceau :

> Trente-deux dents brillent à *fleur de tête* ;
> Deux grands yeux *noirs* d'une égale *blancheur*,
> Font l'ornement d'une bouche vermeille
> Qui va prenant de l'une à l'autre oreille.

On se tenait longtemps les côtes à Cirey, dit M™° de Graffigny (p. 70), quand la conversation venait à tomber sur de pareilles absurdités. Elles auraient dû faire rougir Voltaire, dont elles révélaient l'avarice. Il avait trop de discernement pour ne pas bien choisir des scribes capables; il avait une fortune assez considérable pour s'attacher un homme instruit. Mais, comme un secrétaire intelligent eût exigé de plus forts gages qu'un valet de chambre, Voltaire aimait mieux un imbécile laquais improvisé copiste. Il se passera de secrétaire la plus grande partie de sa vie; il ne confiera la copie de pièces qu'à des valets de chambre. Le 2 août 1738, il mandait à l'abbé Moussinot : « Connaîtriez-vous quelqu'un qui veuille servir de valet de chambre et qui sache bien écrire? Il y a 200 francs de fixe, beaucoup de présents et un honnête ordinaire. » Suivant Longchamp (p. 121), les domestiques de nos deux fastueux philosophes n'eurent jamais d'indigestion et étaient bien loin d'être accablés de présents. Mme du Chastelet ne nourrissait point les siens, et leur donnait pour cela une rétribution en argent : c'était 20 sous par jour pour le cocher, les laquais et la cuisinière, et 30 sous pour le suisse, la femme de chambre et celui qui remplissait les fonctions d'intendant; la suite de Voltaire était sur le même pied. L'insuffisance de ces appointements obligeait tous ces pauvres gens à chercher d'autres maîtres plus humains et plus généreux, de sorte qu'il arriva plusieurs fois à notre illustre couple de n'avoir personne qui voulût entrer au service de leur génie, rapporte Lonchamp (p. 123).

Voltaire espérait pouvoir se passer de secrétaire qu'il eût fallu bien rétribuer. Quand il monta un cabinet de physique à Cirey, il sentit qu'un valet de chambre ne saurait pas le seconder dans ses expériences. C'est alors qu'il écrit, le 23 avril 1738, à Thieriot : « Je cherche à présent un garçon philosophe qui puisse m'aider en physique, *mente manuque*, un petit diminutif de la race Vaucanson. Une bonne maison, de la liberté, de la tranquillité, 4 à 500 livres bien payées par an, et la disposition d'une bibliothèque de physique complète et d'un cabinet de mathématiques feraient son sort. » Voltaire devenait généreux pour ce garçon philosophe ; c'était peut-être par nécessité, car il s'était adressé auparavant à l'abbé Moussinot, qui lui avait indiqué un prêtre. Voltaire parut content du choix, mais il exigea que le candidat dît la messe au château. Malgré ce cumul de fonctions d'aumônier et de physicien, le protégé de Moussinot ne devait pas trouver la pierre philosophale en arrivant. Le 25 juillet 1737, Voltaire mandait à Moussinot : « A l'égard de la personne qui doit venir à Cirey pour y cultiver sont talent de chimiste à son aise, il faudra absolument qu'il dise la messe ; c'est la condition sans laquelle on ne peut se charger de lui. Je lui donnerai 100 *écus par an*, mais *je ne peux pas faire plus.* »

Nous venons de parler de l'abbé Bonaventure Moussinot, docteur en théologie de la maison et société royale de Navarre et chanoine de la paroisse Saint-Merry. Nous sommes depuis longtemps familiarisés avec son nom, ses occupations, ses négociations, ses démarches. Son habileté, son zèle et son aptitude inspirèrent une confiance sans bornes à Voltaire qui lui écrivait, le 19 mars 1739 : « Je m'en rapporte uniquement à vos livres ou à votre parole au défaut de vos livres, priant mes héritiers de s'en rapporter uniquement à votre parole. C'est ce que j'ai déjà bien expressément établi dans mon testament, et ce que je vous enverrai signé, quand vous voudrez. » Voltaire employait non seulement l'abbé Moussinot, mais le frère, la sœur, la nièce de Moussinot, en un mot, tout ce qu'il y avait de Moussinot mâles et femelles en disponibilité rue de la Lanterne à Paris. Certaines emplettes ne pouvaient être faites que par une femme. Aussi Voltaire mandait-il, le 14 décembre 1737, à l'abbé Moussinot : « Mademoiselle votre nièce ou mademoiselle votre sœur voudraient-elles acheter pour une pistole ou 12 ou 15 livres de beaux joujoux d'enfants de deux à trois ans? « Les lettres, les poursuites, les commissions qui répugnaient à un chanoine, Voltaire en chargeait le frère du chanoine. Ce frère avait mission de transiger avec les libraires, d'écrire aux débiteurs, de les presser, de les importuner, de les contraindre, au besoin, même de les sermonner et de les humilier. Pour le dédommager de ses peines, Voltaire lui abandonnait quelque chose sur ses droits d'auteur. Ainsi, le 3 décembre 1737, il disait à l'abbé Moussinot : « Prault doit 50 livres à M. votre frère pour pot-de-vin. Je veux qu'il les paye. »

Voltaire n'avait pas tort de dire à l'abbé Moussinot, qu'il le traitait comme le diable de Papefiguière. Le 8 juillet 1737, il lui recommandait de n'épargner jamais l'argent, quand il aurait besoin de voitures. Quant aux émoluments, il n'osa les fixer, de peur d'être plus généreux qu'il ne le désirait. Temps, santé, courses, visites, voyages, l'abbé Moussinot n'épargna rien pour augmenter la fortune de Voltaire. Pour récompense, il reçut, le 30 juin 1736 cette missive plus gênante que polie : « Voulez-vous, à présent, que je vous parle franchement?

Il faudrait que vous me fassiez l'amitié de prendre par an un petit honoraire, une marque d'amitié. Agissons sans aucune façon. Vous aviez une petite rétribution de vos chanoines. Traitez-moi comme un chapitre; prenez le double de ce que vous donnait votre cloitre, sans préjudice du souvenir que j'aurai toujours de vous. Réglez cela et aimez-moi. » Le 8 janvier 1741, Voltaire lui écrivait : « Je commence par vous prier de donner 1,000 livres à M. le marquis du Chastelet. Moyennant ces 1,000 livres jointes à 1,000 autres que j'ai à Mme de Chambonin, M. du Chastelet vous donnera un contrat de 100 livres de rentes foncières que vous ferez remplir ou de votre nom ou de celui de la nièce que vous aimerez le mieux, de sorte que ce sera une petite rente dont vous la gratifierez, et qui lui sera assurée après ma mort. »

Ainsi Voltaire sut exploiter la délicatesse de Moussinot, la niaiserie ou plutôt la pauvreté de ses laquais. Il s'arrangea de manière à ne dépenser que le moins possible, et rappela ces paroles d'une scène de son *Enfant Prodigue :*

> Il est avare, et tout avare est sage.
> Oh! c'est un vice excellent en ménage,
> Un très bon vice.

Voltaire mit autant d'habileté à vivre aux dépens de Mme du Chastelet. Nous venons de voir quel cadeau il voulait faire au petit du Chastelet. Le bambin grandit ; Voltaire devint plus prodigue à son égard. Il écrivit, le 5 juin 1738, à l'infatigable Moussinot: « Je vous supplie, si vous trouvez quelque petite montre jolie, bonne ou mauvaise, simple, d'argent seulement, avec un joli cordon soie et or ou or trait ; 3 louis tout au plus doivent payer cela; je vous demande en grâce de me l'envoyer *subito, subito*. C'est un petit présent que je veux faire au fils de M. le marquis du Chastelet. C'est un enfant de dix ans. Il la cassera, mais il en veut une, et j'ai peur d'être prévenu. » Des bagues, des colifichets ou des instruments de physique passèrent, j'imagine, des mains de Voltaire dans celles de la marquise. Le marquis avait souvent besoin d'argent; Voltaire lui en prêtait volontiers, moyennant un *bon contrat*. Aucun arrangement n'avait été fait entre eux; on n'exigeait aucune pension de Voltaire pour sa nourriture et son logement. Il était à Cirey comme chez lui, et il invitait même ses amis à l'y visiter. Quand le moment de la séparation arriva, il fut question de remboursements. C'est alors que Voltaire prit la plume pour écrire la lettre suivante à la comtesse de Montrevel, l'une des sœurs cadettes de M. du Chastelet : « Madame, permettez que je mette sous vos yeux le résultat de l'entretien que j'eus l'honneur d'avoir avec vous, il y a deux jours. M. le marquis du Chastelet se souvient que, de plus de 40,000 francs à lui prêtés pour bâtir Cirey et pour d'autres dépenses, je me restreignis à 30,000 livres, en considération de sa fortune et de l'amitié dont il m'a toujours honoré; que, de cette somme réduite à 30,000 livres, il me passa une promesse de 2,000 livres de rente viagère que lui dicta Bronod, notaire. Vous savez, madame, si j'ai jamais touché un sou de cette rente, si j'en ai rien demandé, et si même je n'ai pas donné quittance, plusieurs années de suite, étant assurément très éloigné d'en exiger le payement. Vous n'ignorez pas, et M. du Chastelet se souvient toujours avec amitié, qu'après avoir eu le bonheur d'accommoder son procès de Bruxelles, et de lui procurer 200,000 livres d'argent comptant, je le priai de trouver bon que je transigeasse avec lui pour cette somme de 30,000, et pour les arrérages dont je n'avais pas donné quittance, et que je touchasse seulement, pour finir tout compte entre nous, une somme de 15,000 livres une fois payée. Il daigna accepter d'un ancien serviteur cet arrangement qu'il n'eût pas accepté d'un homme moins attaché, et sa lettre est un témoignage de sa satisfaction et de sa reconnaissance. En conséquence, je reçus 10,000 livres, savoir : 2,000 livres qu'il me donna à Lunéville, et 8,000 livres que me compta le sieur de Lacroix à Paris. Les 5,000 livres restant devaient être employées par Mᵐᵉ du Chastelet à mon appartement d'Argenteuil, et à l'acquisition d'un terrain, et je remis une quittance générale à Mᵐᵉ du Chastelet. L'emploi des 5,000 livres n'ayant pu être fait, vous voulez que j'en agisse toujours avec M. du Chastelet, comme j'en ai déjà usé. J'avais cédé 30,000 livres pour 15,000 livres; eh bien! aujourd'hui je céderai 5,000 livres pour 100 louis, et ces 100 louis encore, je demande qu'ils me soient rendus en meubles; et, en quels meubles! dans les mêmes effets qui viennent de moi, que j'ai achetés et payés, comme la commode de Boule, mon portrait garni de diamants, et autres bagatelles. Je prendrai d'ailleurs d'autres effets que je payerai argent comptant. Vous n'avez pas été mécontente de cet arrangement, et je me flatte que M. le marquis du Chastelet m'en saura gré. »

Cette lettre, du 15 novembre 1749, est le dernier mot des relations qu'eut Voltaire pendant près de quinze ans avec la famille du Chastelet.

IV. — *Voltaire à Paris.*

Mme du Chastelet était morte à Lunéville chez le roi Stanislas. Pour forcer Voltaire de déguerpir de la cour, raconte l'abbé Proyart, dans sa *Vie du roi Stanislas*, les domestiques lui refusèrent opiniâtrément la chandelle, le bois, le pain et le vin. Il retourna à Cirey, d'où il fit transporter à Paris tous les meubles et les livres qui lui appartenaient (1). Son appartement en fut encombré ; mais cet embarras fut de courte durée. Jusque-là le même hôtel rue Traversière, près de la rue Richelieu, avait servi de pied-à-terre aux divinités de Cirey. Le rez-de-chaussée et le premier étage appartenaient à M. du Chastelet, tout le reste était abandonné à Voltaire ; les domestiques couchaient dans les mansardes (2). Comme M. du Chastelet était principal locataire, il avertit Voltaire qu'il allait sous-louer les chambres qu'il avait occupées, et en vendre l'ameublement (3). Voltaire se détermina à garder la maison tout entière pour son compte, et à entretenir le bail (4). Le 26 octobre, il pressa M. d'Aigueberre, conseiller au parlement de Toulouse, de prendre la place de M. du Chastelet. Il paraît que la proposition ne fut

---

(1) Longchamp, p. 259.
(2) Longchamp, p. 261. — (3) P. 267. — (4) P. 268.

pas acceptée. Alors Voltaire acheta une partie du mobilier de son amie. Il pria sa nièce, Mme Denis, de venir lui tenir compagnie, de prendre soin de son ménage, et de se charger des honneurs de la maison. Mme Denis qui aimait la représentation, la société et tous les plaisirs du monde, se rendit à cette invitation (1).

Voilà Voltaire installé dans un grand et superbe hôtel. Il pensait toujours à Mme du Chastelet; il était inconsolable de sa perte. Aussi ne voulait-il recevoir personne. Ses amis imaginèrent de ne parler devant lui que de tragédies et de comédies (2). Ces mots magiques réveillèrent la passion du poète pour le théâtre. Bientôt il ne fut plus question que d'acteurs. Voltaire improvisa une salle de spectacle. Tout Paris voulut y avoir ses entrées; la haute société rechercha les billets d'invitation (3). Cent personnes purent applaudir au début de Lekain et d'autres jeunes gens chez Voltaire. Mme Denis connaissait beaucoup d'hommes de lettres; elle les invita à souper (4). Voltaire lui abandonna tout le souci de la maison. Pendant quelques mois ce ne furent que soupers, spectacles et grandes dépenses.

Frédéric pressa instamment Voltaire de venir à sa cour. Tant que Mme du Chastelet vécut, Voltaire avait rejeté ces offres brillantes. Il préférait l'amitié à l'ambition, et, philosophe pour philosophe, avoue-t-il dans ses *Mémoires*, il aimait mieux une dame qu'un roi. La mort de son intime amie lui ayant rendu la liberté, il se laissa séduire par les caresses d'un ami couronné.

(1) Longchamp, p. 368 — (2) — P. 269. — (3) P. 281. — (4) P. 302.

M.me Denis resta chargée du soin de son ménage. Dans son *Commentaire historique*, il avance qu'il dépensait 30,000 francs par an à Paris; comme il jouissait à cette époque de 80,000 livres de rente, il ne se ruinait pas en soupers ni en spectacles. Mais ce compte de 30,000 livres est une exagération. Longchamp (p. 296), devenu l'homme d'affaires de Voltaire installé à Berlin, avait reçu l'ordre de ne mettre à la disposition de M.me Denis que 100 louis par mois pour son propre entretien et les frais de sa maison. Cette dame, accoutumée à soutenir un grand état, dépassa son budget et contracta des dettes; son oncle ne manqua pas de lui en faire une verte remontrance. Suivant Longchamp (p. 301 et 304), cette mercuriale fut suivie d'une réforme ; car je vois, dans sa lettre, du 18 janvier 1751, à Darget, que Voltaire n'allouait chaque mois que 400 écus à sa nièce. Longchamp (p. 302 et 321) nous apprend que celle-ci, pas trop bégueule et pas trop mélancolique, se consola de son veuvage et de l'absence de son oncle au milieu du tourbillon de tous les plaisirs et de toutes les distractions de la capitale. Voltaire chérissait trop l'économie pour lui abandonner ses trésors ; en quittant Paris, il confia l'administration de sa fortune à M.e Delaleu, son notaire, et lui enjoignit de ne rien donner à sa nièce au delà de la pension qu'il daignait lui assurer.

Voltaire, raconte Marmontel dans ses *Mémoires* (l. IV), avait brûlé d'envie d'emmener M.me Denis avec lui à la cour de Berlin. Frédéric voulait bien défrayer Voltaire de son voyage, et pour cela consentait à lui donner 1,000 louis. Voltaire en demanda autant pour sa compagne. Le roi rejeta opiniâtrément cette prière. « Je serai fort aise, écrivait-il au poète, que Mme Denis vous accompagne; mais je ne le demande pas. » Voltaire indigné disait à Marmontel : « Voyez-vous cette lésine dans un roi? Il a des tonneaux d'or, et il ne veut pas donner 1,000 pauvres louis pour le plaisir de voir Mme Denis à Berlin. Il les donnera, ou moi-même je n'irai point. » Ce fut Voltaire qui céda. Il avait vainement employé le nom de sa nièce pour obtenir une plus forte indemnité de déplacement; il songea alors à d'autres ruses plus efficaces. Le 8 mai, il mandait à Frédéric : « Je vais parler, non pas au roi, mais à l'homme qui entre dans le détail des misères humaines. J'ai ce qu'on appelle à Paris monté une maison, où je vis en philosophe avec *ma famille* et mes amis. Voilà ma situation; malgré cela, il m'est impossible de faire actuellement une dépense extraordinaire; premièrement, parce qu'il m'en a *beaucoup* coûté pour établir mon petit ménage; en second lieu, parce que les affaires de Mme du Chastelet, mêlées avec ma fortune, *m'ont coûté* encore davantage. Je ne peux ni avoir un bon carrosse de voyage, ni partir avec les secours nécessaires à un malade, ni pourvoir à mon ménage pendant mon absence, etc., à moins de 4,000 écus d'Allemagne. Si Mettra, un des marchands correspondants de Berlin, veut me les avancer, je lui ferai une obligation et le rembourserai sur la partie de mon bien la plus claire qu'on liquide actuellement. Cela est peut-être ridicule à proposer; mais je peux assurer Votre Majesté que cet arrangement ne me gênera point. Vous n'auriez, sire, qu'à faire dire un mot à Berlin au correspondant de Mettra, ou de quelque autre banquier résidant à Paris, cela serait fait à la réception de la lettre, et quatre jours après je partirais. »

Le roi de Prusse était trop clairvoyant pour ne pas reconnaître les mensonges accumulés dans cette lettre. Mais, comme il avait besoin de Voltaire, il se résigna, dit Duvernet (p. 158), à lui accorder 16,000 francs pour ses frais de voyage. Voltaire fit ses adieux à tous ses amis ; il alla même à Compiègne prendre congé de la cour. La dernière semaine de juillet, il était installé à Berlin. Le 24, il saluait d'Argental du ciel de Postdam.

V. — *Voltaire à la cour du roi de Prusse.*

C'était en 1750. Un des premiers soins de Voltaire à la cour de Prusse fut d'obtenir une pension de 4,000 francs par an pour sa nièce (1). Quant à lui, il accepta la clef de chambellan et un *contrat* par lequel, dit Duvernet (p. 162), le roi s'obligeait à lui payer un traitement de 20,000 livres chaque année. Il fut installé dans l'ancien appartement du maréchal de Saxe, au-dessous de la chambre de Frédéric (2). La mère et la femme de ce monarque lui dirent qu'il aurait toujours son couvert chez elles, quand il le voudrait. Il soupait tous les soirs avec le roi ; quand sa santé ne lui permettait pas de jouir de cet honneur, il savait s'en faire dispenser (3). S'il voyageait, c'était aux dépens du roi ; avait-il une visite à rendre, les cochers du roi étaient à ses ordres ;

(1) Lettre au duc de Richelieu, du mois d'août 1750.
(2) *Commentaire historique.* — *Mémoires de Voltaire.*
(3) Lettre au duc de Richelieu, du mois d'août 1750.

quand il voulait manger chez lui, les cuisiniers du roi étaient chargés de lui servir une table décente et de six couverts (1). « Voltaire avait la malice, rapporte Dampmartin, page 211 du tome IV de son édition des *Souvenirs de Thiébault*, de prier huit ou dix personnes. On trouvait de quoi dîner; mais les gens de l'office n'étant pas prévenus, il manquait toujours quelques articles, soit café, soit sucre, soit liqueurs. Voltaire s'égayait alors par des railleries et par des épigrammes sur l'humeur parcimonieuse de son hôte royal. »

Bois de chauffage, dépenses d'éclairage et de table, tout avait été réglé. « Voltaire avait droit, raconte Thiébault (t. V, p. 246), à deux bougies par jour, et par mois à tant de livres de sucre, café, thé et chocolat. Or, il arriva qu'on ne lui remettait que du sucre mal raffiné, du café mariné, du thé éventé, et du chocolat mal fabriqué. Il put bien soupçonner que Frédéric n'était pas si mal obéi sans le vouloir ; et soit pour éclaircir ce doute, soit pour tout autre motif, il se plaignit de ces vilenies. » A la cour de Lunéville, il s'était adresssé à Stanislas pour avoir du pain, du vin, de la chandelle qu'il avait en vain demandés à M. Alliot, conseiller aulique. A Berlin, ce fut aussi au roi, ajoute Thiébault, qu'il porta ses réclamations : « Ce que vous me dites, répondit Frédéric,
« me fait une peine infinie. Un homme comme vous,
« traité chez moi de cette manière, tandis que l'on con-
« nait mon amitié pour vous! En vérité, cela est
« affreux. Mais voilà les hommes : ce sont tous des
« canailles! Cependant vous avez très bien fait de m'en

(1) *Commentaire historique.* — *Mémoires de Voltaire.*

« parler ; soyez assuré que je donnerai des ordres si
« positifs qu'on se corrigera. » Quels que fussent les
ordres que Frédéric donna, on ne se corrigea point ;
et Voltaire, plus indigné qu'auparavant, ne manqua pas
de renouveler ses plaintes : « Il est affreux, répliqua le
« roi, que l'on m'obéisse si mal. Mais vous savez les
« ordres que j'ai donnés ; que puis-je faire de plus ? Je
« ne ferai pas pendre ces canailles-là pour un morceau
« de sucre ou pour une pincée de mauvais thé ; ils le
« savent et se moquent de moi. Ce qui me fait le plus
« de peine, c'est de voir M. de Voltaire distrait de ses
« idées sublimes pour de semblables misères. Ah ! n'em-
« ployons pas à de si petites bagatelles les moments
« que nous pouvons donner aux muses et à l'amitié !
« Allons, mon cher ami, vous pouvez vous passer de
« ces petites fournitures ; elles vous occasionnent des
« soucis peu dignes de vous : eh bien ! n'en parlons
« plus, je donnerai ordre qu'on les supprime. » Cette
conclusion étonna Voltaire, et par elle-même, et par la
tournure que son royal ami sut y donner. « Ah ! se dit-il
en lui-même, c'est donc ici *sauve ou gagne qui peut !*
En ce cas, sauvons et gagnons ce que nous pourrons !
Le pire, en ces rencontres, est d'être dupe. » Ce fut
alors qu'il fit revendre en paquets les douzes livres de
bougies qu'on lui donnait par mois. Nous reviendrons
sur cette anecdote.

Voltaire avait été signalé comme un homme bassement intéressé ; après ces petitesses, Frédéric ne dut
pas changer d'opinion sur son caractère. Il était lui-
même trop profondément avare, pour n'être pas irrité
de ces misères connues de toute sa cour ; il se contenta

d'en rire et de traiter son chambellan avec la même familiarité. Il lui donna du quinquina dans ses maladies; il lui conserva le même appartement à Postdam et à Berlin (1); il le laissa folâtrer au milieu des princes et des princesses avec lesquels il jouait la comédie. Il lui permit de s'établir quelque temps au Marquisat près de Postdam (2). Dans cet ermitage, Voltaire se régala de laitage, de potage, et n'épargna ni la casse ni les pilules (3); comme il n'avait pas la force de se rendre à pied au château dont il était un peu éloigné, il s'avisa d'acheter des chevaux de carrosse, afin de faire sa cour à son roi avec plus d'assiduité. Il en voulait avoir quatre; il se contenta de deux. Cette paire de quadrupèdes, il la trouva pour cent écus (4); son cocher ne l'estima que vingt. Alors Voltaire tenta de résilier un marché qui annonçait que l'universalité de ses connaissances avait des bornes (5). Ainsi il ne cessa de fréquenter Frédéric; il soupait avec lui quand il voulait, et passait ses soirées avec les grands et les philosophes. Dans un moment de bouderie, il accepta un logement chez M. de Francheville, son ami (6), et il résida onze jours dans la maison d'un marchand, où il eut un ménage composé d'une cuisinière et d'un domestique (7). Ce fut la seule dépense que lui occasionna son séjour en Prusse. Le roi ayant pourvu à toutes les

(1) Lettre à d'Argental, du 15 mars 1751.
(2) Lettre à d'Argental, du 22 février 1751.
(3) Lettres à Darget, du mois de janvier et du 11 mars 1751.
(4) Lettre au même, du 8 mars 1751, et une autre n° 1710, édit. Beuchot.
(5) *Ibidem*.
(6) Collini, p. 45. — (7) P. 53.

fournitures de l'éclairage, du chauffage et d'une table de plusieurs couverts, Voltaire n'avait à payer que les appointements de deux jeunes copistes, de Francheville et Collini, qui demeuraient chez lui et dînaient avec lui, servis des cuisines du roi (1).

Il fallut de graves imprudences, de grands scandales, de violentes querelles pour chasser Voltaire d'une cour où il n'avait aucune dépense à faire, et où il recevait 20,000 livres d'appointements pour corriger les manuscrits d'un roi qui le comblait d'honneurs, et le traitait moins en favori qu'en maîtresse adorée.

VI. — *Voltaire à la recherche d'une résidence somptueuse au meilleur marché possible.*

Le 26 mars 1753, Voltaire embrassait le Salomon du Nord pour la dernière fois (2). Il monta dans un carrosse coupé, large, commode, bien suspendu, garni partout de poches et de magasins. Le derrière était chargé de deux malles, et le devant, de quelques valises. Sur le banc étaient placés deux domestiques. Collini occupait l'intérieur avec son maître, au milieu de trois portefeuilles de manuscrits, de cassette remplie d'or, de paquets de lettres de change et d'effets précieux. Quatre chevaux de poste, et quelquefois six, selon la nature des chemins, complétaient l'équipage (3). Différentes affaires plus ou moins importantes retinrent nos voyageurs pendant vingt-trois jours à Leipsig (4).

---

(1) Collini, p. 34. — (2) P. 57. — (3) P. 72. — (4) P. 64.

De là, Voltaire se rendit à Gotha, où le duc et la duchesse de Saxe-Gotha le prièrent d'accepter un appartement dans leur château; il y passa trente-trois jours à faire des recherches pour ses *Annales de l'Empire* (1). Après les avaries essuyées à Francfort, il se reposa trois semaines à Mayence; toute la noblesse chercha à lui faire oublier les désagréments qu'il venait d'éprouver (2). Nouvelle halte, nouvelle ovation à Manheim, après avoir couché à Worms, où il se donna pour un gentilhomme italien (3). « Manheim était alors la résidence des électeurs palatins, raconte Collini (p. 106). La cour était pour quelque temps à Schwetzingen, maison de plaisance du souverain. Voltaire prit quelques jours pour mettre de l'ordre dans ses affaires. Il arrangea ses papiers, et changea en numéraire de France l'argent échappé au naufrage de Francfort. Un juif, qui n'oublia pas ses propres intérêts, négocia cette affaire. Dès que l'électeur Charles-Théodore eut appris l'arrivée à Manheim de l'illustre voyageur, il s'empressa de lui envoyer un de ses équipages pour le transporter à Schwetzingen. Il y fut logé, lui et toute sa suite, et n'eut pas d'autre table que celle du souverain. Tous les acteurs du spectacle français vinrent en corps présenter leurs hommages à l'homme célèbre qui avait étendu leur art par tant de chefs-d'œuvre. Ils sollicitèrent la permission de venir particulièrement prendre de lui des leçons sur l'esprit de leurs rôles et sur la déclamation. Tous les jours, après dîner, Charles-Théodore avait, dans son cabinet, un entretien avec Vol-

---

(1) Collini, p. 65. — (2) P. 98. — (3) P. 104.

taire. Il voulut qu'il visitât les galeries et les collections qu'il avait formées dans le palais de Manheim. Un équipage l'y conduisit. Voltaire passa quinze jours à Schwetzingen, fêté, recherché et comblé d'attentions. »

Le 16 du mois d'août, après s'être arrêté partout où il avait trouvé bon gîte, Voltaire entrait à Strasbourg. Il descendit dans le plus mauvais quartier de la ville, à l'auberge de l'*Ours blanc,* non par avarice, mais par un sentiment de délicatesse digne d'éloge (1). Cinq jours après, il occupait une petite maisonnette qui lui avait été offerte dans les environs. Tout ce que Strasbourg avait de personnes distinguées par leur naissance ou leurs talents, tous les étrangers de marque s'empressèrent de le visiter dans ce modeste ermitage (2). Voltaire y continua ses *Annales de l'Empire,* et les fit corriger par un professeur nommé Lorentz, qui avait beaucoup étudié l'histoire de l'Allemagne. Il consulta aussi le célèbre Schœpflin, non moins instruit que ce dernier. Quand il était fatigué, il allait passer les soirées dans un château voisin, chez la comtesse de Lutzelbourg (3).

Pendant ce temps-là Voltaire était dans la plus vive agitation. Il ne savait dans quel endroit poser sa tente et fixer le lieu de sa retraite; cette détermination dépendait des nouvelles qu'il attendait de Paris, où tous ses amis employaient leur crédit pour sonder les intentions du gouvernement et obtenir qu'il pût rester en paix dans sa patrie. Obligé de ne pas s'éloigner de l'Alsace, il se décida à aller habiter Colmar (4). Le frère du professeur Schœpflin y avait des presses; il

---

(1) Collini, p. 109. — (2) P. 111. — (3) P. 112. — (4) P. 114.

lui proposa l'impression des *Annales de l'Empire*. Cette offre fut acceptée. Le 2 octobre, Voltaire arriva à Colmar, qu'il ne quitta définitivement que le 11 novembre 1754. Il y loua le rez-de-chaussée d'une vilaine maison appartenant à un M. Goll (1). Là sa vie fut celle d'un philosophe et d'un malade. L'hiver, il restait près de son feu ; l'été, il se permettait le plaisir de la promenade. Après s'être fait servir par une cabaretière, il prit une cuisinière ; Collini et un copiste composaient toute sa maison. Il ne cessa d'y recevoir l'avocat Dupont et plusieurs autres légistes ou magistrats versés dans la connaissance du droit et de l'histoire de l'Allemagne. Ces conversations et quelques parties d'échecs étaient sa seule distraction (2). Un voyage à Plombières et à l'abbaye de Senones fut de courte durée (3). L'étude absorbait Voltaire.

Toutefois il n'oubliait ni ses rentes ni ses créances. En laissant Mme Denis à la tête de son hôtel, il s'était réservé l'administration de sa fortune. Longchamp (p. 297) communiqua directement avec lui pour tout ce qui regardait les remboursements et les dépenses ; il ne devait pas dépasser le budget de 100 louis affectés chaque mois au train de la maison rue Traversière. Lorsqu'il fut congédié, Mme Denis se trouva plus libre avec le notaire Delaleu, chargé des affaires de la famille ; elle abusa de sa bonté. Cet intendant avait trop d'occupation pour que sa religion ne fût pas quelquefois surprise, quand on lui demandait au nom de Voltaire, sous des prétextes plus ou moins plausibles,

---

(1) Collini, p. 115. — (2) P. 118 et 119. — (3) P. 130.

quelque fraction des sommes considérables dont il pouvait disposer. Aussi, le 7 février 1754, Voltaire écrivait-il à d'Argental : « N'auriez-vous point quelque homme sage et discret, à la probité de qui je pusse confier le maniement de mes affaires et l'emballage de mes meubles? Vous aviez, ce me semble, un clerc de notaire dont vous étiez très content; il faudrait que vous eussiez la bonté d'arranger avec lui ses appointements; je le chargerais de ma correspondance, mais j'exigerai le plus profond secret. J'attends cette nouvelle preuve de votre généreuse amitié. » Onze jours après, nouvelle missive : « Je ne vous ai demandé qu'un *commissionnaire* pour solliciter mes affaires chez M. Delaleu, pour aider Mme Denis dans la vente de mes meubles, pour faire ses commissions comme les miennes, pour m'envoyer du café, du chocolat, les mauvaises brochures et les mauvaises nouvelles du temps, à l'adresse qu'on lui indiquerait. Je vous le demande encore instamment, en cas que vous puissiez connaitre quelque homme de cette espèce. » J'ignore si Voltaire eut le bonheur de rencontrer ce commissionnaire actif et honnête. Dans sa lettre, du 30 mars 1768, à M. Delaleu, il parle d'un sieur Lesueur, autorisé à toucher ses revenus, moyennant une gratification de 400 livres. Ces appointements n'étaient proportionnés ni à la fatigue ni aux trésors de la caisse du receveur. Il n'y a que Voltaire qui sache ainsi exploiter la nature humaine. Depuis 1742, sa correspondance ne nous fournit aucun document, ou du moins contient peu de particularités intéressantes sur ses finances. Ce Lesueur susnommé est le seul être qui paraisse avoir été en relation avec M. Delaleu. Il est impossible d'affirmer qu'il succéda immédiatement à l'abbé Moussinot, dont le nom cesse de couler sous la plume de Voltaire, à partir de 1743.

La commission donnée à d'Argental par Voltaire occasionna de grandes querelles de ménage. Mme Denis fut indignée de se voir enlever la gouverne de sa maison, la vente de son mobilier, et de ne plus dépendre que de la parcimonie ou de la pitié d'un pauvre homme d'affaires. Elle ne put supporter l'idée ni le joug de cette tutelle. C'est alors qu'elle écrivit cette fameuse lettre si souvent citée, et que nous avons reproduite à notre tour. Voltaire pleura amèrement, mais il pardonna, ou plutôt fit peut-être quelques concessions au cœur d'une femme qui n'était plus jeune, mais qui n'en était pas moins volage et dissipée. Il avait perdu l'espoir de revenir à Paris; il prit le parti de se débarrasser des meubles d'un hôtel qu'il n'occuperait plus. Mme Denis brûlait d'envie de demeurer dans le centre des plaisirs : du moment qu'elle ne put y vivre à l'aise, suivant ses goûts et ses caprices, elle se résigna à se rapprocher de son oncle. Elle descendit donc chez lui, rue des Juifs, à Colmar. Elle obtint une femme de chambre pour elle (1).

Voltaire était encore errant comme un juif, avouait-il, le 29 mai 1754, à d'Argental. Il désirait d'avoir enfin un domicile et une résidence, car il avait près de soixante ans. Il refusa la propriété de Sainte-Palaye, qui lui fut indiquée par d'Argental, près d'Auxerre; il

---

(1) Collini, p. 133 et 142.

préférait rester sur les frontières de la France, afin d'être toujours à même de se soustraire à une lettre de cachet et aux persécutions de la police. Il voulut d'abord acquérir la terre seigneuriale de Horbourg, sur laquelle il avait des hypothèques. Il s'y rendit; au lieu d'un château habitable, il n'aperçut que des masures en ruine, des champs mal cultivés (1). Il changea tout de suite de résolution. Il offrit de louer ou d'acheter à vie le château d'Oberherkeim, à quelques lieues de Colmar. Plus tard, il visita plusieurs maisons de cette ville, mais avec le plus grand mystère, suivant son habitude (2). Il s'imaginait qu'il ne pouvait faire aucun pas sans que l'Europe le sût (3). C'est alors qu'il fut question de Lausanne ou de ses environs. Il n'eut pas de répugnance pour ce site. Il chargea M. de Brenles de lui chercher une propriété. Le 13 août 1754, il lui mandait : « On dit qu'il y a actuellement une assez belle terre à vendre sur le bord du lac de Genève. Si le prix n'en dépasse pas 200,000 livres de France, l'envie d'être votre voisin me déterminerait. Une moins chère conviendrait encore, pourvu que le logement et la situation surtout fussent agréables. Que ce soit à cinq, à six lieues de Lausanne, il n'importe. S'il y a, en effet, une terre agréable à vendre dans vos cantons, je vous prie d'avoir la bonté de me le mander; mais il faudrait que la chose fût secrète. J'enverrais une procuration à quelqu'un qui l'achèterait d'abord en son nom. Je ne veux rien ébruiter, rien afficher. » Le

---

(1) Collini, p. 117.
(2) *Lettres inédites de Voltaire et de Collini*, p. 191.
(3) Lettre à Polier de Bottens, du 19 mars 1854.

6 octobre suivant, nouvelle lettre : « Je vous avouerai qu'il me serait assez difficile de payer 225,000 livres. J'aurais un château, et il ne me resterait pas de quoi le meubler. Voici comment je m'arrangerais. Je donnerais sur-le-champ 150,000 livres, et le reste en billets payables à divers termes. Moyennant cet arrangement, je pourrais profiter incessamment de vos bontés. J'attends vos derniers ordres, en vous demandant toujours le secret. Il ne faudrait pas acheter d'abord la terre sous mon nom, le moindre bruit nuirait à mon marché et m'empêcherait peut-être de jouir du plaisir de mon acquisition. Si on veut vendre Allaman plus de 225,000 livres, je ne peux l'acheter; mais, en ce cas, n'y a-t-il pas d'autres terres moins chères ? Tout me sera bon. Songez que c'est vous qui m'avez inspiré le dessein de chercher une retraite philosophique dans votre voisinage. J'ai besoin d'un tombeau agréable. » Le 18, encore une lettre : « Je voudrais bien savoir à quoi m'en tenir sur la possibilité d'acquérir une retraite agréable dans votre voisinage. Il m'est essentiel d'être informé si je puis acheter en sûreté une terre dans votre pays, sans avoir le bonheur d'être de la religion qui y est reçue. Je me suis fait une idée du territoire de Lausanne comme de celui de l'Attique; vous m'avez déterminé à y venir finir mes jours. Je suis persuadé qu'on ne le trouverait point mauvais à la cour de France, et que, pourvu que l'achat se fît sans bruit et sous un autre nom que le mien, je jouirais de l'avantage d'être votre voisin très paisiblement. Je suppose, par exemple, que la terre achetée sous le nom d'un autre fût passée ensuite, par un contrat secret, au

nom de ma nièce, on pourrait alors aller s'y établir sans éclat, sans que l'on regardât ce petit voyage comme une transmigration. Il resterait à savoir si ma nièce, devenue la propriétaire de la terre, pourrait ensuite en disposer, n'étant pas née dans le pays. La terre d'Allaman me serait très convenable, et, si ce marché ne se pouvait conclure, on pourrait trouver une autre acquisition à faire. Je vous supplie de vouloir bien me mander si un catholique peut posséder chez vous des biens-fonds; s'il peut jouir du droit de bourgeoisie à Lausanne; s'il peut tester en faveur de ses parents demeurant à Paris; et, en cas que vos lois ne permettent pas ces dispositions, quels remèdes elles permettent qu'on y apporte. A l'égard de la terre d'Allaman, je suis toujours prêt à en donner 225,000 livres, argent de France, quand même elle ne vaudrait pas tout à fait 9,000 livres de revenu; mais c'est tout ce que je peux faire. L'arrangement de ma fortune ne me permet pas d'aller au delà. » Il discute ensuite sur le prix, songe aux droits de vente. De là cette dernière lettre du 5 novembre : « Je n'ai pas plus de 230,000 livres de France à mettre à une acquisition. Si, avec cette somme, il faut encore payer le sixième, et ensuite mettre un argent considérable en meubles, il me sera impossible d'acheter la terre d'Allaman. Louer une maison de campagne serait ma ressource; mais je vous avoue que j'aimerais beaucoup mieux une terre. Il est très désagréable de ne pouvoir embellir sa demeure, et de n'être logé que par emprunt. Nous voici au mois de novembre. Peut-être pendant l'hiver Allaman ne sera pas vendu, et on se relâchera sur le prix; peut-être se trouvera-t-il quelque terre à meilleur marché, qui me conviendrait mieux. »

L'affaire était sérieuse, il s'agissait de débourser plus de 200,000 livres. Quand Voltaire prêtait sur un bon contrat, il ne manquait pas de *tout prévoir* et de *tout prévenir*. Maintenant qu'il désire de devenir propriétaire, il n'oublie pas ses principes d'action. Dans les passages que nous avons lus, nous l'y retrouvons tout entier. Il recommande d'abord le plus grand secret, de peur qu'on n'exige davantage de lui, à cause de sa fortune. Puis, il sonde la cour de France, les autorités de la Suisse ; il s'informe des droits de vente, des droits d'achat, des modes d'achat, de vente, de donation, de testament ; il disserte sur le prix du château, sur celui des meubles. Il remarque que la somme de 225,000 livres est trop forte pour qu'il se présente beaucoup d'amateurs ; alors il espère qu'on se relâchera à son égard. En attendant, il continue de chercher quelque autre propriété à vendre, afin de profiter de cette nouvelle occasion pour obtenir de nouvelles concessions du maître de la terre à laquelle il donnerait la préférence. Aussi aime-t-il mieux attendre qu'on acquiesce à ses désirs. Il veut conclure, mais au meilleur marché possible. Tant de précautions n'annoncent-elles pas un homme consommé dans les affaires ?

Sur ces entrefaites, il quitta Colmar, le 11 novembre 1754. Le 15, il était à Lyon où il resta jusqu'au 11 décembre, logé très mal à son aise dans un cabaret (1). Il fut accueilli avec enthousiasme de tous les

---

(1) Lettre à d'Argental, du 9 décembre 1754.

savants. Il fut invité à une séance de l'académie où on le reçut avec toute la distinction désirable. Quand il paraissait au théâtre, la foule battait des mains. Il causa plusieurs fois avec le maréchal de Richelieu. Puis, il dirigea sa course vers Genève, où il coucha trois nuits dans une auberge (1).

Il s'expatriait. Il ne savait où s'établir. On lui offrit le château de Prangins, dans le pays de Vaud, près de Nion. Le 14, il y était installé pour deux mois (2). Or, cette habitation était une maison de prince (3), un palais, oui, un château magnifique, un vrai palais, dans la plus belle situation de la terre, près du lac Léman et d'une petite ville où l'on pouvait trouver tout ce qui est nécessaire aux besoins de la vie (4). Le propriétaire avait permis à Voltaire, dont il connaissait la famille, d'y séjourner aussi longtemps qu'il le voudrait (5). Le fugitif fut bientôt charmé de la beauté de cette contrée, de la liberté dont on y jouissait, et du voisinage de la France dont il ne voulait pas trop s'éloigner. Aussi chercha-t-il à s'orienter, et à devenir soit locataire, soit propriétaire, près des bords séduisants du lac auxquels il s'accoutumait (6). Il renonça au château d'Allaman; mais il s'occupa de l'acquisition de quelque autre terre considérable. On lui offrit *la Grotte* et Prelaz près de Lausanne, Hauteville près de Vevai ; on s'empressa de lui faire voir plusieurs mai-

---

(1) Collini, p. 142, 143, 146 et 147. — (2) *Ibidem.*
(3) Lettre à Mme de Fontaine, du 13 février 1755.
(4) Lettres à Thieriot, des 23 janvier et 24 mars 1755.
(5) Lettres à de Brenles, des 20 et 31 décembre 1754, et des 27 et 31 janvier 1755. — (6) *Ibidem.*

sons délicieuses près de Genève et dans différents sites (1).

Enfin il cessa d'être vagabond. Il eut un domicile et une résidence. Lui, gentilhomme ordinaire de la chambre du roi, lui Parisien né près du berceau de Boileau, il fut réduit à se faire Suisse, propriétaire suisse.

VII. — *Voltaire à Monrion et à Lausanne.*

C'est au mois de janvier 1755, suivant Wagnière (p. 38), que Voltaire acheta à Monrion une maison qu'il aurait commencé par louer, si j'en crois Collini (p. 147). Il y séjourna du 16 décembre 1755 jusqu'au 10 mars 1756, et en 1757, entre le 9 janvier et les premiers jours d'avril, il y fit une station de trois mois. Giez, son banquier et son ami, n'avait reculé devant aucune démarche pour terminer cette affaire avec toute l'habileté et toute la discrétion qu'exigeait Voltaire de celui qu'il chargeait d'une acquisition importante. Il eut même l'attention de meubler les chambres et de les occuper, en attendant l'arrivée du nouveau propriétaire. Toutes ces attentions plurent singulièrement à ce dernier, qui regretta beaucoup la mort prématurée d'un homme si intelligent et si complaisant (2). Ce fut à Mme Denis de finir ce que Giez avait commencé ; elle eut soin d'ordonner toutes les dispositions nécessaires

---

(1) Lettres à de Brenles des 20 et 31 décembre 1754, et des 27 et 31 janvier 1755.

(2) Lettres à Bertrand et de Brenles, des 26 septembre et 24 octobre 1755. — Lettre à d'Argental, du mois d'octobre 1755.

à une habitation d'hiver (1), car Monrion ne devait être qu'un palais d'hiver (2), parce qu'il était moins exposé aux vents du pays (3). Comme il était placé à peu de distance de Lausanne, presque tout Lausanne y accourut complimenter Voltaire (4).

Voltaire songea au théâtre. Il en établit un à l'extrémité de Lausanne (5), dans une grange de Mon-Repos, qui appartenait au marquis de Langalerie. On y venait de trente lieues (6). L'élite de la société de la ville voulut jouer quelque rôle dans les pièces de Voltaire. Dès lors il se fit histrion (7). Il se plut aussi à donner des festins et des soirées. Il ne parla plus que de gelinottes, de coqs de bruyère, de truites de 20 livres, de soupers excellents, de rafraîchissements pour deux cents spectateurs (8). Enchanté de l'empressement de la bonne compagnie à satisfaire sa passion dominante, il se dégoûta d'être un peu éloigné de Lausanne, et chercha à se rapprocher du centre de la cité.

Le 2 juin 1757, Voltaire mandait à Thieriot qu'il disait adieu à Monrion et achetait une maison rue du Grand-Chêne, à Lausanne. Mme Denis se chargea de la

---

(1) Lettre à Palissot du 1er décembre, et lettre à Mme de Fontaine, du 16 décembre 1755.
(2) Lettre à Thieriot, du 24 mars 1755.
(3) Lettre au duc de Richelieu, du 26 décembre 1755.
(4) Lettre à Mme de Fontaine, du 16 décembre 1755.
(5) Lettre à de Moncrif, du 27 mars 1757.
(6) Lettres à d'Argental, à Mme de Fontaine, à Dupont et à Thibouville des 3, 6, 10 et 20 mars 1757.
(7) Lettre à de Moncrif, du 27 mars 1757.
(8) Lettres à d'Argental, à Mme de Fontaine, à Dupont et à Thibouville, des 3, 6, 10 et 20 mars 1757.

meubler (1) ; on espéra la transformer en *palais d'hiver* pour le mois de novembre (2) ; mais on conserva le théâtre à Mon-Repos. Le 20 décembre, Voltaire habitait sa nouvelle propriété ; il ne cessa d'en vanter la position. Le 5 janvier suivant, il écrivait à Thieriot : « On n'a point une plus belle vue à Constantinople, et on n'y est pas si bien logé. » Trois jours après, il disait à Darget : « Il n'y a point de plus bel aspect dans le monde que celui de ma maison de Lausanne. Figurez-vous quinze croisées de face en cintre, un canal de douze grandes lieues de long que l'œil enfile d'un côté, et un autre de quatre à cinq lieues, une terrasse qui domine sur cent jardins, ce même lac qui présente un vaste miroir au bout de ces jardins, les campagnes de la Savoie au delà du lac, environnées des Alpes qui s'élèvent jusqu'au ciel en amphithéâtre ; enfin, une maison où je ne suis incommodé que des mouches au milieu des plus rigoureux hivers. Mme Denis l'a ornée avec le goût d'une Parisienne. Nous y faisons beaucoup meilleure chère que Pyrrhus. » Aux festins, ajoutez les plaisirs de la comédie, les distractions de brillantes soirées, et vous connaîtrez les agréments que le philosophe daigna se procurer à Lausanne pendant la saison des neiges en 1758. Ce n'est qu'au mois de mars qu'il interrompt le cours de ces douces habitudes.

Nous avons vu qu'à l'approche du printemps, Voltaire quitta deux années Monrion ; cette fois il s'agit de

---

(1) Lettres à Mme de Fontaine, du mois de juin, et à Bertrand, du 12 septembre 1757. (2) *Ibidem.*

la maison même de la rue du Chêne à Lausanne. Où va-t-il donc se fixer? Il jouissait à Lausanne de tous les agréments de la ville et de la campagne. Mais ce n'était pour lui qu'un palais d'hiver que cette résidence enchantée dont il nous a fait la description.

Profitons des premières matinées de la belle saison pour nous rendre avec lui à son palais d'été, et y cueillir les fleurs les plus odoriférantes de son parterre.

VIII. — *Voltaire aux Délices.*

Voltaire revenait toujours avec un nouveau plaisir à sa résidence d'été. C'était l'objet de ses plus chères complaisances. Dès le 31 janvier 1755, il écrivait à M. de Brenles : « La maison qu'on me vend est d'un grand tiers au-dessus de sa valeur au moins ; mais elle est charmante, mais elle est toute meublée, mais les jardins sont délicieux, mais il n'y manque rien, et il faut savoir payer cher son plaisir et sa convenance. Le marché ne sera conclu et signé par-devant notaire que quand toutes les difficultés résultant des lois du pays auront été parfaitement levées. Le conseil d'État de Genève donne toutes les facilités qu'il peut donner, mais il faut encore bien d'autres formalités pour assurer la pleine possession d'une acquisition de 90,000 livres. Les paroles sont données entre le vendeur et moi. J'ai promis les 90,000 livres à condition qu'on se chargera de tous les frais, et de m'établir dans toutes les sûretés possibles. » Ce domaine était sans revenus, mais il avait été occupé par un prince de Saxe-Gotha, mais il était séduisant, manda Voltaire à son ami Bertrand, le 31 janvier 1755. Il en signa l'achat, le 8 ou le 9 février, au prix de 87,000 livres, à condition qu'on lui en rendrait 38,000 quand il le rendrait (1). Depuis, dans ses *Mémoires* et dans ses lettres, il ne cessa de se plaindre d'avoir acheté trop cher ce premier *chez soi* (2); il calculera que le tout lui reviendra à 100,000 livres de France avant qu'il y soit à son aise (3); il dira toujours qu'il a déboursé plus de 100,000 livres (4) pour se faire Génevois, et propriétaire d'une terre dans le seul pays où il ne lui fût pas permis d'en posséder (5). Aussi, comme il est content d'avoir enfin un domicile et un petit bouquet de bois ! Il lui tarde d'apprendre cette nouvelle à l'Europe. Il est fier d'avoir une adresse à indiquer à ses correspondants, un lit et une table à offrir à ses nombreux amis. Dans l'épanchement de sa joie, il voudrait réunir toutes ses connaissances, les convier à partager sa félicité. Il avait parcouru une partie de l'Europe sans admirer aucun site, ni aucune des innombrables variétés de la nature; les merveilles de la création et de l'architecture l'avaient laissé froid et insensible comme un rocher. Mais, à l'âge de soixante ans, il a réalisé le vœu d'Horace; alors il ouvre les oreilles de son cœur à une voix inconnue; il s'attendrit. Il se hâte de prendre sa lyre, et bientôt Paris étonné tombe des nues en écou-

---

(1) Lettre au chevalier de Taulès, du 1er mai 1766.
(2) Lettre à de Brenles, du 18 février 1755. — (3) *Ibidem.*
(4) Lettre à Bertrand, du 24 décembre 1757.
(5) *Mémoires de Voltaire; Commentaire historique.*

tant ces vers de l'*Auteur arrivant dans sa terre près du lac de Genève :*

O maison d'Aristippe! ô jardins d'Épicure!
Vous qui me présentez, dans vos enclos divers,
    Ce qui souvent manque à mes vers,
Le mérite de l'art soumis à la nature,
Empire de Pomone et de Flore sa sœur,
    Recevez votre possesseur!

Que tout plaît en ces lieux à mes sens étonnés!
D'un tranquille océan l'eau pure et transparente
Baigne les bords fleuris de ces champs fortunés;
D'innombrables coteaux ces champs sont couronnés.
Bacchus les embellit; leur insensible pente
Vous conduit par degrés à ces monts sourcilleux
Qui pressent les enfers et qui fendent les cieux.
Le voilà ce théâtre et de neige et de gloire.

Que le chantre flatteur du tyran des Romains,
L'auteur harmonieux des douces *Géorgiques,*
Ne vante plus ces lacs et leurs bords magnifiques,
Ces lacs que la nature a creusés de ses mains
    Dans les campagnes italiques!

Mon lac est le premier : c'est sur ces bords heureux
Qu'habite des humains la déesse éternelle,
L'âme des grands travaux, l'objet des nobles vœux,
Que tout mortel embrasse, ou désire, ou rappelle,
Qui vit dans tous les cœurs, et dont le nom sacré
Dans les cours des tyrans est tout bas adoré,
    La Liberté.

Liberté! Liberté! ton trône est en ces lieux.
Embellis ma retraite où l'amitié t'appelle;
Sur de simples gazons viens t'asseoir avec elle.
Elle fuit comme toi les vanités des cours,
Les cabales du monde et son règne frivole.
O deux divinités! vous êtes mon recours.
L'une élève mon âme, et l'autre la console :
    Présidez à mes derniers jours!

En mars 1755, chanter ainsi les beautés d'un lac, les avantages de la liberté calviniste, l'épicuréisme d'une retraite, était une grande hardiesse, j'ai presque dit une insolence chez Voltaire. Suivant la *Correspondance littéraire de Grimm*, du mois de juillet 1755, ses partisans eux-mêmes rougirent de la fanfaronnade de cette prise de possession ; quant à ses ennemis, ils répondirent à son *Épître* par une épigramme des plus sanglantes. Personne ne s'était mépris sur le sens de cette boutade poétique ; on n'y vit que l'antienne d'un parvenu, la petite vanité d'un petit bourgeois.

Voltaire semble en effet courir après la considération attachée à la propriété. Ce n'est pas sans gloriole qu'il dirige la truelle et la charrue, qu'il commande brusquement à des ouvriers des embellissements dans ses chambres, de nouvelles dispositions dans ses jardins. Il exagère et l'étendue de son domaine, et les beautés de son site, et le total de ses dépenses. Il se complaît dans toutes les occupations du maître ; il donne un nouveau nom à sa maison, et ce substantif qu'il adopte est celui de *Délices ;* ses amis répètent les *Délices ;* les échos répètent les *Délices,* et nous voici encore obligés de répéter les *Délices.*

C'est le jour même qu'il acheta cette retraite, qu'il l'appela les *Délices* (1). On ne la nommait auparavant que Sur-Saint-Jean, plateau qui domine la ville de Genève. Quoique ce bien n'eût pas plus de soixante arpents (2), Voltaire en parla comme d'une nouvelle Carthage (3).

---

(1) Lettre à de Brenles, du 9 février 1755.
(2) *Mémoires de Voltaire.*
(3) Lettre à Thieriot, du 24 mars 1755.

Une maison, des terrasses composaient cette ville à fonder dans la plus belle situation de la nature (1), dans le plus beau pays de la terre (2). Le 18 mai 1757, Voltaire disait à de Cideville : Je n'ai guère vu ni un plus beau plain-pied, ni des jardins plus agréables, et je ne crois pas que la vue du Bosphore soit si variée. » Déjà il avait avoué, le 29 mars 1755, à M. de Brenles qu'il possédait la plus jolie maison et le plus beau jardin dont on pût jouir près de Genève; qu'un peu d'utile s'y trouvait joint à l'agréable, qu'il augmentait l'un et l'autre, en devenant maçon, charpentier et jardinier.

Il ne perdait pas de temps. La première lettre, datée des *Délices*, est du 8 mars; elle est adressée à d'Argental, qui dut s'étonner de lire ces lignes : « Je mourrai du moins *chez moi*. Il serait assez agréable de vivre dans une maison charmante, commode, spacieuse, entourée de jardins délicieux. Notre établissement nous coûte beaucoup d'argent et beaucoup de peines. Je ne parle qu'à des maçons, à des charpentiers, à des jardiniers; je fais déjà tailler mes vignes et mes arbres. Je m'occupe à faire des basses-cours. » Cette vie pastorale lui plaisait chaque jour davantage; il n'y a pas un de ses amis qu'il n'instruise de tout ce qu'il commande et construit aux Délices. Ainsi, le 24 du même mois, il écrit à Thieriot : « Je me suis fait maçon, charpentier, jardinier; toute ma maison est renversée. Les *Délices* sont à présent mon tourment. Nous sommes occupés à faire bâtir des loges pour nos amis et pour

---

(1) Lettre à Mme de Fontaine, du 13 février 1755.
(2) Lettre à Thieriot, du 12 septembre 1757.

nos poules. Nous faisons faire des carrosses et des brouettes; nous plantons des orangers et des oignons, des tulipes et des carottes; nous manquons de tout, il faut fonder Carthage. Mon territoire n'est guère plus grand que celui de ce cuir de bœuf qu'on donna à la fugitive Didon. Mais je ne l'agrandirai pas de même. Ma maison est dans le territoire de Genève, et mon pré dans celui de France. Il est vrai que j'ai à l'autre bout du lac une maison qui est tout à fait en Suisse. Je l'arrange en même temps que mes Délices; ce sera *mon palais d'hiver*, et la cabane où je suis à présent sera *mon palais d'été*. Je n'ai trouvé ici que de petits salons, des galeries et des greniers; pas une garde-robe. Il est aussi difficile de faire quelque chose de cette maison que des livres et des pièces de théâtre qu'on nous donne aujourd'hui. J'espère que, à force de soin, je me ferai un tombeau assez joli. »

Rien n'échappait à sa vigilance. Le 23 mai 1756, il mandait à Collini : « *Il faut que les domestiques aient grand soin de remuer les marronniers, d'en faire tomber les hannetons, et de les donner à manger aux poules.* »

Dans cette résidence, consacrée à la saison des fleurs et des fruits, comme il le mandait, dans le mois de juin 1757, à Mme de Fontaine, il était partout, il surveillait tout. En 1758, nous le voyons encore, suivant sa lettre, du 9 mai, à M. Bertrand, plantant des arbres, faisant des terrasses, des allées, des potagers, estimant plus une pêche que toutes les coquilles du monde. Le 9 juillet, le voilà de nouveau jardinier, vigneron, laboureur, plantant et déplantant tout, bâtissant des nids à rats, écrit-il à Saint-Lambert. Il fut lui-même son jardinier, et s'en trouva bien, comme il l'avoua à Mme de Fontaine, le 26 janvier 1758.

S'il se plaignait, c'était plutôt de ses dépenses que de ses fatigues. Alors il écrit, le 14 novembre 1755, à M. Polier de Bottens, qu'il s'est *ruiné* aux Délices; le 20 septembre 1756, il avertit d'Argental qu'il a fait des *dépenses immenses* à ses ermitages sur les bords du lac. Aussi, le 26 janvier 1758, ne manque-t-il pas de mander à Mme de Fontaine : « Toutes ces dépenses réitérées *ruinent* quand on a acheté, réparé, raccommodé, meublé une maison spacieuse et qu'on l'embellit. »

Après ces travaux et ces embellissements, si travaux et embellissements il y a, Voltaire adora sa retraite; il s'y enterra, comme il le disait, le 15 février 1760, à d'Argental. Dès lors, pour lui « point de visites, point de devoirs, nulle gêne de quelque espèce qu'elle puisse être, écrit-il, le 6 juin 1755, à M. Dupont. On vient chez moi, on se promène, on boit, on lit, on est en liberté, et moi aussi; on s'est accoutumé tout d'un coup à la vie que je mène. » Grâce à cette liberté, si on s'en rapporte à sa lettre, du 10 mars 1755, à M. Dupont, sa maison ne désemplissait pas; il y arrivait, mandait-il, le 28 septembre, à d'Argental, des processions de curieux de Lyon, de Genève, de la Savoie, de la Suisse et même de Paris; presque tous les jours il y avait sept ou huit étrangers à dîner chez lui; on y trouvait toutes les commodités de la vie en ameublements, en équipages, en bonne chère. C'était un vrai train de fermier général, dit-il dans ses *Mémoires*.

Suivant Collini, ce train renfermait, le 7 novembre 1755 (1), quatre chevaux dans l'écurie, une très bonne table, un bon cuisinier, beaucoup de laquais et de jolies femmes qui faisaient le service de la maison ; et le 21 mars 1756 (2), six chevaux, quatre voitures, cocher, postillon, deux laquais, un valet de chambre, un cuisinier français, un marmiton et un secrétaire, et des dîners assez splendides, quoiqu'il y eût presque tous les jours du monde à recevoir. Aussi Voltaire vantait-il son opulence paisible et son abondance, laquelle, selon ses *Mémoires*, devait faire crever de douleur plus d'un de ses chers confrères les gens de lettres. Le 27 mai 1756, il écrivait à Thieriot : « Je suis redevenu sybarite, et je me suis fait un séjour délicieux. Ce n'est que pour les autres que je vis avec opulence. Quand j'ai parlé en vers des malheurs des humains mes confrères, c'est par pure générosité ; car, à la faiblesse de ma santé près, je suis si heureux que j'en ai honte. » Et le 3 octobre 1758, il mandait à M. de Formont : « Il me faut des jardins, il me faut une maison agréable dont je ne sorte guère et où l'on vienne. J'ai trouvé tout cela, j'ai trouvé les plaisirs de la ville et de la campagne réunis, et surtout la plus grande indépendance. Je ne connais pas d'état préférable au mien. »

Quelle jactance ! Voltaire n'est-il pas le prototype du parvenu mille fois plus entêté de ses économies qu'aucun duc ne le fut jamais de sa naissance et de son patrimoine ? N'est-il pas la personnification la plus

---

(1) *Lettres inédites de Voltaire et Collini*, p. 200. — (2) *Ibid.* p. 204.

expressive et la plus vraie du bourgeois rentier, du bourgeois propriétaire, du bourgeois négociant, du bourgeois lettré, sans cesse absorbé dans sa personnalité, n'ouvrant la bouche que pour laisser couler un torrent de pronoms possessifs? Ce superbe personnage fait fi du gentillâtre qui doit sa fortune et ses dignités au nom de ses ancêtres ; il ne méprise pas moins le prolétaire qui n'a ni pu ni su s'enrichir. Mais quel que soit le faste de ses paroles ou l'insolence de ses manières, ou la magnificence de ses maisons transformées en palais, il a cessé d'être et de vouloir être prolétaire ; mais, quoi qu'il veuille et quoi qu'il fasse, il ne pourra jamais être noble et grand seigneur. L'instinct roturier ne le fuira pas une minute. A quelque heure du jour ou de la nuit qu'un Molière l'observe, il trouvera en lui tous les traits du nouveau gentilhomme. Si ce dernier prodigue les hyperboles, il n'agit qu'avec poids et mesure, et ne dédaigne ni de compter, ni de jauger, ni de toiser, mais pour rogner ensuite quelque chose de tous les mémoires qu'il doit payer.

Si Voltaire trouvait le moyen d'engraisser ses poules avec des hannetons, il songeait aussi à sa table, et tâchait de la régler avec la plus grande économie. Il fut lui-même son grand maître d'hôtel, son grand échanson et son grand panetier, de même que son jardinier et son architecte. Le 14 novembre 1755, il mandait à M. Polier de Bottens qu'il fallait du bon vin à son établissement d'hiver. Or, ce vin allait passer devant un bureau d'octroi. Voltaire ne l'ignore pas. Aussi, le 9 septembre 1757, écrit-t-il à M. Bertrand : « Il faut que je présente une requête par vos mains à M. le banneret de Freudenreich, protecteur de mon ermitage du *Chêne*. M. le docteur Tronchin m'a défendu le vin blanc. M. le bailli de Lausanne a toujours la bonté de me permettre que je fasse venir mon vin de France. Mais à présent que je suis dans la ville, il me faudra un peu plus de vin, et je crains d'abuser de l'indulgence et des bons offices de M. le bailli. Quelques personnes m'ont dit qu'il fallait obtenir une patente de Berne ; je crois qu'en toute affaire, le moindre bruit que faire se peut est toujours le mieux. Je m'imagine que la permission de M. le bailli doit suffire ; ne pourriez-vous pas consulter sur mon gosier M. le banneret de Freudenreich ? » Le 21 du même mois, il lui manda encore : « Je vous remercie bien tendrement de toutes vos attentions obligeantes pour du vin que je voudrais bien boire avec vous. J'écris à M. le bailli de Lausanne, ne voulant rien faire sans son aveu. Il est vrai que le vin de la Côte me fait mal à la gorge ; mais je risquerais volontiers des esquinancies pour jouir de la liberté et de la douceur helvétiques. » Cette permission si ardemment désirée fut souvent accordée, car Voltaire ne cesse dans ses lettres de charger M. Bertrand de présenter ses hommages à M. et à Mme de Freudenreich. Voilà pour la table.

Voici pour l'ameublement : Mme de Fontaine savait un peu le dessin ; dans ses moments de loisir, elle s'occupait de pastel. Voltaire se recommanda à son souvenir. Le 13 février 1755, il lui écrivait : J'espère que vous ne mépriserez pas mes petits pénates, et que vous viendrez les embellir de votre présence et de vos dessins. *Apportez surtout les plus immodestes pour me réjouir la vue.* » Mme de Fontaine se mit à son chevalet et envoya quelque temps après plusieurs portraits à Voltaire, qui lui répondit, le 16 décembre : « Toutes nos petites Délices sont ornées de vos œuvres. » Dans le mois de juin 1757, il mandait encore à Mme de Fontaine : « Votre idée, ma chère nièce, de faire peindre de belles nudités d'après Natoire et Boucher pour ragaillardir ma vieillesse, est d'une âme compatissante, et je suis reconnaissant de cette belle invention. On peut aisément, en effet, *faire copier à peu de frais;* on peut aussi *faire copier*, au Palais-Royal, ce qu'*on trouvera* de plus beau et de *plus immodeste.* M. le duc d'Orléans accorde cette liberté. On peut prendre *deux copistes au lieu d'un.* Si par hasard quelque brocanteur de vos amis avait deux tableaux, je vous prierais de les prendre, ce serait bien autant d'assuré. » Retenons bien ces mots : *à peu de frais*, comme étant la condition de toutes les emplettes de Voltaire. A la vérité, le 8 juillet 1737, il donnait ce conseil à l'abbé Moussinot : « Préférez toujours en fait d'achats le beau et le bon un peu cher au médiocre moins coûtant. » Mais, toutes les fois qu'il désigne l'objet dont il a besoin, il désire de l'acquérir à bon marché. Ainsi, le 30 juillet 1736, il disait à Moussinot : « La petite table avec écran que je vous supplie d'acheter est une bagatelle. Il la faut très simple et à très bon marché. » Et, le 20 septembre 1740, il le charge de meubler un palais, mais de le meubler *au meilleur marché possible*, à payer de quinzaine en quinzaine comme il voudra. Par conséquent nous sommes autorisés à rabattre beaucoup de ces prétendues *dépenses immenses* qui l'avaient *ruiné* aux

Délices. Ce principe de tout acheter à peu de frais, de se meubler au meilleur marché, nous amène pareillement à regarder comme exagérées toutes les descriptions que nous avons lues de son palais d'hiver et de son palais d'été.

Voltaire s'était flatté de garder toujours les Délices (1). Mais ce petit domaine était ruinant, très ruinant (2); il avait coûté fort cher et il ne rapportait rien du tout (3). Voltaire enragea d'avoir des terres qui ne rapportaient rien (4). C'est pourquoi il chercha une bonne terre, un bon fonds, un bien assuré (5). Quand il eut trouvé ce qu'il convoitait, il alla moins souvent aux Délices. Il se débarrassa de sa maison de Lausanne, qu'il avait achetée, comme les Délices, à la condition, dit-il dans son *Commentaire historique*, qu'on lui rendrait une certaine somme quand il la quitterait. Il conserva les Délices. On peut évaluer à cinq ans et demi le temps qu'il y séjourna. Il s'en défit par économie en 1765; car il craignait d'y mourir de faim (6). Mais l'état de ses affaires ne fut qu'un prétexte; la vérité est que les troubles de Genève l'obligèrent à se retirer prudemment de son territoire (7).

En rendant *le Chêne* et *les Délices* à leur ancien propriétaire, Voltaire éprouvait une perte considérable; c'était sa faute, car il pouvait les conserver toute sa vie.

(1) Lettre à Cideville, du 18 mai 1757.
(2) Lettre à Darget, du 20 mai 1757.
(3) Lettre à Saint-Lambert, du 9 juillet 1758. — (4) *Ibidem.* — (5) *Ibidem.*
(6) Lettres au duc de Richelieu, du 27 février, et à Dupont, du 21 mai 1765.
(7) Lettre au chevalier de Taulès, du 1ᵉʳ mai 1766.

Dans le cas où il l'eût fait, le marché n'eût pas été onéreux pour lui. Il ne l'avait conclu qu'à des conditions extrêmement avantageuses.

Que va donc devenir Voltaire, en désertant son palais d'hiver et son palais d'été où il avait mené si longtemps *la vie pastorale* (1), en plantant d'un côté, en bâtissant de l'autre (2)? Il lui restait deux châteaux, celui de Ferney et celui de Tourney, à peu de distance de Genève, mais sur le territoire de France. Il les avait achetés dès 1758. « Le contrat de Ferney était au nom de Mme Denis, raconte Wagnière (p. 38), mais on était convenu qu'elle lui donnerait un contre-billet ou une reconnaissance qu'elle n'en était que titulaire, et que son oncle en était le vrai possesseur, c'est-à-dire qu'il s'en réservait la jouissance, sa vie durant. Quand il demanda cette déclaration à sa nièce, elle la refusa nettement et durement. Il se fâcha beaucoup, et résolut sur-le-champ d'acheter à vie la terre de Tourney, de M. le président de Brosses. Il aurait habité cette terre, mais, s'étant brouillé avec M. de Brosses, pour une clause que celui-ci avait fait insérer dans le contrat, et dont M. de Voltaire ne s'était aperçu qu'après coup, il ne voulut plus y demeurer. Cette clause portait que « tout ce qui se trouverait dans le château de Tourney, appartenant à M. de Voltaire, à sa mort, en quoi qu'il pût consister, appartiendrait de droit à M. de Brosses. » Voilà la cause de leur querelle et du peu de séjour que M. de Voltaire fit à Tourney. Mme Denis, craignant alors que son oncle

---

(1) Lettre à Bertrand, du 8 septembre 1757.
(2) Lettre à de Champbonin, du 15 septembre 1757.

n'achetât quelque autre terre, lui donna *probablement* la satisfaction qu'il désirait, puisqu'il se détermina à se fixer avec elle à Ferney. »

Telle est l'histoire de l'acquisition de Ferney et de Tourney, d'après Wagnière. Fort longtemps on ne posséda pas d'autre document plus explicite sur ce sujet ; quelques plaisanteries de Voltaire avaient empêché les biographes d'étudier sa querelle avec le président de Brosses. Le sarcasme avait obtenu l'autorité de la vérité. Maintenant il ne nous reste rien à désirer sur l'histoire de Tourney. La *Correspondance de Voltaire avec le président de Brosses* sera notre guide, et nous apprendra le peu de cas que nous devons faire des *Mémoires* de Wagnière, malgré toute sa jactance et ses serments de sincérité.

Le 24 décembre 1758, Voltaire mandait à Thieriot : « J'ai quatre pattes au lieu de deux ; un pied à Lausanne, dans une très belle maison pour l'hiver ; un pied aux Délices près de Genève : voilà pour les pieds de devant. Ceux de derrière sont à Ferney et dans le comté de Tourney, que j'ai acheté, par bail emphytéotique, du président de Brosses. »

Occupons-nous maintenant de l'histoire de ce comté de Tourney.

IX. — *Voltaire comte de Tourney.*

Dès que Voltaire brûla d'envie d'acheter en viager le comté de Tourney, il ne manqua pas de se lamenter sur la faiblesse de sa santé, sur le nombre de ses maladies, et de se donner deux années de plus qu'il n'en avait, ainsi que nous l'avons déjà remarqué. Il allégua plusieurs fois ces raisons, en même temps qu'il vantait les embellissements qu'il avait faits aux Délices et au Chêne, dont la valeur avait doublé à ses yeux depuis qu'on les lui avait cédés pour un temps indéterminé. Il ajoutait, dans la lettre du 9 septembre 1758, où il se prévalait de ces avantages auprès du président de Brosses : « Je m'engage à faire bâtir un joli pavillon des matériaux de votre très vilain château, et je compte y mettre 25,000 livres. Je vous payerai comptant 25,000 autres livres. Tous les embellissements que je ferai à la terre, tous les bestiaux et les instruments d'agriculture dont je l'aurai pourvue vous appartiendront. Je m'engagerai à ne pas vivre plus de quatre à cinq ans. Moyennant ces offres honnêtes, je demande la pleine possession de votre terre, de tous vos droits, meubles, bois, bestiaux, et même du curé, et que vous me garantissiez tout jusqu'à ce que ce curé m'enterre. Si ce plaisant marché vous convient, vous pouvez d'un mot le rendre sérieux. »

Ce marché n'était que plaisant; M. de Brosses ne pouvait l'accepter. Il avait toujours eu l'intention de ne pas aliéner sa propriété à moins de 200,000 livres (1). Il l'avait affermée alors juste 3,000 livres, et pour les années suivantes 3,200 et 3,300 livres (2). Ce bail n'était pas trop onéreux; au moment où Chouet le signa, il

(1) *Correspondance inédite de Voltaire et de Brosses*, p. 92. —
(2) Pag. 9.

n'avait pas un sou, au vu et au su de tout le monde; il n'avait cessé de mener une vie dissipée, il était presque toujours ivre ; et néanmoins, depuis qu'il était fermier, il avait exactement payé son fermage (1).

Suivant la lettre de Voltaire à d'Argental, du 19 décembre 1758, Tourney, malgré ses créneaux et son pont-levis (2), avait pour toutes appartenances et dépendances une masure bâtie pour des hiboux, un jardin, mais où il n'y avait que des colimaçons et des taupes, des vignes sans raisin, des campagnes sans blé et des étables sans vaches. Cependant Voltaire convoitait singulièrement ce comté à faire rire. Il en offrit une somme plus forte qu'auparavant, car il n'aimait plus que les bœufs, les chevaux, les moutons et les dindons, et préférait la vie patriarcale à tout, comme il l'avoua, le 18 juin 1759, à Thieriot. Il lui tardait de commander à des maçons, de tracer un jardin, de planter des arbres, de rendre le manoir plus logeable (3). Il espérait même y établir un haras, comme il avait déjà réuni un troupeau de seize bœufs à Ferney (4). M. de Brosses ne s'opposait pas à ces améliorations. Seulement il voulait savoir si Voltaire réaliserait toutes ses promesses (5). De là donc de nouvelles négociations. M. de Brosses exigeait que les meubles qui étaient au château y restassent, et qu'un jour il pût rentrer dans la jouissance de tous ceux qui s'y trouveraient à la mort de Voltaire (6). Ce dernier y consentit (7). Mais comment

---

(1) *Correspandance inédite de Voltaire avec de Brosses*, p. 83 et 160.
(2) Lettre à Dalembert, du 4 mai 1759.
(3) *Correspondance inédite de Voltaire avec de Brosses*, p. 15 et 16. — (4) P. 42. — (5) P. 11. — (6) P. 34. — (7) P. 37.

se débarrasser de Chouet? M. de Brosses proposa à Voltaire de le subroger en tous ses droits et actions sur ce fermier (1). Voltaire aima mieux la résiliation du bail, afin de demeurer le maître absolu des terres et des bâtiments (2). Ensuite on convint des dépenses qu'il s'obligerait d'y faire en constructions ou réparations et bonifications de toute espèce. Dernière difficulté. Il souhaitait de n'acheter que pour sa vie durant. Or, un acte de cette nature était sujet à des droits (3). Voltaire abhorrait et seigneur suzerain, et lods et vente, et vingtième, et capitation, et intendant, et subdélégué (4). Comment couper ce nœud gordien? La seigneurie de Tourney était depuis longtemps exempte de toutes charges. Mais ce privilège avait été accordé exclusivement à la famille de Brosses, et, en cas de vente, à un Génevois ou à un Suisse; autrement il se perdait et ne se recouvrait point par rachat. Il fallait donc manier délicatement cette affaire, de manière à éluder la loi et à ne pas perdre la prérogative (5). C'est pourquoi, à une vente à vie on substitua un bail à vie. On agit dans le plus grand secret, soit pour amener Chouet à quitter sa ferme, moyennant un dédommagement de 900 livres, soit pour tromper la vigilance de Mgr de la Marche, engagiste du pays de Gex, et celle du receveur des domaines de la contrée, grâce à l'habileté avec laquelle on s'efforça de cacher les clauses d'une aliénation véritable sous les formules d'un bail à vie (6). Après deux mois de correspon-

(1) *Correspondance inédite de Voltaire avec de Brosses*, p. 83. — (2) *Ibid.* — (3) P. 36. — (4) P. 16. — (5) P. 12. — (6) P. 35.

dance, les deux parties reconnurent qu'une entrevue était nécessaire pour se mettre d'accord sur tout (1). Voltaire mandait quelque temps après que *tout avait été fini en un quart d'heure avec M. de Brosses* (2).

En effet, « l'an 1758, et le 11 décembre, par-devant le notaire royal au bailliage de Gex, et en présence des témoins, fut présent haut et puissant seigneur messire Charles de Brosses, président à mortier au parlement de Bourgogne, lequel a remis à titre de bail à vie, avec promesse de faire jouir, à commencer le vingt-deuxième février prochain, à messire François-Marie Arouet de Voltaire, chevalier, gentilhomme ordinaire de la chambre du roi, présent et acceptant : à savoir, le château, terre et seigneurie de Tourney, granges, écuries, prés, terres, vignes hautes et basses, bois, la forêt, *droits seigneuriaux honorifiques*, la *dîme* en dépendant, les censives et droits seigneuriaux dus et relevant du château de Tourney, auquel effet le terrier dudit Tourney lui sera remis ledit jour pour les exiger, pour être par lui rendu à l'expiration de sa jouissance le troupeau de vaches tel qu'il a été remis au fermier actuel, pour en rendre pareil nombre et valeur suivant l'estimation qui en sera faite par experts ; tous les meubles et effets d'agriculture et futailles ; comme encore tous les meubles meublants qui sont dans le château, toutes lesquelles choses seront remises ledit jour audit preneur, qui s'en chargera sur un état et inventaire à double, pour être rendu à la fin de sa

---

(1) *Correspondance inédite de Voltaire avec de Brosses*, p. 40 et 161.
— (2) P. 321.

jouissance au même état, auquel temps tous les meubles et effets qui se trouveront dans lesdits bâtiments, sans exception, appartiendront audit seigneur de Brosses en propriété. M. de Voltaire aura la faculté de faire dans les bâtiments et fonds les changements qui lui conviendront, au moyen de quoi il restera chargé de toutes les réparations, tant dans lesdits bâtiments que dans les fonds, et de rendre le tout en bon état. M. de Voltaire aura la pleine jouissance de la forêt de Tourney et des bois qui sont sur pied, de laquelle il usera en bon père de famille sans la détruire, c'est-à-dire en y laissant par chaque pose, l'une portant l'autre, soixante arbres de ceux qui sont sur pied, et elle sera mise en défense pour croître en taillis. Le bail fait moyennant la somme de 35,000 livres, qui ont été payées par ledit preneur, dont ledit seigneur de Brosses tient quitte ledit preneur. Et en outre, M. de Voltaire promet et s'oblige de faire dans lesdits bâtiments, granges, fossés, jardins, écuries, en constructions, grosses réparations et améliorations de toute espèce, avenues, chemins, haies autres que celles d'entretien ordinaire, pendant le cours de sa jouissance, soit pour l'utilité, soit pour l'agrément, jusqu'à concurrence de la somme de 12,000 livres, comme faisant ladite somme partie du prix du bail, suivant la reconnaissance et estimation par experts, relativement aux livres de dépense dudit preneur, et ledit emploi de 12,000 livres ne sera point exigible, si ledit preneur venait à décéder dans ses trois premières années, et sans répétition néanmoins de ce qui se trouvera fait. Le revenu annuel de ladite terre ayant été estimé être de la somme de

3,500 livres. Tout ce que dessus convenu entre lesdites parties. Fait, lu au château de Ferney. Signé Brosses, de Voltaire, Girod, notaire, et les témoins. »

Comme commentaire de cet acte authentique, M. de Brosses écrivit, le 17 du même mois, au nouveau seigneur de Tourney : « Vous pouvez compter sur toutes les facilités de ma part, et sur ma parole d'honneur, que je vous procurerai à Dijon tous les secours dont vous pourrez avoir besoin, pour que vous ne soyez jamais troublé dans la possession libre et franche de tous droits de la seigneurie de Tourney et dépendances. Vous savez que, par votre contrat, tous les droits seigneuriaux sans exception vous appartiennent; ainsi, quand vous prendrez le titre de seigneur de Tourney, dans les occasions qui vous paraîtront convenables à vos intérêts, je promets que je le trouverai bon, et que ni moi, ni personne de ma famille ne vous fera de difficulté. A l'égard aussi de votre promesse de mettre à l'amélioration, embellissements de cette terre, avenues, routes dans la forêt, plants d'arbres, jardins, comblement de fossés, porte cochère, cour, appartements, démolition de tout le devant du château, du côté du jardin, grilles en bois ou en fer, vous êtes le maître absolu généralement de tout; et je passerai sans difficulté en compte les marchés que vous ferez, les descentes sur les lieux, vérification d'architectes et d'experts en toutes sortes d'ouvrages, arpentage, devis, et généralement tout ce qui vous en coûtera pour l'amélioration du terrain, embellissements, réparations, constructions, soit par rapport aux granges, maisons, bergeries, remises, écuries, fossés, et pour le château sans aucune exception.

C'est de quoi vous pouvez être sûr, aussi bien que de trois à quatre mille ceps de vigne de Bourgogne, que je vous enverrai le plus tôt possible, ce qui sera dans le compte des douze mille livres stipulées. »

Voltaire se hâta de profiter de tous ces avantages. Il lui tardait de se qualifier seigneur de Tourney ; il regardait ce titre comme le plus beau fleuron de sa couronne, disait-il, le 29 décembre 1758, à M. de Brosses. Le jour de Noël, il mandait à M. de Brosses : « J'ai fait mon entrée comme Sancho Pança dans son île. Il ne me manquait que son ventre. Votre curé m'a harangué. Chouet m'a donné un repas splendide dans le goût de ceux d'Horace et de Boileau, fait par le traiteur des Patis au Paquis (village voisin de Tourney). Les sujets ont effrayé mes chevaux avec de la mousqueterie et des grenades ; les filles m'ont apporté des oranges dans des corbeilles garnies de rubans. Le roi de Prusse me mande que je suis plus heureux que lui ; il a raison, si vous me conservez vos bontés, et si je ne suis pas inquiété dans mon ancien dénombrement. »

Cette crainte était fondée. Le nouveau seigneur de Tourney se vit réclamer les droits de son bail ; il ne perdit pas de temps. Vite il écrit : « Au conseil des finances. A nos seigneurs, nos seigneurs du Conseil : Supplie humblement François Arouet de Voltaire, gentilhomme ordinaire de la chambre, contre le sieur Girard, receveur du domaine, disant qu'il a fait à vie avec le sieur de Brosses, le 11 décembre 1758, pour la jouissance de la terre de Tourney, entre Gex et Genève, terre de l'ancien dénombrement, terre conservée par le roi en son conseil dans tous ses anciens droits et privilèges, par sa déclaration du 12 février 1755; que ces privilèges consistent à ne payer aucuns droits; qu'à ce mépris des déclarations du roi, Girard persiste à exiger le centième denier d'un bail dont le contractant peut ne jouir qu'une année ou qu'un seul jour; que non seulement il veut ce centième denier du prix du bail, mais de 12,000 livres de réparations, que le contractant ne doit faire que dans trois ans, et que jamais on n'exige aucun droit de réparations faites ou à faire; que ledit Girard persiste et prétend qu'il lui faut de l'argent sur l'argent que ledit Voltaire n'emploiera peut-être jamais, étant fort âgé, et sa carcasse devant naturellement être enterrée avant de rhabiller la carcasse du château de Tourney; que Girard exige le centième denier de l'agréable, de l'utile et de l'honorable de la seigneurie; et ledit Voltaire proteste que le centième denier de tout cela est zéro, attendu que le centième denier de l'encens à la messe et des prééminences ne va pas à une obole; le centième denier de l'agréable entre les Alpes et le mont Jura est au-dessous de rien, et le centième denier de l'utile dans une terre délabrée est justement la racine cubique de rien du tout; partant, il espère que nos seigneurs du conseil daigneront tirer ledit Voltaire des griffes du sieur Girard. »

Comme M. de Brosses était alors à Paris, Voltaire lui recommanda instamment cette affaire. Le 20 mai 1759, il lui écrivait : « Les fermiers généraux m'ont envoyé la copie d'une lettre de M. le garde des sceaux de Chauvelin à M. de la Closure, résident du roi à Genève, du 20 décembre 1728, par laquelle les droits de contrôle, insinuation, centième denier sont compris dans tous les autres droits dont les terres de l'ancien dénombrement sont exemptes, par ordre du roi; donc il n'est point dû de centième denier pour le bail à vie de Tourney. Si ce bail à vie est regardé comme mutation, vous perdez vos droits; vous avez vendu votre terre à un Français, elle est déchue de ses privilèges. Courez, je vous en conjure, chez M. de Chauvelin, l'intendant des finances; faites-lui sentir la conséquence de cette affaire. Conservez-moi cette liberté qui me coûte assez cher. Vous pourriez d'ailleurs parler à M. l'intendant de Bourgogne. Je vous supplie de l'engager à ne point *troubler le repos de ma vie;* elle a été assez malheureuse. J'écris la lettre la plus pressante à M. de Faventine, fermier général, et à M. de Chalus, chargé des droits du domaine. Pourriez-vous les voir? Mais surtout que M. l'intendant ne m'inquiète jamais. » Deux jours après, nouvelle missive : « On me persuade que vous pouvez finir cette désagréable affaire du centième denier, qui en entraînerait d'autres. La terre de Tourney a de si étranges privilèges qu'il ne faut sans doute en perdre aucun. MM. de Faventine et Douet sont les deux fermiers généraux chargés du domaine. Les connaissez-vous, ces Douet et Faventine? Non. Mais il vous est aisé d'avoir accès auprès de ces puissances ; il ne s'agit que d'un délai, d'une surséance de leurs édits. *Il faut se remuer, se trémousser, agir, parler et l'emporter*. Ma cause est la vôtre. Je compte que vous en viendrez à bout. M. de Chauvelin peut aisément engager MM. de Faventine et Douet à se taire. »

En attendant, Voltaire continuait d'écrire et d'envoyer des suppliques au conseil de Mgr le comte de la

Marche, qui lui accorda remise de moitié sur les droits du bail de Tourney (1). Peu content de cette faveur, il crut devoir s'adresser directement au comte lui-même et lui offrir une somme fixe (2), mais somme modique et honnête pour les lods et ventes de sa seigneurie (3). Il se résigna enfin à s'exécuter, pour éviter un procès avec un prince du sang. Il ne cessa de se plaindre d'avoir donné 1,000 livres de trop (4). De son côté. M. de Brosses lui octroya le droit de chasse et la capitainerie des chasses, ou la permission de choisir et de révoquer les gardes de la forêt.

Depuis longtemps Voltaire vantait son théâtre de Tourney; théâtre grand comme la main (5), mais le plus joli des théâtres, quoique le plus petit (6); théâtre de Polichinelle, mais remarquable par ses jolies décorations (7); théâtre vert et or (8), d'ordre ionique, oui, d'ordre ionique, bâti, achevé à Tourney, sans que cela parût ironique (9). Le 24 octobre 1759, il écrivait à d'Argental : « Le théâtre de Polichinelle est bien petit, je l'avoue; mais nous y tînmes hier neuf en cercle assez à l'aise; encore avait-on des lances, des boucliers, et on attachait des écus et l'armet de Mambrin à nos bâtons vert et clinquant, qui passeront, si l'on veut, pour pilastres vert et or. Une troupe de racleurs et de sonneurs de cors saxons, chassés de leur

---

(1) *Correspondance inédite de Voltaire avec de Brosses*, p. 106. —
(2) P. 109. — (3) P. 113. — (4) P. 117.
 (5) Lettre à d'Argental, du 1er octobre 1759.
 (6) Lettre à Mme de Fontaine, du 5 novembre 1759.
 (7) Lettre à d'Argental, du 7 septembre 1759.
 (8) Lettre à Thieriot, du 5 décembre 1759.
 (9) Lettre à Mme de Fontaine, du 24 novembre 1759.

pays, composaient mon orchestre. Que nous étions bien vêtus! Jamais le Mont-Jura n'a eu pareille aubaine. » Bientôt il ne fut plus question que des pièces et de la beauté de ce théâtre. Bien des personnages célèbres y jouèrent la comédie; mais aussi plusieurs spectateurs n'en sortirent pas éblouis. Témoin le marquis de Luchet (t. II, p. 44), qui nous en a laissé cette description : « Les châssis des coulisses étaient couverts d'oripeaux en clinquant, et de fleurs de papier ; le fond représentait des arcades percées dans le mur : au lieu de frises, c'était un drap sur lequel était peint en couleur cannelle un immense soleil; et, malgré tout ce qu'on put lui (Voltaire) représenter, c'est sur un pareil théâtre qu'il joua *Alvarès* dans *Alzire*, *Narbas* dans *Mérope*, *Argire* dans *Tancrède*. Comment expliquer une pareille contradiction ? Un homme qui avait si souvent déclamé contre la mesquinerie des théâtres de France, qui connaissait aussi bien la machine tragique, qui possédait mieux que personne la magie des effets, qui formait si parfaitement les acteurs, et qui cependant prive ses pièces du prestige de la scène, et associe volontairement les beautés de ses ouvrages à ce costume ridicule. » Si Voltaire n'a pas évité les ridicules dont il n'avait cessé de se moquer, il ne faut pas l'attribuer à un défaut de goût, mais à cette économie qu'il n'oubliait jamais. A Paris, il empruntait aux comédiens, rapporte Longchamp (p. 278), tout ce qui lui était nécessaire pour la représentation de ses pièces dans son hôtel. A Tourney et à Mon-Repos, il ne pouvait se recommander à la complaisance d'aucun vestiaire. Aussi se passionna-t-il pour la simplicité des vêtements;

mais Mme Denis se montra plus difficile. De là de fréquentes altercations entre l'oncle et la nièce. Quand celui-là cédait, celle-ci ne s'affublait que de costumes confectionnés à Paris. Aussi Voltaire mandait-il, le 10 janvier 1758, à Mme de Fontaine : « Il faut être complaisant ; c'est bien l'être que de jouer la comédie à mon âge, et de souffrir qu'on m'envoie de Paris des habits de Zamti et de Narbas. C'est une fantaisie de votre sœur ; elle en a bien d'autres qui deviennent les miennes. » Le 26 suivant, nouvel aveu : « Votre sœur attend l'habit d'Idamé avec plus d'impatience que je n'attends ceux de Zamti et de Narbas. Si elle avait bien fait, elle se *serait habillée à sa fantaisie*, sans suivre la fantaisie des autres, et sans vous donner tant de peines. Pour *moi*, avec sept à huit aunes d'étoffe de Lyon, j'aurais très bien *arrangé* mes guenilles de vieux bonhomme. Je n'aime à imiter ni le jeu, ni le style, ni la manière de se mettre ; chacun a son goût, bon ou mauvais. Mme Denis a cru qu'on ne pouvait avoir une jarretière bien faite, sans la faire venir à grands frais. J'ai été mon jardinier. J'aurais tout aussi bien été mon tailleur. » C'est Lekain qui avait été chargé de cette commission. Voltaire en paraissait affligé. Aussi semble-t-il s'excuser de cette hardiesse dans ces lignes adressées à Lekain : « C'est une *fantaisie* de Mme Denis que ces *habits de théâtre* qu'elle vous a demandés. Ces amusements ne conviennent ni à mon âge, ni à ma santé, ni à ma façon de penser. »

Voltaire s'était engagé à consacrer 12,000 livres à l'exploitation de ses nouvelles terres. Nous connaissons l'impatience qu'il témoignait d'y tout améliorer, avant de signer le contrat. Le mois de janvier 1759, il mandait à M. de Ruffey : « Avez-vous vu M. le président de Brosses? S'il vient dans un an à Tourney, il demandera où était le château. Le plaisir de bâtir et de planter flatte un peu l'amour-propre, et cela est vrai ; mais le plaisir de mettre les choses dans l'ordre est bien plus grand. J'ai un telle horreur pour la difformité que j'ai rajusté deux maisons en Suisse, *uniquement* parce que leur irrégularité me blessait la vue. Les propriétaires ne sont pas fâchés de trouver un homme de mon humeur. Je ne me mêle point de réformer les mauvais livres, mais bien les maisons où je loge. *Hoc curo et omnis in hoc sum.* » Dès le 19 décembre 1758, il apprenait à d'Argental qu'il y avait de tout à Tourney, qui ne rapportait que trois pour un. Il prend la plume. Lisons attentivement ce qu'il écrit à M. de Brosses, le 29 suivant : « Soyez bien convaincu que je suis homme à pousser la chose au delà de vingt-quatre (au lieu de 12,000 livres exigibles). C'est ma façon, et surtout avec vous. Je suis connu pour tel dans le pays. J'ai déjà vingt ouvriers qui réparent les délabrés vignobles. On va incessamment réparer votre château. Vous ne le reconnaîtrez pas. On donne un cours aux eaux. Votre forêt est dans un état affreux. J'y mettrai ordre ; *tout est arrangé.* » — Le 5 janvier 1759 : « J'ai déjà ordonné qu'on jetât à bas la moitié du château et qu'on changeât l'autre. Les fossés seront grands et réguliers. Nous aurons des ponts tournants. Vous serez un jour étonné d'avoir un château très beau, très peigné, et des campagnes fertiles, labourées et semées à la nouvelle mode, et de belles prairies qui sont aujourd'hui couvertes de taupes, et que vous verrez arrosées de petits ruisseaux. » — Le 17 du même mois : « Votre escalier a changé de place, les prés ont été réparés, les haies raccommodées, les fossés nettoyés et élargis. » — En février : « *Cinquante* ouvriers ajustent le château. Ce sera un endroit délicieux. Il m'en coûtera plus de 24,000 livres pour améliorer la terre et pour embellir le château. Je suis peut-être le *seul homme* en France qui en eût usé ainsi. » — Le 23 mai : « Si vous pouviez voir aujourd'hui le château de Tourney, vous verriez que j'en ai fait une terre qu'un jour vous vendrez le double de ce que vous l'auriez vendue. J'ose dire que vous ne devez pas être mécontent de mon aversion mortelle pour tout ce qui est délabrement. » — Le 9 novembre : « J'ai planté quatre cents arbres dans le jardin ; j'ai fait sauter plus de soixante gros rochers qui étaient répandus dans les champs de froment, qui cassaient toutes les charrues et rendaient une partie de la semature inutile : il y en a encore autant pour le moins à déraciner ; et je consume, pour labourer, plus de poudre à canon qu'au siège d'une ville. Je n'ai rien négligé de l'utile, prés, chemins, grange, pressoir, plantations ; tout a été fait à neuf ou réparé. » Tous ces travaux durent coûter des sommes immenses (1) ; oui, des dépenses extraordinaires (2) qui ruinèrent la fortune de Voltaire (3) donnant plus d'argent que son domaine ne valait (4). Le 12 novembre 1759, il disait avoir en six mois employé plus de 15,000 livres à le

---

(1) *Correspondance inédite de Voltaire avec de Brosses*, p. 88. — (2) P. 80. — (3) P. 141. — (4) P. 151.

14.

réparer, sans compter les frais de culture. Deux jours après, il croyait avoir procuré un bien réel de 20,000 francs à sa terre. Le 30 septembre et le 20 octobre 1761, il possédait les quittances des 18,000 livres qu'il avait payées à des ouvriers, les trois premiers mois après son acquisition. M. de Brosses se permit de lui répondre, fin octobre 1761 : « Vous allez sans cesse répétant à tout le monde qu'au lieu de 12,000 livres que vous devez mettre en constructions et réparations au château de Tourney, vous y en avez déjà mis pour 18,000 livres, et même quelquefois pour 40,000 livres. N'ayant connaissance d'aucun autre changement que de quelques croisées et d'un pont de bois qui va au jardin, j'ai peine à les porter à ce prix. Au reste, je n'ai rien à vous dire là-dessus : vous êtes le maître du temps ; ce que vous n'avez pas fait, vous le ferez. » Le 30 janvier 1768, Voltaire se prévalait de nouveau de ses mémoires de 20,000 livres. Il est vrai que le 19 auguste suivant, il les réduisait à 18,000 livres, dont il avait les quittances libellées.

Chose singulière ! malgré ces dépenses immenses de bonifications immenses (1), Voltaire se plaignait continuellement de la stérilité de son domaine. Le 9 novembre 1759, il en porte le revenu à 2,000 livres au plus, net 1,500 livres ; le 30 septembre et le 20 octobre 1761, il l'évalue à 1,200 livres dans les meilleures années ; le 15 janvier 1767, il avait abandonné l'exploitation de sa terre à un Suisse qui ne lui payait qu'environ 1,700 livres. Le 30 janvier 1768, il n'en

---

(1) *Correspondance inédite de Voltaire avec de Brosses*, p. 88.

trouvait plus que 1,200 livres, avec un char de foin, trois chars de paille, et un tonneau de vin, ce qui ne faisait pas 1,600 livres de rente. Le 19 auguste suivant, il ne l'affermait que 1,200 livres en argent, et environ 300 livres en denrées, lésion de plus de moitié à ses yeux. Le 21 février 1770, il n'osait pas avancer que Tourney rapportât 1,000 livres, mais il s'estimait heureux d'en retirer environ 15 à 1,600 livres, c'est-à-dire 1,200 livres en argent et le reste en fournitures qui valaient tantôt au-dessus de 100 écus et tantôt au-dessous. De là de nouvelles jérémiades. Voltaire écrivit à M. de Brosses et à tous les amis de M. de Brosses. Il parla de lésion (1), puis de lettres de rescision (2). Le président n'avait qu'une objection à lui répéter à satiété, c'est que Chouet n'avait pas un sou de France en arrivant à Tourney, qu'il y avait passé son temps dans la débauche, et que néanmoins il n'avait jamais manqué de présenter chaque année les 3,000 livres stipulées dans son bail; qu'il n'avait tenu qu'à Voltaire d'accepter la soumission de ce bail de Chouet, lequel il avait voulu expulser, comme condition première de son aquisition.

Cette réponse de M. de Brosses était un argument sans réplique. Voltaire néanmoins murmurait encore. Pourquoi? Il avait envie d'acquérir à perpétuité ce qui ne lui appartenait qu'en vertu d'un bail à vie. Il essayait donc de le déprécier, afin d'amener le président à le lui céder à meilleur marché. Il y eut plusieurs

(1) *Correspondance inédite de Voltaire avec de Brosses*, p. 142, 146. — (2) P. 200.

lettres écrites à ce sujet depuis la fin de l'année 1759. On alla jusqu'à rédiger un projet de vente dans le mois de janvier 1760. Le prix d'achat fut fixé à 110,000 livres, savoir : 100,000 livres pour la terre, et le reste pour les meubles, effets, bestiaux et fruits pendants, indépendamment des 35,000 livres reçues par M. de Brosses, le 11 décembre 1758; sur cette somme de 110,000 livres, Voltaire devait payer 50,000 livres, trois mois après la signature des conventions, sans intérêts pour ces trois mois, outre un présent de 20 louis à Mme de Brosses (1). Il ne se pressa pas de conclure; il continua et de se lamenter et de négocier. Tout à coup il lui prit fantaisie de relire le premier contrat passé par-devant notaire et en présence de témoins à Ferney (2). Il s'arrêta sur le titre des meubles que sa mort laisserait à M. de Brosses. Cet article avait été le sujet et de plusieurs lettres et d'une entrevue entre les deux parties. Voltaire avait accepté cette condition, et voilà qu'il parle de surprise, qu'il crie de toute la force de ses poumons à l'injustice, à la supercherie, à la fraude. Il dit et il redit qu'il est la victime de la duplicité de son bailleur. Il joua ce rôle avec une persévérance infatigable, une audace inouïe; il fatigua tellement de ses importunités tous les amis du président qu'ils réclamèrent aussi. M. de Brosses finit par renoncer à la clause qui lui assurait tous les meubles de Tourney, afin d'être délivré des tracasseries dont il était obsédé de toutes parts, à l'instigation de Voltaire (3).

---

(1) *Correspondance inédite de Voltaire avec de Brosses*, p. 101. — (2) P. 58 et 222. — (3) P. 212.

Cette action de M. de Brosses n'était pas sans générosité. Non seulement Voltaire lui suscitait des ennemis à propos de chaque ligne de son contrat; mais, loin d'embellir et d'améliorer la terre de Tourney, il se permettait d'abattre tous les arbres de la forêt, et de faire des cadeaux de vieux chênes aux dépens du président (1). Celui-ci avait traité de bonne foi (2); il n'avait pas même demandé de garanties à Voltaire, qui avait acheté Ferney sous le nom de Mme Denis, et ne possédait qu'en viager la maison des Délices. Des mesures de prudence devinrent nécessaires. M. de Brosses proposa une reconnaissance de l'état de tout ce qui avait été cédé à Voltaire (3). Celui-ci se fâcha (4) et recourut à des offres de vente afin de retarder la visite des experts (5). Cette ruse lui réussit à merveille. M. de Brosses patienta longtemps, mais lorsqu'il se douta du leurre (6), il mit Voltaire en demeure de fixer un jour pour faire l'inventaire des bâtiments et des terres de tout le comté de Tourney (7). Sans cette précaution, M. de Brosses serait resté l'objet de toutes les railleries, de toutes les calomnies de Voltaire.

Maintenant on sait de quel côté sont la bonne foi, la noblesse et la générosité de caractère, et laquelle des deux parties l'histoire doit flétrir avec indignation, et mettre au rang des escrocs, des menteurs, des fourbes.

Voltaire survécut à M. de Brosses. A la mort de Voltaire, la famille de Brosses réclama des dommages-intérêts à Mme Denis, héritière de Voltaire, pour les dégra-

---

(1) *Correspondance inédite de Voltaire avec de Brosses*, p. 80. — (2) P. 55. — (3) P. 75. — (4) P. 77. — (5) P. 87. — (6) P. 157. — (7) P. 86.

dations et les détériorations arrivées dans la terre de Tourney pendant la jouissance de Voltaire, suivant la reconnaissance et l'estimation, qui en avaient été faites par experts respectivement nommés.

L'estimation des experts choisis par la famille de Brosses fut confirmée par celle des trois experts nommés par le lieutenant général du bailliage de Gex. Une instance était introduite et commencée contre Mme Denis, qui, à l'âge de 68 ans, avait épousé en secondes noces, le 18 janvier 1780, à l'église Saint-Eustache, le sieur François François, dit Duvivier, âgé de près de 55 ans. Mme Duvivier préféra une transaction.

Aussi, le 16 janvier 1784, « en l'étude de Me Dutertre, notaire à Paris, entre M. Fargès, ancien intendant des finances, au nom et comme fondé de la procuration de 1° M. Legouz de Saint-Seine, premier président du parlement de Bourgogne, tuteur honoraire de M. René de Brosses, fils mineur du président de Brosses et donataire de la seigneurie de Tourney; 2° M. Dussaussoye, tuteur onéraire dudit sieur René de Brosses ; 3° M. Charles-Claude de Brosses, chevalier, d'une part ; et de Mme Duvivier, tenue des charges de feu M. de Voltaire, d'autre part ;

Il a été convenu de ce qui suit à titre de transaction sur procès, pour terminer et assoupir l'instance pendante au bailliage de Gex, éviter les frais de nouveaux rapports, et prévenir les suites de l'événement des contestations mues entre lesdites parties, qui pourraient donner lieu à des involutions de procédures considérables :

Article premier.

Les dommages-intérêts répétés par M. de Brosses pour réparations et détériorations dans la terre et seigneurie de Tourney demeurent réduits et réglés du consentement respectif de toutes les parties :

1° A la somme de 500 livres pour les frais et nivellement de la carrière de Tourney. 500

2° A celle de 1,200 livres pour la construction des fossés à faire autour de la forêt de Tourney pour la tenir en défense, conformément au bail à vie de 1758. 1,200

3° A celle de 4,000 livres pour destruction et démolition des bâtiments du fermier et du colombier en pied, ainsi que de l'enlèvement des entablements du jet d'eau du jardin de Tourney. 4,000

4° A celle de 4,834 livres pour mauvais état et réparations à faire aux bâtiments et fonds de ladite terre. 4,834

5° A celle de 439 l. 10 s. pour remplacement de tonneaux et autres ustensiles de vendange et de jardin. . . . . 439 l. 10 s.

6° A la somme de 4,000 livres à laquelle demeurent réglés les frais de recépage de la forêt de Tourney, et les dommages-intérêts dus pour le retard de la croissance des taillis de ladite forêt. 4,000

7° A la somme de 40 livres pour labourage et ensemençure de glands dans trois arpents défrichés dans ladite forêt. 40

8° A la somme de 4,864 livres à laquelle demeurent

fixés le prix et la valeur de 938 chênes qui ont été reconnus manquer du nombre de 3,958 existant dans la forêt, lors du bail à vie de 1758, et que M. de Voltaire devait y laisser conformément audit bail. . . . 4,864

9° Et enfin dans la somme de 8,001 livres pour dédommagement de 2,667 arbres de chênes, ébranchés, et éhoupés, qui ont été compris dans le nombre de ceux que ledit sieur de Voltaire devait laisser dans ladite forêt, conformément audit bail. 8,001

Toutes lesquelles sommes montent à celle totale de 27,878 liv. 10 s., à laquelle lesdits dommages-intérêts demeurent fixés et arrêtés. . . . 27,878 liv. 10 s.

Article deuxième.

Ladite somme de 27,878 liv. 10 s. sera payée audit sieur René de Brosses, donataire, par ladite dame Duvivier. Au moyen duquel payement, M. le premier président, ledit sieur Dussaussoye pour M. René de Brosses, et M. de Brosses en son propre et privé nom, se départent et mondit sieur Fargès audit nom les fait départir de tous autres dommages-intérêts mentionnés au rapport desdits experts, et notamment de la somme de 5,024 liv. 11 s. 10 d., par eux reconnue manquer de celle de 12,000 livres que M. de Voltaire s'était obligé par ledit bail à vie d'employer en constructions, grosses réparations et améliorations de toute espèce, sans aucune répétition, et encore de la somme de 2,000 livres à laquelle les dommages-intérêts prétendus pour l'épuisement de la carrière de Tourney avaient été estimés par lesdits experts.

Article troisième.

Demeure convenu encore qu'outre la susdite somme de 27,878 liv. 10 s., ladite dame Duvivier payera à mondit sieur René de Brosses celle de 12,181 liv. 10 s., savoir celle de 10,333 livres pour les non-jouissances des revenus de ladite terre de Tourney, à compter du 30 mai 1778, jour du décès dudit sieur de Voltaire, jusqu'au 28 mars prochain, et celle de 1,788 liv. 10 s. tant pour la valeur des dix-huit vaches et cinq génisses qui étaient attachées à ladite terre lors du bail à vie de 1758 et qui ont été retirées, que pour la valeur des meubles et effets, linges et ustensiles rapportés dans l'inventaire du 22 février 1759, qui auraient été enlevés par ledit sieur de Voltaire audit château de Tourney.

Demeure enfin convenu que tous les frais et dépens respectivement faits par les parties demeurent compensés entre lesdites parties, sans que de part ni d'autre elles puissent s'en faire aucune répétition, et seront néanmoins ceux de la présente transaction à la charge de ladite dame Duvivier, et par elle supportés sans aucun recours ni répétition. »

Le 9 novembre 1759, Voltaire écrivait à M. de Brosses : « Il eût été difficile, vous le savez bien, que vous eussiez pu faire avec personne un marché aussi avantageux que celui-ci. Je ne crois pas même qu'il y en ait d'exemple. Vous trouverez mes conditions exactement remplies. Ne soyez nullement en peine. Je mets mon plaisir à rendre fertile un pays qui ne l'était

guère, et *je croirai en mourant n'avoir point de reproches à me faire de l'emploi de ma fortune.* »

A ce défi pharisaïque on ne peut opposer que la
transaction de madame Duvivier. Elle est si claire, si
explicite, si concluante, si accablante, qu'il serait ridicule de la commenter. Elle servira d'épitaphe à notre
soi-disant comte de Tourney.

X. — *Voltaire patriarche de Ferney.*

Le 15 octobre 1758, Voltaire écrivait de Ferney à
M. Fabry, maire de Gex : « Je vous écris en hâte et
sans cérémonie chez M. de Boisi, où je ne suis que pour
un moment. C'est pour avoir l'honneur de vous dire
que ma confiance en vos bontés m'a déterminé à entrer
en marché de la terre de Ferney avec M. de Boisi. Le
bonheur d'être en relation avec vous donnerait un nouveau prix à ce petit domaine. Je compte l'avoir à peu
près à 80,000 livres sans les effets mobiliers, qui forment un objet à part. On m'avait assuré que les lods et
ventes allaient à 8,000 livres. J'ai demandé à S. A. S.
(le comte de la Marche, engagiste du pays de Gex) une
diminution de moitié, diminution que tous les seigneurs accordent. Ainsi, je me suis flatté que je ne
payerais que 4,000 livres ; c'est sur ce pied que j'ai
donné ma parole à M. de Boisi. La nature de mon bien
ne me met pas en état de trouver sur-le-champ
80,000 livres pour payer M. de Boisi ; il faut que j'*emprunte*. Vous savez combien il en coûte de faux frais,

avant qu'on soit en possession d'une terre; il ne me serait guère possible de faire cette acquisition, si je ne trouvais des facilités auprès de M. de la Marche. J'ai écrit à son intendant, et, supposant toujours que les droits étaient de 8,000 livres, j'ai demandé une diminution de moitié. Oserai-je vous supplier, Monsieur, de vouloir bien spécifier, lorsque vous écrirez, que c'est la somme de 4,000 livres que je propose de donner? On me dit que S. A. S. s'est réservé les deux tiers de ce droit. A l'égard de votre tiers, j'en passerai par ce que vous voudrez bien me prescrire, et j'attends vos ordres pour conclure ma négociation entamée. »

Le 28, suivant sa lettre à M. Bertrand, il était encore en marché de la seigneurie de Ferney, et uniquement préoccupé de tant de droits à payer, de tant de choses à discuter. Le 10 novembre, il apprenait à Cideville qu'il avait acheté une bonne terre à deux lieues des Délices; et dix jours après, il datait une lettre du château de Ferney; néanmoins, le 3 janvier 1759, il avouait à M. Fabry qu'il n'en était pas encore le propriétaire, mais qu'il était autorisé à y faire tout ce qu'il jugerait à propos, en vertu d'une promesse de vente, en attendant le moment d'en signer le contrat avec M. de Boisi. Il ajoutait : « Ce que le conseil de Mgr le comte de la Marche exige de moi est cause du long retardement du contrat. Il faut que je spécifie les domaines relevant de Gex et d'autres seigneurs. Je n'ai point d'aveu et dénombrement, Ferney ayant été longtemps dans la maison de Budée, sans qu'on ait été obligé d'en faire. Plusieurs seigneurs voisins prétendent des droits de mouvance, qui ne sont pas éclaircis.

Genève, l'abbé de Trévezin, la dame de la Bâtie, le seigneur de la Feuillasse prétendent des lods et ventes, et probablement leurs prétentions sont préjudiciables aux droits de Mgr le comte de la Marche, qui sont les vôtres. Vous pouvez m'aider dans les recherches pénibles que je suis obligé de faire ; vos lumières et vos bontés accéléreront la fin d'une affaire que j'ai d'autant plus à cœur qu'elle vous regarde. » Le 19 août, ce M. Fabry lui avait déjà remis quittance de son tiers de lods et ventes, disait-il à d'Argental. Le conseil du comte de la Marche fut moins expéditif. En vain Voltaire employa les recommandations des d'Argental et des Chauvelin. M. d'Espagnac refusa toute concession, et exigea tous les droits dus à son maître. Voltaire envoya requêtes sur requêtes à son nouveau seigneur suzerain. Ces démarches n'aboutirent à rien. Le comte de la Marche donna gain de cause à son conseiller d'Espagnac. Aussi, le 7 mars 1760, Voltaire pria-t-il d'Argental de verser entre les mains de cet impitoyable d'Espagnac neuf cents livres qu'il avait encore à donner au comte de la Marche, pour l'acquisition de la seigneurie de Ferney. Dix jours plus tard, il mandait à d'Argental que tout était fini, et que, pour éviter un procès, il avait préféré débourser plus de pistoles qu'il ne l'avait cru.

Sur ces entrefaites, Voltaire avait acheté à vil prix une petite propriété de Bétems, détenu en prison pour dettes, ainsi que nous l'avons déjà vu. Nouvelle acquisition, par conséquent nouveaux droits pour le fisc. Mais tout ce qu'il est possible d'employer de ruse, de finesse, d'esprit, Voltaire s'en servit pour ne point payer tous les frais de son dernier contrat. Le 7 septembre 1759, il écrit :

« A M. de Chauvelin,
Intendant des finances.
Non plainte,
non requête,
non procès,
mais très humble consultation.
Toujours centième denier.
Un peu d'attention, s'il vous plait, Monsieur.

« Par contrat fait et passé le 20 auguste, V....... a *bien voulu* donner 3,115 livres comptant, pour tirer son vassal Bétems de prison, et ledit Bétems abandonner son rural au pays de Gex, jusqu'à ce que V....... soit remboursé sur les fruits de ce rural, et le tout sans intérêts, ainsi qu'il est spécifié au contrat. Or la sangsue commise par les fermes générales exige le centième de *cette bonne action*. De quel droit, sangsue? Est-ce une aliénation, un bail à vie? Est-ce aliénation de fonds? Est-ce un bail de plus de neuf ans? Le fonds dont je deviens régisseur vaut environ 700 livres par an. Comptez, vous trouverez qu'en quatre ans et demi, tout est fini. Pourquoi fourrez-vous votre nez dans un plaisir que je fais à mon vassal de Tourney? Pourquoi prenez-vous votre part d'un argent prêté par *pure charité?* Si vous m'échauffez les oreilles, je me plaindrai à M. de Chauvelin. Vous m'avez *extorqué* là, avec la petite oie, 50 *livres;* sachez que je les retiendrai (car M. de Chauvelin le jugera ainsi) sur le centième de l'acquisition à vie de Tourney. Je ne veux pas importuner le roi pour avoir un brevet d'exemption ; je suis satisfait de ses bontés, l'État a besoin d'argent. Oui, vous aurez votre centième d'acquisition à vie. Patience ! mais pour vos 50 livres extorquées, vous les rendrez, s'il vous plaît, ou il n'*y a point de justice sur la terre.* Vous êtes chicaneur et vorace ; vous dégoûtez de faire du bien. Si M. de Chauvelin met NON en marge de ma pancarte, je me tais ; mais il mettra SI. » Malheureusement, il biffa ce SI. On doit le louer d'avoir résisté à cette tentation ; une pareille requête était un tour de force ; elle valait bien 50 livres. Il fallait avoir ou un cœur d'airain ou un grand sentiment de ses devoirs pour écrire NON au lieu de SI. Voltaire se résigna, mais en protestant contre *l'injustice et la rapacité qui révoltaient et allumaient sa bile,* disait-il, le 1ᵉʳ octobre 1759, à d'Argental.

Pour lui, toute perception de droit était une injustice. Il craignait toujours qu'on ne lui en demandât trop. Ainsi, le 30 janvier 1760, il mande à Mᵐᵉ d'Épinay : « J'écris aujourd'hui à la femme d'un fermier général. Nous souhaiterions que MM. les fermiers généraux eussent la bonté de nous faire communiquer le tarif des droits qu'on doit payer pour ce qu'on fait venir de Genève au pays de Gex, avec injonction aux commis de ne point molester nos équipages, et de laisser passer librement nos effets de Tourney, territoire de France, à Ferney, territoire aussi de France. » Ces droits, il fallait les aller payer un peu loin ; ce déplacement occasionnait des frais. Voltaire avise au moyen d'éviter et ce déplacement et ces frais. Le 29 juillet 1763, il écrit à Damilaville, premier commis au bureau des vingtièmes : « Il ne faut pas toujours négliger les affaires pour la philosophie. Il faut que je consulte mon cher frère; le receveur du vingtième, qui demeure à Belley, prétend que nous devons lui envoyer notre argent à Belley, qui est à dix-huit lieues par delà nos montagnes, tandis qu'il peut avoir très aisément un bureau de correspondance à Gex, où nous payons la *capitation*, et qui n'est qu'à une lieue du château de Ferney. Cette prétention me paraît inique et absurde. Je demande le sentiment de mon cher frère. » Le 8 auguste, il apprend à Damilaville que le directeur des vingtièmes du pays l'est venu voir, et s'est chargé d'accommoder l'affaire. Il obtient ce qu'il souhaitait.

Il a prononcé le mot de capitation. Qu'était-ce ? A la suite des quarante-huit feuilles dont se compose l'*État des biens de Voltaire*, je découvre le document suivant, qui mérite de trouver place dans nos recherches : « *Déclaration des biens que Mme Denis possède à Ferney.* Elle a vu que sa terre est estimée 4,000 livres de revenu dans un rôle des tailles. Elle déclare que cette terre lui a coûté jusqu'ici plus de 6,000 *francs par an* pour la culture, et ne lui a *jamais produit un sou de bénéfice*. (Nous avons vu que Voltaire portait à 15,000 livres les revenus de Ferney.) Tout le pays sait que ce n'est qu'une maison de plaisance qui demande un très grand entretien. Le sieur Sartori a offert en 1768 d'affermer le domaine 1,800 livres. Ce domaine n'a jamais rapporté 1,500 livres à M. de Boisi, de qui Mme Denis l'a acheté. Elle paye pour les vingtièmes annuellement 176 l. 9 s. 9 d. Elle a dans son château : domestiques — 15 environ, domestiques et valets de campagne 18. Elle payera sur-le-champ la somme à laquelle elle sera imposée. A Ferney, 9 octobre 1776. Signé : Mignot Denis. Adressé à M. Martin, secrétaire des états, le 8 octobre. J'ai donné un certificat de réception de cette déclaration. » Suit le paraphe.

N'oublions pas les droits de poste. A ce mot tout le monde plaint Voltaire. Le 21 juillet 1759, il écrivait à M. de Ruffey : « On dira de moi, à ma mort, comme de votre Dijonnais (Nicaise, antiquaire Dijonnais, célèbre par sa correspondance avec tous les savants de l'Europe au xviie siècle) :

Que nul n'y perd tant que la poste. »

Voltaire ne mourut que dix-neuf ans plus tard. Or, au 20 juillet 1759, sa *Correspondance*, dans l'édition de M. Beuchot, s'élève déjà à 2,855 lettres; le 26 mai 1778, il y en a 7,473, non compris la publication de M. Foisset. Néanmoins M. Beuchot avouait (*Œuvres* de Voltaire, t. LI, p. vii) qu'il n'était pas éloigné de croire que le nombre des lettres encore inconnues était presque égal à celui des lettres imprimées. J'en connais plusieurs collections qui ont échappé aux recherches du savant commentateur; il en paraît presque tous les mois d'inédites dans les *Revues*. Il est certain qu'il y en a eu beaucoup de perdues, d'égarées, d'anéanties par leurs possesseurs. Cependant, quelque extraordinaire que soit le nombre des lettres adressées à Voltaire, je suis convaincu que la poste n'a pas perdu à sa mort.

Dans toutes les affaires pécuniaires, personne n'a jamais mieux tiré son épingle du jeu, comme il l'avouait. Chaque fois que les gens de lettres sont aux prises avec les nécessités de la vie, l'homme est abasourdi par l'écrivain; il y a, pour ainsi dire, une éclipse totale de génie. Chez Voltaire, jamais l'auteur ne domine ni n'absorbe l'homme; dans tous les genres de littérature, il est à chaque instant entraîné par la fougue de ses passions ; il compose avec plus d'impétuosité que d'enthousiasme ; il tire la moitié de son esprit de sa colère ou de sa vanité; sous des impressions si diverses, son style conserve toute la limpidité du cristal; c'est à peine si vous y remarquez ce nuage léger que laisse le souffle d'un petit enfant sur une glace. Qu'une question pratique, qu'une règle d'intérêt vienne à se glisser sous sa plume, vous êtes étonné de voir en lui le rival des Pâris-Duverney et des Beaumarchais; aucun calcul ne l'embarrasse, aucune opération ne lui répugne; le plus roué des commis, le plus espiègle des clercs n'agiraient ni mieux ni plus vite. On dirait qu'il a le don de convertir tout en or. Quand son expérience est surprise en défaut, il trouve dans les profondeurs de son intelligence des ressources cachées que Molière eût dédaignées comme des invraisemblances, comme des traits forcés. Les voies plus ou moins naturelles, plus ou moins licites, plus ou moins honnêtes ou infâmes, il sait y recourir avec tant de ménagement, tant de délicatesse, qu'il faut être prévenu pour ne pas rester la dupe de ces ruses, de ces tours de force de prestidigitateur. Le 18 décembre 1734, il mandait à d'Argental : « Pour qu'un homme soit un coquin, il faut qu'il soit un grand personnage; il n'appartient pas à tout le monde d'être fripon. » N'est-on pas tenté de lui appliquer ces paroles, si l'on considère qu'il ne s'est surpassé en compliments, en éloquence, et n'a prodigué les plus belles facultés de son inépuisable imagination, que les jours où il avait besoin de tourner le feuillet *Doit* de son livret pour ajouter quelques livres, quelques sols ou deniers au recto de l'*Avoir?*

Voyez. Le 8 auguste 1763, il disait à Damilaville : « La poste est une belle invention, mais il faut un peu de fidélité et même d'indulgence. » Maintes fois il reçut des lettres dont le cachet n'était pas intact; jamais il ne se plaignit de ne pas rencontrer de l'indulgence chez les commis de la poste et chez les maîtres de contre-seings. Sa religion ne pouvait pas être surprise. Dans le mois de janvier 1762, il envoya cet *Avertissement* au *Mercure :* « Plusieurs personnes s'étant plaintes de n'avoir pas reçu de réponse à des paquets envoyés soit à Ferney, soit à Tourney, soit aux Délices, on est obligé d'avertir qu'attendu la multiplicité immense de ces paquets, on a été obligé de renvoyer tous ceux qui n'étaient pas adressés par des personnes avec qui on a l'honneur d'être en relation. » L'écriture d'une enveloppe, on le sait, ne suffit pas pour indiquer le signataire d'une lettre. Voltaire s'en rapportait exclusivement au cachet. C'est pourquoi il avait un carnet de forme carrée, grand comme un cahier de papier à lettres, d'environ quinze lignes d'épaisseur, et sur les feuillets duquel il réunissait et rangeait avec ordre les cachets de toutes les personnes avec lesquelles il était et voulait rester en correspondance; sous chacun de ces cachets il mettait le nom de la personne qui l'avait adopté, et le jugement qu'il portait sur elle (1). Quiconque n'avait pas obtenu l'honneur de trouver place sur ce répertoire héraldique, parvenait difficilement à se faire lire du philosophe. Il ne recevait que les paquets dont le cachet lui était familier. Il refusait impitoyablement toutes les autres missives. Pourtant il en conservait une note. Ainsi dans son *Livret* je lis cette page, qui doit être de 1776 :

Lettres renvoyées au rebut.

« Le 28 avril, 3 lettres pour	49 s.
« Le 30 — 1.	23
« Le 2 mai, 1	38
« Le 12 — 1.	20
« Payé, le 12, les lettres acceptées jusqu'au 1ᵉʳ mai.	
« Le 15 mai, renvoyé 1	52
« Le 2 juin, 10	10 l. 11
« Plus.	16
« Le 6 — 2	59
« Le 14 — 1.	7
« Le 18 — 1.	23
« Le 20 — 1.	30
« Le 27 — 2.	46
« Juin, renvoyé lettre de Mᵐᵉ du Casan à la Conception, rue Saint-Honoré.	15

(1) *Encore une visite au château de Ferney-Voltaire, par J.-A. Dufresne, amateur de la science et des arts. Paris*, 1834. In-8°, p. 14.

« *Idem*, de Bourcet, officier à Pondichéry, sur les friponneries du jésuite Lavaur-Lally. Sa lettre est du 8 juillet 1776. . . . . 82 s.
« *Id*. Sermon du curé de Cravant. . 52
« Le 2 juillet, 2. 50
« Le 20 — 1. 30
« Le 25 — 3. 39
« Le 5 auguste, 2. 32
« Le 13 — 2. 32
« Le 16 — 5. 94
« Le 24 octobre, en plusieurs fois . . 10 l. 15
« Le 2 novembre, 2. . . . . 2 l. 2 »

Les lettres que refusait Voltaire n'étaient donc pas trop nombreuses. Quant à celles qu'il daignait recevoir, ce devait être une grande dépense pour lui. L'indulgence de la poste le tira d'affaire. La plupart de ceux qui lui écrivaient étaient de hauts et puissants personnages, ou parents et amis de ces hauts et puissants personnages, Or, tous ces grands seigneurs jouissaient par eux-mêmes ou par leurs connaissances du privilège de contre-seing, de la franchise de leurs correspondances. Grâce à eux, tout ce qui était envoyé à Voltaire était contresigné à Paris ; et Voltaire à son tour répondait sûrement à tout son monde, en se servant d'enveloppes à leur adresse. Et comme il avait des courtisans dans toute l'Europe, il parvint à obtenir des franchises de lettres non seulement des grands bureaux de poste de la France et de l'étranger, mais même de toutes les succursales de ces bureaux; de sorte que, de quelque château voisin ou éloigné qu'on l'accablât de billets, il se *ménageait* des ports de *quatre sous* (1). Il eut toujours l'attention de se lier intimement avec les directeurs des finances et des postes à Paris, à Lyon, à Genève et dans tous les endroits où il avait des relations. Tous ces fonctionnaires se firent un honneur de lui rendre service; leurs commis eux-mêmes abusaient, en sa faveur, de leur position pour contresigner tout ce qui leur était présenté pour lui par des personnes, qui n'auraient osé se recommander à la bienveillance des chefs de l'administration. C'est ainsi que le nom des Devaines, des Damilaville, des Marin, des Suard, des Héron vient se placer à côté de celui des ducs d'Orléans, des ducs d'Aiguillon, des Coigny, des Trudaine, des d'Ormesson, des d'Ogny, des d'Asfeld, des Jannel, des Clugny, des Laverdy, des Sartine, des Saint-Florentin, des Sauvigny, des Pont de Veyle, des Maisons, des Raimond, des Hénault, des Maurepas, des Richelieu, des Vergennes, des Tronchin, des Villemorin, des Livri, des Le Normand, des Valenti, des Arnaud, des Bouret, des Chauvelin, des Bernis, des Fleuri, des Malesherbes, des Hennin, des Praslin, des Choiseul, des Tabareau, des Rouillé, des d'Argenson, des Gallatin, des Courteilles, des La Reinière, des Tiroux de Mauregard et de tous ceux à qui leur position donnait tout pouvoir d'épargner la bourse de Voltaire aux dépens du fisc. Ils fermaient les yeux sur les missives, les livres, les brochures, les paquets, en un mot sur tout ce qui était envoyé à Voltaire ou par Voltaire. L'État ne ga-

---

(1) Lettre à Tabareau, directeur de la poste à Lyon, du 3 mars 1770.

gnait donc rien, ou du moins peu de chose en charriant son immense correspondance.

Comment Voltaire recevra-t-il chez lui les sommes immenses qu'on versait chaque année entre les mains de son notaire à Paris ? A Cirey, il employait, à ses risques et périls, la ruse pour s'épargner des droits de déclaration d'argent et ne pas payer doubles frais d'envoi. Le 28 novembre 1735, il mandait à Cideville : « Nous avions, Linant et moi, mis bien proprement 2 louis d'or, bien entourés de cire, dans un gros paquet adressé à sa pauvre sœur, et nous avions pris ce parti parce que le besoin était pressant. La malheureuse a bien reçu la lettre d'avis, mais point la lettre à argent. » Le 7 décembre 1738, il disait à l'abbé Moussinot : « Vous pouvez en toute sûreté mettre les 300 louis bien empaquetés au coche sans les déclarer et sans rien payer, pourvu que la caisse soit bien et duement enregistrée à l'adresse de Mme la marquise comme meubles précieux. Cela suffira. Il faudra, je crois, tirer un reçu du bureau. » A Ferney, aucune de ces inquiétudes. Le 16 avril 1770, il écrivait à M. de la Borde : « Je n'ai l'honneur de vous connaître que par votre générosité. Vous avez eu *toujours* la bonté de me faire toucher mes rentes sans souffrir que je perdisse un denier pour le change. » Sans cette galanterie, il eût perdu, disait-il, le 7 avril 1770, au marquis de Florian, 7 ou 8 0/0 pour le change et pour la conversion de l'argent de Genève en argent de France. Comme banquier de la cour, ce bon M. de la Borde avait un correspondant à Genève ; c'est chez ce dernier que Voltaire était autorisé, non seulement à réclamer le montant des rentes qui lui étaient dues à Paris, mais même à prévenir l'époque des rentrées, en demandant l'avance de tout ce qui lui était nécessaire pour l'entretien de sa maison, en attendant que ses débiteurs eussent mis à même Delaleu de rembourser à M. de la Borde tout ce que celui-ci avait permis à Voltaire de toucher à l'avance (1).

Dans l'histoire de Voltaire, rien n'est à dédaigner ; tous les plus petits détails sont des traits de caractère. Nous venons de parler de ses lettres. Tout le monde a remarqué qu'elles fourmillent d'antidates. Quelques-unes de ces fautes étaient volontaires parce qu'elles devenaient utiles ; mais on ne peut ni excuser ni motiver le plus grand nombre. A quelle cause faut-il les attribuer ? Le 12 janvier 1740, Voltaire disait à l'abbé Moussinot : « Je reçois votre lettre du 10 ; j'avais mal daté les miennes, *parce que je me servais habituellement d'un almanach de l'année passée.* » Or, dans tous les pays, rien n'est moins rare ni moins cher qu'un almanach. Les fréquentes et inexplicables antidates des lettres de Voltaire amènent à conclure qu'il se servait souvent d'un ancien almanach, ou qu'il n'en avait pas de l'année courante. On ne reprocherait pas une pareille négligence à un autre homme. Quand il s'agit de Voltaire, il faut tirer des conséquences de bien des puérilités, parce que la plus grande économie présidait à toutes ses dépenses, quelque petites qu'elles fussent, depuis les paquets d'allumettes de sa cuisine, les hannetons de ses arbres, jusqu'aux magots de son salon.

A part quelques tracasseries de ports de lettres, de

---

(1) Lettre à Delaleu, du 30 mars 1768.

vingtième, de centième denier, de lods et ventes, Voltaire était libre, oui, libre, et si libre qu'il appelait ses domaines un royaume, voire même un assez joli royaume (1) dans le plus joli pays du globe (2), entre la France et la Suisse, sans dépendre ni de l'une ni de l'autre (3). Depuis qu'il se vante d'avoir mis *une partie de sa fortune* en terres (4), il avoue qu'il est très riche, très indépendant, très heureux (5), et si heureux qu'il n'imagine pas un état plus heureux (6). En même temps, il se donne pour un bon citoyen (7) ; il se qualifie Français à l'excès (8). Il ne peut contenir ses transports d'allégresse. Sans cesse il répète qu'il est parfaitement libre (9), et entièrement libre (10), et qu'il est enfin parvenu à ce qu'il a désiré toute sa vie, l'indépendance et le repos (11).

Que signifie tout ce verbiage? Si Voltaire se croit libre, c'est que ses terres sont libres (12) et sont conservées dans leurs anciens privilèges (13). Ces privilèges sont de ne rien payer du tout (14), et d'avoir encore le droit de mainmorte sur plusieurs petites possessions (15). Oui, Tourney ne paye rien au roi et ne

---

(1) Lettre à d'Argental, du 19 décembre 1758.
(2) Lettre à Thieriot, du 24 décembre 1758.
(3) Lettre à Cideville, du 29 juin 1759. — (4) *Idem.*
(5) Lettre à Frédéric, du 27 mars 1759.
(6) Lettre à Cideville, du 29 juin 1759.
(7) Lettre au duc de la Vallière, de 1759 (n° 2845, édit. Beuchot).
(8) Lettre à la comtesse d'Argental, du 15 août 1759.
(9) Lettre à Cideville, du 29 juin 1759.
(10) Lettre à Thieriot, du 11 juin 1759. — (11) *Idem.*
(12) Lettre à Frédéric, du 27 mars 1759.
(13) Lettre à Cideville, du 29 juin 1759. — (14) *Idem.*
(15) Lettre à d'Argental, du 1ᵉʳ février 1764.

doit rien à Genève (1). Ferney est une seigneurie de 7 ou 8,000 livres de rente dans le pays le plus riant de l'Europe (2); elle donne beaucoup de foin, de blé, de paille, d'avoine (3); mais elle est absolument franche de tous droits envers le roi et de tout impôt depuis Henri IV (4); elle n'est grevée d'aucune charge, de quelque nature que ce puisse être (5). Il n'y en avait pas deux dans les autres provinces du royaume, qui eussent de pareilles immunités (6). Voltaire les avait obtenues du roi par brevet, sur la demande de Mme de Pompadour et du duc de Choiseul, vivement aiguillonné par d'Argental (7). Ces faveurs, qui lui avaient été accordées pour lui. et pour Mme Denis (8), il n'en fit aucun mystère. Ainsi, le 28 mars 1760, il mandait à Cideville : « Je souhaiterais à mes amis des terres indépendantes et libres comme les miennes. On paye assez en France. Il est doux de n'avoir rien à payer dans ses possessions. » En 1759, il avait écrit au duc de La Vallière : « Je ne veux point mourir sans vous avoir envoyé une *ode pour Mme de Pompadour. Je veux la chanter fièrement, hardiment, sans fadeur; car je lui ai obligation.* Elle est belle, elle est bienfaisante, sujet d'ode excellent. » Il avait aussi obligation au duc de Choiseul. Dans son *Commentaire historique*, il l'appela « le plus généreux et le plus magnanime des hommes ».

(1) Lettre à Tressan, du 12 janvier 1759.
(2) Lettre à Mme de Fontaine, du 5 novembre 1759.
(3) Lettre à Cideville, du 25 novembre 1758.
(4) *Commentaire historique.*
(5) Lettre à Mme de Fontaine, du 5 novembre 1759.
(6) *Commentaire historique.*
(7) Lettre à d'Argental, du 3 juin 1759. — (8) *Idem.*

Il ne se lasse point de revenir à ces terres qui sont libres et ne payent rien (1). Elles sont considérables (2); ces deux lieues de pays ne rapportent pas grand'chose, ne rendent que trois pour un, quoiqu'il les ait achetées trois fois plus cher qu'elles ne valent (3); mais il s'en console, parce qu'elles ne doivent rien à personne, a-t-il dit, en 1759, au duc de La Vallière. Il s'est fait trois domaines qui se touchent. Il a arrondi tout d'un coup la seigneurie de Ferney par des acquisitions utiles. Le tout monte à la valeur de plus de dix mille livres de rente, et lui en épargne plus de vingt, puisque ces trois domaines défraient presque une maison où il y a plus de trente personnes et plus de douze chevaux à nourrir (4). Ces propriétés sont sur la frontière de France, et elles sont entièrement libres. Il proteste contre les dîmes, et il écrit aux d'Argental et aux Praslin afin de ne rien donner ni au roi ni à l'Église (5). Il lui faut des terres libres! « Vive la campagne! écrit-il, le 27 février 1764, à Mme de Fontaine; vivent les terres et surtout les terres libres, où l'on est chez soi maître absolu, et où l'on n'a point de vingtièmes à payer! C'est beaucoup d'être indépendant; mais d'avoir trouvé le secret de l'être en France, cela vaut mieux que d'avoir fait la *Henriade*. »

Nous voilà de nouveau face à face de notre *bourgeois de Paris*, se servant sans cesse de la truelle et de la

---

(1) Lettre à Dupont, du 6 octobre 1759.
(2) Lettre à Mme du Deffant, du 25 décembre 1758.
(3) Lettre à Bouret, du 20 novembre 1761.
(4) Lettre à Thieriot, du 24 décembre 1758.
(5) Lettre à d'Argental, du 1er février 1764.

plume (1), faisant plus de cas de sa qualité de propriétaire que de ses lauriers de poète, ne parlant que de ses possessions et de ses constructions, de ses ouvriers, de ses troupeaux de bœufs et de moutons, prodiguant les nombres pairs et décimaux, les adjectifs indéfinis et les superlatifs absolus, non sans accompagnement de tous les pronoms possessifs.

Aux Délices et à Tourney, il n'était qu'usufruitier, il pouvait tout embellir, tout ajuster; mais il lui était interdit de démolir, de détruire pour édifier, en un mot de défaire pour refaire. Il avait à craindre la désapprobation d'un maître et l'inutilité de trop fortes dépenses qui retourneraient à autrui, et non à ses héritiers. Propriétaire à Ferney, il put y suivre tous ses penchants, tous ses caprices, s'y montrer créateur. Fut-il un architecte habile?

Ferney n'était primitivement que le supplément des Délices (2). Voltaire finit par en faire sa demeure, sa résidence. Il ne quitta son château que pour venir mourir à Paris dans l'hôtel du marquis de Villette, quelques jours après avoir acheté en viager, suivant son habitude, une maison rue Richelieu. Par conséquent il passa près de vingt ans à Ferney. Il eut le temps de planter et de déplanter, de démolir et de construire. Quelques pages de *la Nouvelle Héloïse* attiraient une foule de voyageurs sur les bords du Léman. Comme Ferney n'était pas éloigné de Genève, tous les amateurs de sites pittoresques se détournaient de leur chemin pour payer

---

(1) Lettre à Mme de Fontaine, du 1er février 1761.
(2) Lettre à Thieriot, du 6 décembre 1758.

leur tribut d'éloges à Voltaire. Tous ses courtisans, tous ses amis accouraient aussi l'y visiter. Grâce à la cohue de ces dévots, Ferney devint la *capitale du monde littéraire* (1), mais resta toujours un hameau, car il lui manquait un monument.

Voltaire prit la truelle, dirigea des ouvriers, mais il ne rêva rien au delà des commodités de sa personne. Il n'était pas artiste.

Il n'avait pas plus le sentiment des arts que celui de la nature. S'il parle des Alpes, c'est parce que ces montagnes sont pour lui la cause d'un froid de Sibérie. S'il chante la beauté du lac, la séduction d'un site pittoresque, c'est parce qu'il peut mettre un pronom possessif avant ces substantifs ; son enthousiasme n'est que de la vanité du bourgeois propriétaire. A Ferney comme aux Délices, il est, avant tout et en tout temps, bourgeois dans son langage et dans ses travaux. Il croit vanter et admirer son ouvrage, et il reste absorbé dans sa personnalité. Il adorerait volontiers sa maison avec la même passion qui attirait involontairement Pygmalion vers sa statue. Cette statue, Pygmalion l'aimait comme la réalisation d'un rêve, comme le dernier effort de sa conception et de son labeur, l'expression de son génie. Voltaire s'attache à Ferney, mais c'est parce que Ferney lui appartient et ne paye rien au roi, et que c'est une trappe inviolable sous laquelle l'auteur de l'*Homme aux 40 Écus* peut se soustraire aux bordereaux du fisc. Quant à l'art, ne lui en demandez pas, c'est un mystère pour lui.

Que lui importent ces arts qui font une vie dans la

---

(1) A. Hugo, *France pittoresque*. Paris, 1833. In-4°, t. I, p. 126.

vie, qui sont le besoin le plus impérieux de notre époque, depuis que nous avons dévoré les belles pages de *Corinne*, de nos Chateaubriand, de nos Montalembert, de nos Lamartine, de nos Victor Hugo, de nos Balzac! Il s'est arrêté à Londres, il a parcouru la Hollande et la Belgique, il a habité Berlin, il a traversé toute l'Allemagne; il ne lui est pas arrivé une seule fois de descendre de sa voiture pour contempler un édifice sacré ou profane; toutes ces vieilles basiliques, tous ces manoirs qui rappellent tant de souvenirs historiques, qui contiennent tant de trésors de sculpture, de peinture, d'orfèvrerie, de tapisserie, de menuiserie, il ne leur a pas consacré une ligne dans ses lettres. Dans ses écrits, il a dû étudier l'archéologie pour saisir le contraste des différentes religions dans leur culte comme dans leur symbole. Cependant, depuis Charlemagne jusqu'à Louis XIV, il laisse passer toutes les occasions de payer son tribut d'éloges aux splendeurs de l'architecture chrétienne; son cœur n'a pas tressailli un seul instant au bruit de nos gros bourdons, à la vue de tous ces portails, de toutes ces tourelles, de ces flèches aériennes, de ces nefs majestueuses, de ces délicates colonnettes, de ces riches galeries, de ces stalles, de ces vitraux, de ces châsses, de ces autels, de ces croisées, de ces rosaces, de ces statues, de ces fresques, de ces tableaux, de ces lampes, de ces tombeaux, de ces ornements sacerdotaux, de ces orgues, qui transforment chaque église en musée et charment tous les sens de l'homme. Mais que dis-je? Rousseau avait rêvé une habitation sans bibliothèque et sans galerie; il fut le premier apôtre du vandalisme. Diderot aussi donnait rendez-vous à sa Sophie dans un petit château sans glaces, sans tableaux, sans sophas, sans colifichets, et il voulait qu'on détruisît tous les temples. Voltaire à son tour soupira après le moment où l'on donnerait le premier coup de marteau à ce sanctuaire qu'il avait salué comme *le chef-d'œuvre de la magnificence et du goût*. En 1777, MM. Trudaine et de Lille venaient de visiter l'Italie; ils descendent à Ferney sur leur passage. Incontinent Voltaire leur parle de Rome et leur demande si Saint-Pierre, cette séduisante cathédrale du vicaire du Christ, est toujours bien sur ses fondements. Sur leur réponse affirmative, il s'écria : Tant pis ! Wagnière (p. 412) garantit la vérité de cette anecdote, rapportée par *les Mémoires de Bachaumont*, le 15 juin 1777. Je l'abandonne aux réflexions de ceux qui prétendent que Voltaire eût désavoué tous les excès de la révolution.

Cet homme ne pouvait faire de sa résidence le sanctuaire des arts. Nous ne devons pas attendre de lui cette ostentation de tableaux, de statues, de figurines, de meubles recherchés, d'éditions princeps, d'albums précieux qui nous transportent d'admiration, lorsque nous soulevons les soyeuses portières de nos maîtres en littérature.

Cependant il dit, le 11 avril 1768, au comte de Rochefort, que Ferney, qu'il n'avait pas acheté 100,000 livres en 1758, lui revient à 500,000 livres. Qu'y a-t-il donc fait ? Une église et un château. Tâchons de savoir s'il a pu consacrer 500,000 livres à *ces œuvres profanes et pies*, comme il le manda, le 30 mars 1768, à Mme du Deffand.

Dans toutes les langues et dans tous les pays, j'imagine, une unité est du singulier. Pour Voltaire, *un* est du pluriel. Il bâtit une église, et il est tout de suite question d'établir des églises (1), d'édifier des églises de village (2) ; il se donne le titre de bâtisseur d'églises (3). Aussi veut-il qu'on sache qu'il bâtit une église (4) et qu'on annonce cette nouvelle consolante aux enfants d'Israël (5). Ne l'oublions donc pas. Il construit une église qui le ruine (6). Or, cette église est une jolie église (7). Il se plaint de se ruiner à bâtir cette église (8) à laquelle il ajuste un portail assez beau (9), un frontispice d'une pierre aussi chère que le marbre (10). Ruine sur ruine. Il se ruine encore à faire des pilastres d'une pierre aussi chère et aussi belle que le marbre (11). Il adresse en droiture une requête pour obtenir du pape, par l'intermédiaire du duc de Choiseul, un domaine absolu sur son cimetière, et des reliques pour son autel (12). Ces reliques, il les reçoit quelques mois après (13). Alors cette église, où il n'a mis ni colonnes de porphyre, ni candélabres d'or (14), il l'orne d'un grand Jésus, doré comme un calice, et qui a une

---

(1) Lettre à d'Argental, du 30 janvier 1761.
(2) Lettre au roi Stanislas, du 15 août 1760.
(3) Lettre à Arnoult, du 9 juin 1761.
(4) Lettre à d'Argental, du 3 août 1760.
(5) Lettre à Thieriot, du 8 août 1760.
(6) Lettre à Albergati Capacelli, du 8 juillet 1761.
(7) Lettre à de Bernis, du 22 novembre 1761.
(8) Lettre à Arnoult, du 6 juillet 1761. — (9) *Idem.*
(10) Lettre à d'Argental, du 21 juin 1761.
(11) Lettre à Arnoult, du 9 juin 1761.
(12) Lettre à la comtesse de Lutzelbourg, du 11 octobre 1761.
(13) *Idem.*
(14) Lettre à Thieriot, du 8 août 1768.

physionomie niaise et l'air d'un empereur romain (1).

Voltaire était-il un bienfaiteur de l'église, comme il s'en vantait, dans sa lettre du 15 juin 1761, à Damilaville? Édifier une église est un acte de générosité; édifier une belle église, c'est acquérir des droits à la reconnaissance de tous les mortels. Cependant Voltaire se plaignait, dans une lettre du 21 mai 1761, à d'Argental, d'essuyer des chicanes affreuses pour prix de ses bienfaits. Il eut même à cette occasion au parlement de Bourgogne un procès qu'il ne termina, suivant Wagnière (p. 45), que grâce à la protection des avocats et des magistrats qu'il ne cessa d'intéresser à sa cause, et pour lesquels il fit imprimer un *Mémoire* qui ne fut tiré qu'à six exemplaires. Il y avait une église à Ferney; Voltaire se permit de la jeter bas, uniquement parce qu'elle lui cachait un beau paysage, afin d'avoir ensuite une grande avenue (2)! Le clergé porta plainte. Voltaire continua de bâtir, comme il le voulait, et sans consulter personne (3). Il mandait le 21 juin 1761, à d'Argental : « On m'a voulu excommunier pour avoir voulu déranger une croix de bois, et pour avoir abattu insolemment une partie d'une grange qu'on appelait paroisse. Comme j'aime passionnément à être le maître, j'ai jeté par terre toute l'église, pour répondre aux plaintes d'en avoir abattu la moitié. J'ai pris les cloches, l'autel, les confessionnaux, les fonts baptismaux; j'ai envoyé mes paroissiens entendre la messe à une lieue. Le

---

(1) Lettre à Mme de Fontaine, du 19 mars 1762.
(2) Lettre à Thieriot, du 8 août 1760.
(3) Lettre à Damilaville, du 15 juin 1761.

lieutenant criminel, le procureur du roi sont venus instrumenter; j'ai envoyé promener tout le monde; je leur ai signifié qu'ils étaient des ânes, comme de fait ils le sont. J'avais pris des mesures de façon que M. le procureur général du parlement de Bourgogne leur a confirmé cette vérité. »

Bâtir une nouvelle église devenait une obligation pour Voltaire. Est-il vrai qu'à l'ancienne grange il substitua un temple honnête, suivant Duvernet (p. 249)? Faut-il prendre à la lettre tous les détails qu'il nous a déjà donnés tout à l'heure?

La bibliothèque impériale de Saint-Pétersbourg possède, entre autres manuscrits de Voltaire, toutes les pièces relatives à l'église de Ferney, comme actes, devis, procès-verbaux, plans, et jusqu'au contrat avec les entrepreneurs. Un mémoire autographe de Voltaire sur la construction de cet édifice a trop d'intérêt pour ne pas trouver place dans nos recherches; nous le donnons tel qu'il a été copié et publié par M. Léouzon-Leduc (1) : « Aujourd'hui, 6 août 1760, maître Guillot et maître Desplace se sont engagés à bâtir les murs de l'église et sacristie de la paroisse de Ferney, au lieu qui sera indiqué par M. le curé : l'église, nef et chœur des mêmes dimensions précisément que l'église, nef et chœur, qui est actuellement auprès du château, afin que les mêmes bois de charpente et menuiserie de l'ancienne puissent servir à la nouvelle; ils édifieront le tout de même hauteur et de même

---

(1) *Études sur la Russie et le nord de l'Europe.* Paris, Amyot, 1853. In-18, p. 350.

pierre nommée blocaille ou blocage, pratiqueront les fenêtres à peu près des mêmes dimensions ; ils se serviront du même portail qui est à l'ancienne église, ils l'enlèveront de la place où il est et mettront des étançons pour soutenir ledit ancien portail ; ils auront seulement soin de faire saillir le portail de la nouvelle église de quatre pouces ; ils feront deux pilastres saillants de quatre pouces de chaque côté du portail avec un fronton de pierre molasse au-dessus du petit portail. Ces quatre pilastres simples seront de briques qu'ils revêtiront de plâtre ou d'un bon enduit de chaux. Il n'y aura point d'autres ornements, le tout au prix des murs du château de Ferney, la pierre taillée au même prix, et ledit ouvrage complet sera payé totalement le 1er ou 15 octobre prochain, jour auquel lesdits entrepreneurs s'engagent à livrer le bâtiment aux charpentiers pour faire la couverture. Fait au château de Ferney, ledit 6 août 1760. » Les ordres de Voltaire furent ponctuellement exécutés. Afin que les matériaux de l'ancienne église fussent plus facilement employés, on s'avisa de faire la nouvelle un peu plus petite, et si rétrécie, qu'elle ne pouvait contenir plus tard que le tiers de la population de Ferney, dont la plupart des habitants professaient la religion réformée (1). Cet inconvénient, Voltaire le reconnaissait ; il ne se soucia pas d'y remédier. Il aimait mieux bâtir des maisons qui lui rapportaient de bons loyers. Aussi se contentait-il de gémir sur

(1) Depery, *Biographie des hommes célèbres du département de l'Ain*. Bourg, 1835. In-8°, t. I, p. 131.

l'exiguïté de son oratoire. Les *Mémoires* de Bachaumont, du 15 juin 1777, rapportent qu'il dit un jour à des voyageurs : « Je vois avec douleur, aux grandes fêtes, qu'il ne peut contenir tout le sacré troupeau; mais il n'y avait que cinquante habitants dans ce village quand j'y suis venu, et il y en a douze cents aujourd'hui. Je laisse à la piété de Mme Denis de faire une autre église. » Sur l'autel, Sherlock (p. 153) remarqua une figure simple en bois doré sans croix; des voyageurs ont cru y distinguer les traits du fondateur de la paroisse. A l'extérieur, tout était aussi mesquin qu'à l'intérieur. Sur la porte, suivant Duvernet (p. 249), on lisait : *Soli Deo*. Au frontispice, dit Dufresne (p. 7), Voltaire fit graver ces mots en lettres d'or sur un marbre noir : *Deo erexit Voltaire*. C'est la seule particularité qui ait valu à cette construction l'honneur de figurer sur la planche 161, dans le tome IV des *Tableaux de la Suisse*, publiés en 1786 par Zurlauben. Tous les étrangers la prennent pour une chapelle. Ainsi, grange pour grange, l'ancienne était aussi bonne que la nouvelle. Donc elle ne ruina pas Voltaire.

Il se regardait comme un squelette de cinq pieds et trois pouces de haut sur un pied et demi de circonférence (1). Or, que faut-il à un squelette, si ce n'est un tombeau? Voltaire ne cherchait qu'un tombeau dans l'acquisition d'une maison (2). Les Délices, c'était un tombeau pour lui (3); il achète Ferney, et il croit

---

(1) Lettre à Bertrand, du 21 octobre 1757.
(2) Lettre à de Brenles, du 27 janvier 1755.
(3) Lettre à d'Argental, du 8 mars 1755.

n'avoir agrandi que son sépulcre (1). En 1766, il voulut avoir un tombeau véritable (2). Il s'amusa à en faire bâtir un petit fort propre et sans aucun luxe (3), de bonne pierre de roche et d'une simplicité convenable (4). Il exigea aussi, suivant Duvernet (p. 249), qu'on prît la mesure de la bière destinée à l'enfermer, comme un tailleur prend la mesure d'un habit. Pendant que le maçon le toisait, Voltaire disait : « Au moins on ne m'accusera pas d'avoir manqué de précaution. » Puis, quelque chose de forme pyramidale s'enfonça dans l'épaisseur du mur de l'église, comme on peut le voir sur la planche précitée des *Tableaux de la Suisse*, et se trouva ainsi moitié dehors et moitié dans l'intérieur de cet édifice. « Les malins, répétait Voltaire, diront que je ne suis ni dehors ni dedans. » Depuis ses fenêtres, remarquèrent les *Mémoires* de Bachaumont, le 15 juin 1777, il apercevait cet *informe amas de pierres entassées* où sa dépouille mortelle n'a pas encore reposé, pour me servir d'une expression du marquis de Villette (p. 319).

Il s'était aussi ruiné en bâtiments à la Palladio, en terrasses, en pièces d'eau (5). Il avait fait de Ferney quelque chose de fort au-dessus des Délices (6), car il était devenu plus grand cultivateur et plus grand architecte que jamais, et s'il élevait des colonnades, il avait

---

(1) Lettre à Mme du Deffand, du 27 décembre 1758.
(2) Lettre à Ximenès, du 3 février 1766.
(3) Lettre à Taulès, du 1er mai 1766.
(4) Lettre à Marin, du 19 août 1768.
(5) Lettre à d'Argental, du 7 mars 1760.
(6) Lettre à Mme de Fontaine, du 27 février 1761.

aussi des charrues vernies (1). Il s'occupait à la fois de ferme, de théâtre, de château et de jardins.

Une ferme appelée le *Grand-Commun*, suivant Dufresne (p. 11), servait d'habitation aux domestiques des champs et d'asile aux gens des voyageurs. Là était l'écurie du maître. En 1758, il mande, le 10 décembre, à M. de Brosses qu'il possède seize bœufs à Ferney, et le 24 suivant, il dit à Thieriot qu'il nourrit plus de douze chevaux, ce qui faisait vingt-huit quadrupèdes. Ce chiffre n'est-il pas une exagération? Parole de Voltaire n'est pas mot d'évangile. Il serait difficile de deviner l'usage de tant de chevaux et de bœufs dans un domaine aussi petit que celui de Voltaire, au mois de décembre 1758. Il avait encore la velléité d'établir un haras, oui, un haras. Car il n'avait qu'une demi-douzaine de vieilles juments pour le trainer, lui et sa nièce. A ces pauvres bêtes, descendant en droite ligne des haquenées d'Harpagon, il donna une façon de compagnon, un fantôme de cheval. C'était un étalon danois au moins aussi âgé, usé, cassé que Rossinante, se trainant avec peine, essayant inutilement de répondre à la complaisance de ses nobles et vénérables haridelles : tant il y a que ses efforts ne furent couronnés d'aucun succès. Des tableaux indécents, des scènes comiques, des railleries sanglantes furent les seuls fruits de ce que Grimm, dans sa *Correspondance littéraire*, du mois d'août 1764, nomme avec esprit le haras de Voltaire.

Dès le mois de septembre 1760, Voltaire se dévorait

---

(1) Lettre à Mme de Fontaine, du 5 mai 1759.

d'envie de transférer à Ferney le théâtre de Tourney et d'y construire une salle de spectacle, malgré le malheur des temps (1). L'année suivante, il se flatta d'avoir un très joli théâtre (2), le plus joli théâtre de France (3), un théâtre mieux entendu, mieux orné, mieux éclairé que celui de Paris (4). Rien n'y manquait, on y admirait jusqu'à deux loges grillées (5). Toute la salle avait été faite sur le modèle de celle de Lyon, le même peintre avait été chargé des décorations, une perspective étonnante complétait l'illusion (6). On ne peut rien désirer de plus enchanteur qu'une pareille description ; il est fâcheux qu'il ne se soit rencontré aucun Vitruve pour en conserver le plan, ni aucun Vasari pour confirmer le témoignage de Voltaire. Il n'est pas téméraire de rabattre quelque chose des éloges de notre architecte ; tout le monde n'a pas attaché la même importance à son chef-d'œuvre construit très légèrement dans la cour du château (7) ; à la mort de Voltaire, tout fut abattu impitoyablement comme un embarras et une pauvre inutilité. Une corbeille de fleurs et un gazon verdoyant ont remplacé la scène et le parterre du poète tragique. Deux chemins sablés tournent à droite et à gauche de ce parterre, et mènent directement au perron du château, rapporte Dufresne (p. 7).

(1) Lettre à Mme de Fontaine, du 29 septembre 1760.
(2) Lettre à d'Argental, du 20 octobre 1761.
(3) Lettre à Dalembert, du 20 octobre 1761.
(4) Lettre à Mme de Fontaine, du 19 mars 1762.
(5) Lettre à de Bernis, du 25 mars 1762.
(6) Lettre au duc de Villars, du 25 mars 1772.
(7) *Lycée français.* Paris, 1820. In-8°, t. III, p. 187.

Derrière ce château, Voltaire possédait les plus beaux potagers du royaume (1). Ferney était devenu charmant comme par enchantement ; on y admirait des fleurs, de la verdure, de l'ombrage, des bois ; on y nageait dans l'utile et l'agréable (2). Grâce à ces avantages, il parut l'un des séjours les plus riants de la terre, par sa situation et ses jardins singuliers (3). Car c'étaient aux quatre points cardinaux, quatre jardins champêtres, des vignes en festons à perte de vue ; presque rien de régulier ; en un mot, des jardins ne ressemblant à rien du tout (4). Il était impossible d'en avoir d'aussi séduisants (5). Des bois que Voltaire acheta (6), il se fit un parc d'une lieue de circuit (7). De son Éden, il apercevait les Alpes, le lac, la ville de Genève et les environs ; il aimait à jouir de ce superbe coup d'œil. Aussi ne manquait-il pas de conduire les étrangers dans son parterre à l'anglaise. Là il oubliait sa vieillesse et ses maladies, et il parlait avec la chaleur d'un petit maître de trente ans, remarque Sherlock (p. 136). Un voyageur raconte ainsi, dans les *Mémoires de Bachaumont*, du 14 juillet 1769, son entrevue avec Voltaire dans les jardins de Ferney, en 1769. « Il se prétend investi de tous les fléaux de la vieillesse. Je le laissai se plaindre ; et, pour vérifier par moi-même ce qui en était, dans une promenade

---

(1) Lettre à la comtesse de Lutzelbourg, du 10 mars 1761.
(2) Lettre au marquis de Florian, du 2 mai 1766.
(3) Lettre à Mme de Fontaine, du 1er février 1761.
(4) Lettre à d'Argental, du 19 mars 1761. — (5) *Idem*.
(6) Lettre au marquis de Florian, du 27 décembre 1766.
(7) Lettre à Mme de Florian, du 29 décembre 1762.

que nous fîmes ensemble dans le jardin, tête à tête, je baissai d'abord insensiblement la voix, au point d'en venir à ce ton bas et humble dont on parle aux ministres ou aux gens qu'on respecte le plus. Je me rassurai sur ses oreilles. Ensuite, sur les compliments que je lui faisais de la beauté de son jardin, de ses fleurs, il se mit à jurer après son jardinier, qui n'avait aucun soin; en jurant, il arrachait de temps en temps des petites herbes parasites, très fines, très déliées, cachées sous les feuilles de ses tulipes, et que j'avais toutes les peines du monde à distinguer de ma hauteur. J'en conclus que M. de Voltaire avait les yeux très bons; et, par la facilité avec laquelle il se courbait et se relevait, j'estimai de même qu'il avait les mouvements très souples, les ressorts très liants, et qu'il n'était ni sourd, ni aveugle, ni podagre. » En 1773, un autre curieux visitait le jardin de Voltaire et disait, comme on peut le voir dans Lepan (p. 335) : « Le jardin est fort beau et très grand. Il forme avec le parc une vaste enceinte. Le parc renferme un beau bois planté de chênes, de tilleuls et de peupliers, dont on porte la valeur à 300,000 francs (erreur, car tout le domaine de Ferney ne fut pas vendu plus de 230,000 francs après la mort de Voltaire). De belles et longues allées. Les vues en sont fort belles. Ici ce sont des feuillages et des buissons toujours verts; là un gazon vert entouré de bosquets, avec quatre entrées ou ouvertures. Au milieu est un grand et antique tilleul bien touffu qui couvre le bosquet de ses branches épaisses. C'est ce qu'on appelle *le Cabinet de Voltaire :* c'est là qu'il travaille. Tout près est un petit bâtiment où l'on élève des vers à soie, qui lui servent de délassement. Non loin de là est un paratonnerre dont la chaine descend dans une fontaine. A côté du bâtiment des vers à soie, il y a un champ qu'on appelle le champ de M. de Voltaire, parce qu'il le cultivait de ses propres mains. Ce parc offre encore de beaux labyrinthes, une grande pêcherie, de beaux parterres, des vignes et d'excellents raisins, des jardins potagers et fruitiers, dont les murs sont partout couverts de poiriers et de pêchers. Le Mont-Blanc, que l'on voit couvert de neiges, et le jardin rempli de fleurs de tous côtés, forment un contraste qu'on pourrait difficilement rencontrer ailleurs, et offrent un coup d'œil enchanteur. Près du château est une salle de bain : c'est un petit pavillon en marbre. Deux tuyaux de plomb amènent dans la baignoire de l'eau chaude ou de l'eau froide à volonté. L'eau se chauffe dans une chaudière placée dans un coin en dehors du pavillon. »

Après s'être ruiné en terrasses et en pièces d'eau, Voltaire se ruina un peu en bâtiments et en châteaux (1). Il s'occupa de sa ruine, en faisant bâtir des châteaux (2). Il est possible qu'un de ces châteaux soit resté en Espagne ; pour l'historien, il n'existe qu'un château qui ait pu ruiner Voltaire (3), car il le fit sans consulter personne (4).

Il n'avait acheté qu'un castel à créneaux, à machi-

---

(1) Lettre à Thieriot, du 5 décembre 1759.
(2) Lettre à Collini, du 7 mai 1759.
(3) Lettre à la comtesse de Lutzelbourg, du 3 décembre 1759.
(4) Lettre à Thieriot, du 8 octobre 1760.

coulis et à meurtrières (1), maison commode et rustique, où il entrait par deux tours entre lesquelles il pouvait avoir un pont-levis (2). Il se serait volontiers accommodé de tout cela, car il vivrait très bien avec 100 écus par mois; mais il cohabitait avec Mme Denis (3). Cette héroïne de l'amitié, cette victime de Francfort méritait des palais, des cuisiniers, des équipages, grande chère et beau feu (4). Il y aurait eu de la cruauté, de la barbarie à laisser dans la gêne cette pauvre *garde-malade*, comme il l'appelait dans ses lettres. Voilà donc Voltaire qui reprend la truelle et dirige des ouvriers avec tant de zèle, que tout obstacle l'indignait. Ainsi l'hiver le mettait de mauvaise humeur, parce que cette saison lui ôtait le plaisir de se ruiner en bâtiments (5). Dès le 6 décembre 1758, mande-t-il à Thieriot, vingt maçons lui rebâtissent un château à Ferney, qui ne lui appartenait pas encore. Le 24 suivant, il est question d'un assez beau château (6); au printemps de 1759, toutes les beautés éclatent. Alors paraît un très beau château (7), un château dans le goût italien (8). « Il est d'ordre dorique, écrit Voltaire, le 20 juillet à la comtesse d'Argental; *il durera mille ans*. Je mets sur la frise : *Voltaire fecit*. On me prendra, dans la postérité, pour un fameux archi-

---

(1) Lettre à de Brenles, du 27 décembre 1758.
(2) Lettre à Cideville, du 25 novembre 1758.
(3) Lettre à Thieriot, du 24 décembre 1758. — (4) *Idem*.
(5) Lettre au marquis de Chauvelin, du 11 décembre 1759.
(6) Lettre à Thieriot, du 24 décembre 1758. — (7) *Idem*, du 11 juin 1759.
(8) Lettre à Cideville, du 29 juin 1759.

tecte. » Dès qu'il l'a couvert, il le donne, vanité à part, pour un morceau d'architecture qui aurait des approbateurs, même en Italie (1), parce que c'est du Palladio tout pur (2), un bâtiment régulier de cent douze pieds de face (3), et de jolie structure (4), au milieu de quatre jardins champêtres (5), de sorte que jamais on ne rencontrera d'aussi superbe château (6).

Voltaire avait appelé sa maison du Chêne un palais; il donnait aussi ce nom aux Délices. Ferney était fort au-dessus des Délices, donc ce devait être un palais. Or, un palais coûte beaucoup. Donc Voltaire s'est ruiné à bâtir un petit palais dans un désert, comme il ne manqua pas de s'en plaindre, le 4 septembre 1759, à M. Bertrand. Jusqu'en 1778, cette propriété dut tous les jours s'embellir; néanmoins, suivant Wagnière (p. 168), Mme Denis ne la vendit que 230,000 livres. Et Voltaire se plaignait d'avoir consacré 500,000 livres seulement à reconstruire le château et la chapelle de Ferney!

Comment aurait-il pu consacrer une somme aussi considérable à ces deux édifices? Il n'eut pas d'architecte à payer; il avait à sa disposition ses seize bœufs et ses douze chevaux pour amener tous les matériaux nécessaires; il possédait des chênes droits comme des pins, et touchant le ciel (7); il avait la pierre ainsi que le bois;

---

(1) Lettre à Mme de Fontaine, du 5 novembre 1759.
(2) Lettre à d'Argental, du 15 février 1760.
(3) Lettre au marquis de Florian, du 2 mai 1766.
(4) Lettre à Mme de Fontaine, du 1er février 1761.
(5) Lettre à d'Argental, du 19 mars 1761. — (6) *Idem*.
(7) Lettre à Cideville, du 25 novembre 1758.

le marbre seul lui manquait, mais il lui arrivait par le lac de Genève (1). Aussi ne le prodiguait-il pas, car il aimait mieux un bon livre anglais, écrit librement, que cent mille colonnes de marbre (2).

Il est certain que son château, si château il y a, ne durera pas mille ans. Il est construit de pierre d'une assez mauvaise qualité, ainsi que l'a remarqué M. Clogenson (3). On y fait souvent d'importantes réparations. Il y a déjà bien des années qu'on a été obligé de reconstruire l'une des façades.

Cependant, grâce au nom de Voltaire, ce château a été dessiné et classé par M. Blancheton parmi les *Châteaux de France* (4). On ne pouvait mieux le placer pour en faire apprécier le peu de valeur et d'importance. Au milieu de toutes les illustres et immenses résidences de la noblesse et de l'opulence, l'habitation du plus riche des hommes de lettres n'apparait plus que comme le pied-à-terre du régisseur d'un grand seigneur. Regardez avec attention soit la façade du côté du jardin, soit la façade du côté de la cour, ainsi qu'on le peut voir dans la planche 155ᵉ des *Tableaux de la Suisse*, et il vous sera impossible d'honorer du nom de château une demeure élevée de quelques marches, se composant d'un rez-de-chaussée et d'un premier étage, ayant chacun neuf croisées de face.

Le bâtiment est de forme carrée, sans pavillons, et,

---

(1) Lettre à Thieriot, du 24 décembre 1758.
(2) Lettre au R. P. Bettinelli, du mois de mars 1761.
(3) Lettre du n° 2851 de l'édit. Beuchot.
(4) *Vues pittoresques des châteaux de France* dessinées d'après nature et lithographiées. Paris, Firmin Didot. In-fol., t. II, p. 16.

en toutes choses, d'une extrême simplicité, dit M. Blancheton (t. II, p. 17). Il est sans ailes et sans décorations ; point vaste, mais commode, ajoute Lantier (t. I, p. 367). Encore est-il mal placé dans un lieu peu agréable, malgré les Alpes et le mont Jura. La longue façade sans profondeur est tournée du côté du grand chemin, au lieu de la belle vue, dit encore M. Blancheton. Du côté de Genève, on découvre de fort loin cet édifice ; mais, comme il n'y a aucun ornement sur cette façade qui aurait dû être la principale, remarque M. Depery (t. I, p. 155), il ne présente que l'aspect d'un pavillon modeste et étroit. Sherlock (p. 150) distingua les armoiries de noblesse du philosophe sur la porte du perron, ainsi que sur toutes les assiettes de service.

En entrant, dit M. Dufresne (p. 7), on se trouve dans un vestibule qui n'a rien de remarquable ; un assez bel escalier en pierre est à gauche et conduit au premier étage. Quatorze chambres étaient réservées aux étrangers du temps de Voltaire, suivant Biœrnstahl. Sherlock (p. 150) trouva les logements commodes et assez bien meublés. Biœrnstahl en parlait ainsi, comme on peut le voir dans Lepan (p. 333) : « Les appartements sont très ornés : on y voit des tableaux des plus grands maîtres, tels qu'une Vénus de Paul Véronèse, une Flore de Guido Reni. On y voit encore deux tableaux d'Albane, l'un représentant la Toilette de Vénus, l'autre les Petits Amours endormis. Dans la chambre de Mme Denis est le portrait de Catherine, impératrice de Russie, travaillé en soie par un artiste de Lyon, nommé La Salle. Dans la même pièce se remarque la statue en marbre de Voltaire. Cette même statue se retrouve, ainsi que son buste en plâtre, dans toutes les chambres du château. Dans l'une de ces pièces sont plusieurs portraits de famille, et celui de Mme de Pompadour peint par elle-même, et dont elle a fait don à Voltaire. » Le 6 janvier 1775, M. de Saint-Remi écrivait de Ferney : « Ferney est un très beau château, très solidement bâti ; il a une grande quantité de tableaux, de statues, de choses rares, qui doivent valoir un argent immense. » Malheureusement voilà Wagnière (p. 374) qui fait cette remarque sur ces lignes insérées dans les *Mémoires de Bachaumont* du 17 janvier 1775 : « A l'égard de la grande quantité de tableaux, statues du château de Ferney, ce qu'en dit M. de Saint-Remi est *fort exagéré;* M. de Voltaire n'avait qu'une vingtaine de tableaux au plus, et quelques bustes, parmi lesquels étaient plusieurs portraits de princes et d'hommes célèbres qui lui étaient chers. Son château était *meublé très proprement*, mais *sans aucun luxe. Tout y était simple et commode.* » Le marquis de Luchet (t. II. p. 186 et 275) s'est aussi moqué des tableaux et des statues qui avaient ravi en extase M. de Saint-Remi. Ferney lui parut l'habitation commode d'un particulier aisé, et non la retraite d'un célibataire opulent. Il n'y aperçut que quelques tableaux: médiocres, des meubles simples, des gens modestement vêtus, une table saine, des équipages antiques, des jardins qui devaient toute leur beauté à la nature, un parc médiocrement entretenu ; dans aucun endroit la plus petite statue ne frappa sa vue. Chaudon adopta cette description comme la seule exacte d'un palais qu'il ne put appeler qu'une maison de campagne. Il ajouta (t. II,

p. 72) que « ces théâtres dont on a tant parlé n'avaient rien non plus de fort brillant. Les châssis des coulisses étaient couverts d'oripeaux en clinquant, et de fleurs de papier. Le fond représentait des arcades percées dans le mur. Au lieu de frises, c'était un drap sur lequel était peint en couleur cannelle un immense soleil. » M. de Saint-Remi n'a pu admirer à Ferney d'autres curiosités que celles qui tombèrent sous les yeux de Wagnière, de Luchet, de Chaudon; sa lettre nous apprend combien il faut se défier des narrations de tous les hôtes de Voltaire. Nous avons laissé Biœrnstahl s'abandonner à son enthousiasme en face des toiles de Paul Véronèse, du Guide, de l'Albane. Or, ces tableaux qu'on voyait encore à Ferney en 1847, ne sont point des originaux, de l'avis de Lantier (t. I, p. 367) et de tous ceux qui les ont examinés. Par conséquent, nous devons nous en rapporter au jugement des Wagnière, des Luchet, des Chaudon. De là, il est permis de conclure qu'il y avait beaucoup d'ignorance des arts et beaucoup de mauvaise foi chez tous ceux qui couraient se prosterner devant Voltaire, et qu'il n'avait pas tort de consacrer un article aux *Badauds* dans son *Dictionnaire philosophique*, d'éviter leur présence, et de les laisser pour travailler dans sa bibliothèque.

Qu'était-ce que cette bibliothèque? Luchet (t. II, p. 276) avoue qu'elle n'était ni aussi nombreuse, ni aussi bien choisie que la fortune et les besoins de Voltaire l'auraient fait présumer. M. de Saint-Remi, dans sa lettre précitée, y compta 6,210 volumes, la plupart médiocres, surtout en histoire, mais presque tous chargés de notes de la main de Voltaire. Biœrnstahl (Lepan,

p. 335), encore sous le charme, crût voir une bibliothèque très belle et très bien choisie dans une collection de six à sept mille volumes, dont beaucoup de théologie et d'histoire; il y distingua des livres de toutes les sciences, des dictionnaires de toutes les langues connues, tous les poètes italiens; aucun des philosophes anglais n'y manquait, suivant Sherlock (p. 139). A la mort de Voltaire, tous ces bouquins furent achetés par l'impératrice Catherine cinquant mille écus, et pareille somme en diamants et en pelisses, suivant Wagnière (p. 8). Un homme dont l'érudition égale le génie, le comte de Maistre, visita attentivement cette bibliothèque au palais de l'Ermitage. « On ne revient point de son étonnement, a-t-il dit, dans ses *Soirées de Saint-Pétersbourg*, en considérant l'extrême médiocrité des ouvrages qui suffirent jadis au patriarche de Ferney. On y chercherait en vain ce qu'on appelle les *grands* livres et les éditions recherchées, surtout des classiques. Le tout ensemble donne l'idée d'une bibliothèque formée pour amuser les soirées d'un campagnard. Il faut encore y remarquer une armoire remplie de livres dépareillés dont les marges sont chargées de notes de la main de Voltaire, et presque toutes marquées au coin de la médiocrité et du mauvais ton. La collection entière est une démonstration que Voltaire fut étranger à toute espèce de connaissances approfondies, mais surtout à la littérature classique. S'il manquait quelque chose à cette démonstration, elle serait complétée par des traits d'ignorance sans exemple qui échappent à Voltaire en cent endroits de ses œuvres, malgré toutes ses précautions. Un jour, peut-être, il sera bon d'en présenter un recueil choisi, afin d'en finir avec cet homme. » M. Léouzon-Leduc a feuilleté les 7,500 volumes qui avaient attiré les regards de l'auteur des *Soirées de Saint-Pétersbourg;* ses observations (p. 336) confirment les jugements précédents. Un catalogue de la bibliothèque de Voltaire prouverait que la véritable cause de ses connaissances superficielles en toutes choses fut moins la légèreté de son esprit que le mauvais choix de ses livres et des éditions de ses livres, ce qu'on ne peut expliquer que par cette avarice à laquelle il sacrifia ainsi jusqu'à sa gloire littéraire. Car il devait avoir une bibliothèque d'autant plus complète et bien choisie, qu'il vécut presque toujours loin des villes. Quand il commença ses *Commentaires sur Corneille*, il n'avait entre les mains qu'une édition de Corneille de 1644, remplie d'incorrections et de fautes corrigées depuis cette époque par Corneille. Et même cet exemplaire n'était pas complet, comme l'apprend sa lettre, du 12 juillet 1761, à Duclos. Ce ne fut que le 6 septembre 1764, qu'il fit l'acquisition d'une édition de Corneille en deux volumes in-folio, 1663-64, ainsi qu'il le manda huit jours après à Duclos. Jusque-là il n'avait donc pas encore étudié Corneille dans une bonne édition, ou du moins il n'en possédait pas.

Dans la salle à manger, on ne présentait, suivant Sherlock (p. 151), que des assiettes d'argent sur lesquelles étaient gravées les armes de Voltaire; au dessert, les cuillères, les fourchettes et les lames de couteaux étaient en vermeil; il y avait deux services et cinq domestiques, dont trois étaient en livrée. Un autre objet qui attirait les regards était ce tableau, placé depuis dans le salon, et que Mme de Genlis prit pour une véritable enseigne à bière. Le sujet de cette peinture est une Gloire coiffée à la française, présentant Voltaire tout entouré de rayons comme un saint, au dieu de la poésie qui descend de son char pour le recevoir et lui donner une couronne. Le bas du temple de Mémoire est décoré de colonnes entre lesquelles sont les bustes d'Euripide, de Corneille, de Racine et de Sophocle; celui de Voltaire est couronné par les Amours, et l'on voit Pégase dans le lointain; tous les hommes célèbres nommés plus haut paraissent lui faire les honneurs de cette apothéose. Sur la droite de cette toile on distingue Fréron, Sabatier, Patouillet, Desfontaines, ouvrant des bouches énormes, faisant des grimaces effroyables sous les pieds des Furies qui les écrasent et les fouettent. Pendant ses repas, Voltaire s'égayait aux dépens de ces personnages, et promenait sa vue sur ce tableau qu'il appelait son *Temple de Mémoire*, quoique cette allégorie fût aussi mauvaise de dessin et de coloris que de composition. Il lui avait été donné par un artiste du nom d'Alix, de Ferney, fidèle commensal du château. Il n'était pas déplacé à côté des magots et des copies à très bon marché que Voltaire avait reçus de Paris (1). Le lettré universel n'avait aucune notion sur la peinture, la gravure, la sculpture ni le dessin. Il en convenait de bonne foi (2). Quand ses adorateurs lui érigèrent cette statue qu'on a cachée dans un coin de la

---

(1) Lantier, t. I, p. 367 et 370. — Dufresne, p. 8. — *Mémoires de Mme de Genlis*, t. II, p. 321.

(2) *Mélanges du prince de Ligne*, t. X, p. 258. — Lantier, t. I, p. 367.

Bibliothèque de l'Institut, et qu'on devrait placer dans la pépinière du Luxembourg pour effrayer les pierrots, il se laissa sculpter par Pigalle dans l'attitude d'un squelette. Cette nudité, qui conviendrait à un Narcisse, devenait une satire contre un vieillard de soixante-dix ans. Les épigrammes ne manquèrent pas de relever ce ridicule (1), quoique Pigalle et Diderot eussent persisté à trouver cette bévue digne d'admiration (2). Quelques années auparavant, l'Académie ayant témoigné le désir d'avoir son portrait, Voltaire lui en avait envoyé un dont il avait chargé un pauvre barbouilleur de passage à Lausanne (3).

La chambre à coucher et le salon de Voltaire n'étaient aussi rien moins qu'un musée. Chacune de ces pièces n'excède guère douze à quinze pieds. Avant de considérer avec Blancheton (t. II, p. 17), dans la chambre à coucher, un bois de lit de sapin grossièrement travaillé, entrons dans ce salon grand comme la main (4) où l'on prétend que causaient, dansaient et riaient souvent des sociétés de trois cents personnes.

« La porte du salon de réception est à deux battants, dit M. Dufresne (p. 7, 8 et 9), qui le visita en 1831; il est encore meublé et décoré comme à cette époque; c'est presque un carré parfait; dans une niche à droite est un poêle de forme pyramidale; son buste est au-

---

(1) *Correspondance littéraire de Grimm*, avril 1773. — *Mémoires de Bachaumont*, 16 octobre 1770.
(2) *Mémoires de Morellet*. Paris, 1823. In-8°, t. I, p. 200.
(3) Lettres à Mme de Fontaine, du 10 janvier, et à d'Argental, du 16 juin 1758.
(4) *Correspondance inédite de Voltaire avec de Brosses*, p. 298.

dessus; dix fauteuils garnissent le pourtour; ils sont en point de tapisserie, selon le goût du temps, encore en assez bon état; six ou sept tableaux d'un mérite plus ou moins remarquable décorent les murs; au-dessus de la porte du salon, il en est un qui représente une chasse assez médiocre de composition, de couleur et de dessin, de Boucher ou de son école; à droite et à gauche de celui-là sont deux assez bonnes copies d'après le Guide, l'une la *Toilette de Vénus,* l'autre le *Sommeil de l'Amour* et de ses compagnons; car, outre le petit Cupidon, on voit un grand nombre d'enfants nus avec ou sans ailes, dans l'état de sommeil, ainsi que lui, étendus sur une espèce de linceul. Vient ensuite un autre tableau qui m'a été désigné sous le nom de l'*Amour maternel;* de l'autre côté du poêle, on en remarque un autre d'un certain mérite; il représente le brave Renaud endormi entre les bras d'Armide. En allant du côté gauche du même salon, on passe devant deux croisées, ainsi qu'une porte vitrée à deux battants, qui donne entrée dans le parc; au-dessus d'une autre et qui est en face de celle près le poêle, et qui donne entrée dans la chambre à coucher, on remarque un sixième tableau, que Voltaire désignait sous le titre de son *Temple de Mémoire.* En remontant vers la porte d'entrée du salon, on remarquait une console à dessus de marbre verni très commun. »

« Dans la chambre à coucher, continue le voyageur (p. 9), les premiers objets, placés entre la porte et l'unique fenêtre de cette pièce qui s'offrent à la vue, sont cinq ou six portraits en gravures dans des cadres noirs des plus modestes. Puis vient le lit bien simple et presque mesquin ; il est à deux dossiers, adossé au mur, en regard du midi. De chaque côté du lit, sont encore dans leur même place deux encoignures de son ameublement ; elles sont en bois de placage, à dessus de marbre, quatre fauteuils couverts de la même étoffe que les rideaux du lit, et dont les bois sont peints en couleur grise, de même que ceux du salon. » L'ameublement, dit Blancheton (t. II. p. 17), était en damas bleu clair ; les dévots ont déchiré des morceaux des rideaux du lit, qui perdirent ainsi deux aunes de leur longueur et pendaient en lambeaux autour d'un antique baldaquin sous lequel était accroché un très mauvais portrait de Lekain, au pastel ; ceux de Frédéric et de Voltaire, également mauvais, étaient suspendus à l'un et à l'autre côté du lit. Du temps de Voltaire, suivant Lantier (t. II. p. 34), il y avait dans cette pièce cinq pupitres ; il passait de l'un à l'autre, suivant la nature de ses travaux et le genre de littérature dont les cahiers étaient placés sur l'un de ces cinq pupitres. Son fauteuil de bureau était en jonc, revêtu d'une housse de même étoffe que celle des rideaux du lit, rapporte M. Dufresne (p. 14). Voltaire avait un autre fauteuil dans lequel il a constamment travaillé dans les dernières années de sa vie, et qu'il avait lui-même commandé tout exprès pour sa plus grande commodité, en faisant adapter à l'un des bras un pupitre, et à l'autre une petite table à tiroir ; ces deux objets, pivotant à volonté, lui servaient ensemble ou séparément, lit-on dans le *Journal des Débats*, du 30 mars 1825.

Sa ménagerie, suivant Lantier (t. II. p. 20), se composait d'un aigle des Alpes qu'il conserva trois ans.

Aux Délices, il avait eu un grand singe qu'il appela Luc, si nous en croyons Wagnière (p. 34).

J'ai versé tout mon sac de particularités que mes nombreuses recherches m'ont fournies sur les dépenses de Voltaire au château de Ferney.

Jusqu'à présent, personne n'a manqué de dire que Voltaire vivait comme un prince à Ferney, et que toutes ses habitudes rappelaient le grand seigneur. Pour grandeur, il avait la vanité et l'insolence; mais il y avait peu de bourgeois du dix-huitième siècle, qui n'étalassent plus de faste dans leurs châteaux. Il était impossible de moins dépenser que lui en chiens, en chevaux, en équipages, en ameublement. En tout et partout, l'avare éclipsait le bourgeois gentilhomme. Il fallait la sagacité d'un œil de femme pour nous révéler les traits de caractère qui ont échappé au fanatisme des pèlerins de Ferney. De là ces remarques que nous déterrons dans les *Mémoires* de lady Craven, margrave d'Anspach, page 37 du tome II : « sa salle à manger était d'ordinaire fort mal propre. Il avait beaucoup de voitures, mais dans le nombre il ne s'en trouvait pas une en état de servir. Il avait coutume d'écrire les notes qu'il prenait, pour ses ouvrages les plus importants, sur des chiffons de papier, et il est surprenant qu'il pût les retrouver dans le désordre où ils étaient. Il portait une robe de chambre sale et une perruque sans poudre sur laquelle il mettait un bonnet de soie ou de velours brodé. Quand il était seul, ses domestiques le servaient souvent en veste, et, comme il leur donnait rarement des livrées neuves, ceux qui venaient d'entrer chez lui portaient celles de leurs anciens maîtres, ce qui leur donnait l'air d'être les serviteurs de personnes qui habitaient momentanément sa maison. » Y a-t-il exception pour le théâtre? Malheureusement les *Mémoires* de Gibbon, (tome Ier, p. 102,) font observer que les costumes et les décorations étaient aux dépens de la troupe de bonne volonté, quoiqu'on ne jouât guère chez Voltaire que les pièces de Voltaire.

La même économie présida à toutes ses charges de châtelain et de propriétaire. Écoutez :

Le 4 mai 1759, il mandait à Dalembert : « J'ai deux curés dont je suis assez content. Je ruine l'un, je fais l'aumône à l'autre. » Wagnière (p. 31) avance qu'il a fort augmenté les revenus de la cure de Ferney. Nous avons vu dans le *Livret de Voltaire* que le curé de Ferney avait un traitement de huit cents livres. Cette somme n'était pas extraordinaire en 1775, puisque ce pauvre prêtre avait alors près de douze cents paroissiens.

Il a besoin d'un homme de loi. Vite, dans le mois de mai 1761, il écrit à Damilaville : « Pourrait-on déterrer quelque pauvre diable d'avocat, non pas dans le goût de Le Dain, mais un de ces gens qui, étant gradués et mourant de faim, pourraient être juges de village ? Si je pouvais rencontrer un *animal* de cette espèce, je le ferais juge de mes petites terres de Ferney et de Tourney : il sera chauffé, rasé, alimenté, porté, payé. »

Voltaire avait pour médecin le docteur Tronchin. Ses vassaux n'étaient pas assez riches pour aller à Genève payer fort cher des consultations ; ils recouraient à un pauvre médecin qui mourait de faim au milieu d'eux. Voltaire pouvait faire du bien à cet homme. Il en laissa la gloire à un autre, aux dépens de l'État. Le 16 juillet 1769, il adressa cette Requête de l'ermite de Ferney, présentée par M. Coste, médecin : « Rien n'est plus à sa place que la supplication d'un vieux malade pour un jeune médecin ; rien n'est plus juste qu'une augmentation de petits appointements, quand le travail augmente. Monseigneur sait parfaitement que nous n'avions autrefois que des écrouelles dans les déserts de Gex, et que, depuis qu'il y a des troupes, nous avons quelque chose de plus fort. Le vieil ermite, qui, à la vérité, n'a reçu aucun de ces deux bienfaits de la Providence, mais qui s'intéresse sincèrement à tous ceux qui en sont honorés, prend la liberté de représenter douloureusement et respectueusement que le sieur Coste, notre médecin très aimable, qui compte nous empêcher de mourir, n'a pas de quoi vivre, et qu'il est en ce point tout le contraire des grands médecins de Paris. Il supplie Monseigneur de vouloir bien avoir pitié d'un petit pays dont il fait l'unique espérance. » Muni de cette lettre, Coste fut très bien accueilli du duc de Choiseul ; il eut l'honneur de dîner avec la duchesse, et ses appointements, qui n'étaient que de cinquante écus, furent portés à douze cents livres ; il reçut en outre six cents livres pour les frais de son voyage, suivant les *Mémoires de Bachaumont*, du 21 août 1769.

Mlle Corneille avait été recueillie à Ferney ; elle n'avait pas reçu d'éducation. Voltaire n'avait pas le temps de lui apprendre à lire et à écrire. Il eut donc besoin d'un précepteur. Le 16 décembre 1760, il manda à M. de Brenles : « Si vous connaissez quelque pauvre homme qui sache lire, écrire, et qui puisse même avoir une teinture de géographie et d'histoire, qui soit capable du moins de l'apprendre, et d'enseigner le lendemain ce qu'il aura appris la veille, nous le logerons, chaufferons, blanchirons, nourrirons, abreuverons, et payerons, mais *payerons très médiocrement*, car je me suis ruiné à bâtir *des* châteaux, *des* églises et *des* théâtres. Voyez, avez-vous quelque pauvre ami? Vous m'avez déjà donné un Corbo dont je suis fort content. *Ses gages sont médiocres*, mais il est très bien dans le château de Tourney; son frère n'est pas mieux dans celui de Ferney. *Notre savant pourrait avoir les mêmes appointements.* »

Voltaire n'oublia pas les enfants de ses vassaux. Il s'est vanté, dans sa lettre, du 30 janvier 1764, à d'Argental, d'avoir établi *des écoles*. Il installa en effet à ses frais un maître d'école à Ferney, suivant Wagnière (p. 31). Dans le *Livret de Voltaire,* je trouve ces deux notes relatives à ce pédagogue : « Je retiendrai, sur ce que je veux bien donner par an au maître d'école de Ferney, *trente-cinq livres* pour payer à Durand le loyer que lui devra ledit maître d'école le 22 février de l'année prochaine 1770 à Ferney. Ce 14 février 1769. Voltaire. Pour le temps où ledit maître d'école enseignera à Ferney. » — « Le 22 février 1770 est échue la première année du loyer de Durand au maître d'école, et ce même jour la seconde année a recommencé pour laquelle M. de Voltaire tiendra compte à Durand de *trente-cinq livres*, et pour la suite au prorata du temps que ledit maître d'école enseignera et que M. de Voltaire voudra bien lui continuer sa pension. Fait le 4 mars 1770. Signé : Wagnière. »

Le 30 janvier 1761, Voltaire mandait à d'Argental qu'il allait établir un hôpital. Ce projet était digne de son humanité; néanmoins il ne le réalisa point. C'eût été gâter ses vassaux, et les traiter bien mieux que ses domestiques; car il ne leur abandonnait pas même ses vieux vêtements. Ainsi un jour, manda-t-il, le 23 décembre 1766, à d'Argental, il chargea une femme attachée au service de Mme d'Argental de le défaire de quelques anciens costumes de théâtre, et d'autres habits trop magnifiques pour lui. Elle en remplit trois malles, au fond desquelles elle mit quelques livres en feuilles qu'elle avait achetés à Genève. A la sortie du pays de Gex, les commis visitèrent ces caisses et les saisirent à cause des brochures prohibées qu'elles contenaient. Pour assoupir cette affaire, Voltaire pria d'Argental d'employer son crédit auprès des Faventine, des Poujant, des Rougeot (fermiers généraux), afin d'obtenir d'un fermier général un laissez-passer pour le bureau de Collonges, où ses vieilleries étaient sous le séquestre. Il rougit d'être compromis pour de pareilles bagatelles; il imagina de dire que ces effets, acquis par une fripière, appartenaient à ses domestiques. C'est au fameux Montyon qu'il raconta cette histoire, le 9 janvier 1767.

Consacrons quelques lignes à ses domestiques. Dans la *Déclaration des biens de Mme Denis*, nous avons vu qu'il y avait à Ferney dix-huit domestiques soit pour les travaux de la campagne, soit pour le service de la maison. Dès 1767, Voltaire se plaignait, le 24 juin, au comte de Laurencin, d'avoir un domestique trop nombreux. Il parle quelquefois de soixante-dix per-

sonnes qu'il est obligé de rassasier habituellement (1);
il en porte rarement le nombre à moins de soixante (2);
le 15 janvier 1761, suivant sa lettre à Mme du Deffand, il eut la patience de compter les cent ouvriers
et les cent bœufs qu'il avait à conduire; et, dans
une visite à Tourney et à Ferney, il eut le plaisir de
voir cent cinquante personnes à ses ordres, et ne
vivant que de ses bienfaits (3). Quelle était leur occupation? L'impossibilité de le prouver amène à faire une
soustraction sur cet article, comme sur tout le reste. A
la vérité, Wagnière (t. II. p. 98) avance que Voltaire
nourrissait d'ordinaire environ soixante à soixante-dix
personnes journellement, et quelquefois davantage,
lorsque les travaux l'exigeaient, mais il n'indique pas
leur emploi dans un domaine aussi restreint que celui
de Tourney et de Ferney. Il est permis de douter de la
vérité de cette assertion si peu vraisemblable. S'il y
avait eu journellement soixante-dix personnes à la
charge de Voltaire, les voyageurs n'auraient pas manqué de le dire. Sherlock (p. 151) ne remarqua à Ferney que cinq domestiques, dont trois en livrée. Chaudon (t. II p. 12), qui y était aussi allé, nous apprend
que, dans les derniers temps, la suite de Voltaire se
réduisait à un secrétaire, à une femme de chambre, à
une cuisinière, à deux laquais, dont l'un servait de cocher, ce qui laisse supposer que le total d'ouvriers
pour la campagne ne pouvait pas s'élever journellement à soixante-cinq, car une cuisinière et deux laquais

(1) Lettre à Damilaville du 1er février 1765.
(2) Lettre à Thieriot, du 4 mars 1769.
(3) Lettre à d'Argental, du 19 décembre 1766.

n'eussent pas suffi à les surveiller, à leur préparer leurs repas ou à les leur porter quand ils étaient éloignés du château. Et néanmoins Wagnière assure que, pour le service de l'intérieur, on ne prenait pas d'étrangers. Dans ce cas, qui donc *nourrissait journellement* au moins soixante hommes de labeur, outre les voyageurs, la famille Dupuits et autres commensaux? L'expliquera qui pourra. Quant à moi, je regarde le langage de Wagnière comme tout à fait contradictoire. Par conséquent je n'admettrai point, sur son seul témoignage, que Voltaire nourrissait journellement au moins soixante personnes.

Voltaire n'avait donc pas un nombreux domestique. Je ne parlerai ni de sa cuisinière, ni de sa femme de chambre, ni de son cocher, ni de son laquais; on conjecturera que leurs gages devaient être bien médiocres, puisque ceux de M. le secrétaire en titre d'office, le personnage le plus considéré et le mieux rétribué du palais, étaient si faibles, comme nous allons le démontrer.

Dans une histoire de Voltaire, il est indispensable de faire mention de ses secrétaires, parce que leur vie s'identifie avec la sienne, et que leur caractère jette un grand jour sur son caractère.

Qu'était-ce donc qu'un secrétaire de Voltaire?

Quiconque a lu ou écrit un volume a remarqué que, dans la plupart des ouvrages, il y a deux parties tout à fait distinctes, l'une toute personnelle, l'autre toute matérielle. La partie personnelle, c'est la disposition, la composition, en un mot le style. La partie matérielle, c'est la science du sujet, qui repose sur les recherches de dates, d'expériences, de faits, d'anecdotes, dont le soin peut être indifféremment confié à tout homme judicieux. Ainsi « Buffon avait plus le génie de la pensée que celui de l'observation, remarque M. Flourens, et la patience de l'esprit que celle des sens. Il avait besoin que l'on vît, que l'on cherchât, que l'on découvrît pour lui : il se réservait de penser et de peindre. Il se faisait beaucoup aider. Toutes les descriptions anatomiques des quadrupèdes sont de Daubenton. Pour les oiseaux, Guéneau de Montbéliard et Bexon lui prêtèrent souvent leur attention et même leur plume. Ce noble concours n'ôte rien à la grandeur de Buffon. » Pareillement, à la moindre difficulté des questions qu'il avait à traiter, le fameux Gerbier s'environnait des jurisconsultes de la capitale qui possédaient, les uns le plus amplement, les autres le plus logiquement, tout ce qu'il avait besoin de science pour sa cause. Suard et l'abbé Arnaud le familiarisèrent avec l'éloquence ancienne et l'éloquence moderne (1). Une société d'hommes compétents préparaient chaque jour à Mirabeau les matériaux qu'il n'avait plus qu'à couver du souffle de son génie. « Il retouchait les harangues et les rapports dont il avait donné le cadre, le plan, l'idée. Il les châtiait, il les colorait de son expression, il les fortifiait de sa pensée. Ce plagiaire sublime, ce grand maître employait ses aides et ses élèves à tirer le marbre de la carrière et à dégrossir son œuvre, comme le statuaire qui, lorsque le bloc est à moitié taillé, s'approche, prend son ciseau, lui donne la respiration et la vie, et en fait un héros ou un dieu,

(1) Garat, *Mémoires historiques sur la vie de Suard*. Paris, 1820. In-8°, t. I, p. 138.

a dit Timon. » Mirabeau, Gerbier, Buffon durent donc une partie de leur gloire à leurs collaborateurs.

Voltaire voulut étudier toutes les branches des connaissances humaines, et les juger en maître. Mais il dédaigna de se faire seconder par des hommes instruits et intelligents.

Rappelez-vous le maître Jacques d'Harpagon, tour à tour cocher et cuisinier. Chez Voltaire, quand vous demandiez le secrétaire, un valet de chambre ôtait sa serpillière et se présentait comme le secrétaire de M. de Voltaire. Tel fut Céran. En passant à Reims en 1749, Voltaire avait fait copier son *Catilina*. Le copiste voulut lire cette pièce avant de se hasarder à la transcrire. Quand il l'eut dévorée, il adressa ces vers à Voltaire :

> Enfin, le vrai Catilina
> Sur notre scène va paraître ;
> Tout Paris dira : le voilà ;
> Nul ne pourra le méconnaître.
> Ce scélérat par sa fierté,
> César par sa valeur altière,
> Cicéron par sa fermeté,
> Montreront leur vrai caractère ;
> Et, dans ce chef-d'œuvre nouveau,
> Chacun reconnaîtra, par les coups du pinceau,
> César, Catilina, Cicéron et Voltaire.
>
> *Par son très humble et très obéissant serviteur,*
>
> Tinois de Reims.

Charmé de ces vers, Voltaire prit Tinois à son service, et fit de cette espèce de rimailleur, comme il l'avoua, le 23 septembre 1750, à d'Argental, une espèce de secrétaire qu'il emmena l'année suivante avec lui à Berlin. Il ne l'y garda pas longtemps. Tinois avait entre les mains tous les manuscrits de son maître ; le prince Henri lui ayant témoigné le désir d'avoir une copie de *la Pucelle*, il lui en remit une pour quelques ducats. Voltaire le sut bientôt, et il se hâta de congédier l'infidèle et perfide copiste, qui l'avait compromis pour une si faible somme (1). Tinois mourut plus tard à l'hôpital de Reims (2). Son départ prouve que ses appointements étaient modiques, puisqu'il s'exposait pour quelques ducats à perdre sa place. Il eût été plus difficile à corrompre, s'il avait craint de ne pas trouver ailleurs une position aussi lucrative.

Pendant ce temps-là, un autre laquais servait encore de secrétaire à Voltaire. Mais il demeurait à Paris : c'était Longchamp. Il y avait treize ans qu'il était valet de chambre de la comtesse de Lannoy, femme du gouverneur de Bruxelles (3), lorsque, le 16 janvier 1746, il entra au service de la marquise du Chastelet (4). Son principal ouvrage était d'y commander les approvisionnements de la maison en bois, en bougies, en fourrages, et de veiller à ce qu'il ne manquât rien à la chambre, à l'office et à l'écurie. Il gagnait trente sous par jour, et il avait la desserte de la table qu'il partageait avec sa sœur, aussi occupée dans la même maison (5). Ennuyé de rester oisif et désœuvré la plus grande partie de la journée, il se lia avec le secrétaire de Voltaire et lui demanda la permission de copier avec lui les manuscrits du grand homme. Celui-ci reconnut la trace d'une main

---

(1) Lettre à Mme Denis, du 3 janvier 1751.

(2) Linguet, *Annales politiques, civiles et littéraires du* xviiie *siècle*, t. III, p. 422.

(3) Longchamp, p. 116. — (4) P. 118. — (5) P. 121.

étrangère sur ses papiers. Il apprit que cette écriture était celle du valet de chambre de sa Minerve; il ne fut pas mécontent de ce renseignement (1). Comme cette écriture était nette et correcte, il s'attacha à Longchamp. Son secrétaire lui ayant été enlevé par une maladie, il se ressouvint du valet de chambre et lui offrit la dignité vacante. Longchamp accepta avec joie et orgueil (2). Pendant huit ans, il fut l'homme de confiance, le courtier, le majordome de Voltaire. Mais, soit par curiosité, soit par intérêt, il se permit de tirer double copie des manuscrits qui lui étaient confiés (3). Cette infidélité fut la cause de sa disgrâce. On lui remit alors ce qui lui était dû pour ses salaires depuis dix-huit mois, et une somme qui les surpassait, à titre de gratification (4). Mme Denis le soupçonna d'avoir enlevé des papiers de Voltaire, et fit faire une perquisition chez lui. Elle ne le traitait qu'en valet de chambre (5). Nous ne le prendrons que pour un valet de chambre copiste. Sa jeunesse illettrée et ses longues années de domesticité ne l'avaient pas préparé au rôle de secrétaire. Il avait une écriture moulée, il dut transcrire très lisiblement les compositions de Voltaire; mais il était incapable de lui être aussi utile qu'il le désirait. A la vérité, il a laissé des *Mémoires* que nous avons maintes fois cités; mais comme ils ont été corrigés par une plume plus habile, il est impossible d'apprécier le mérite du valet.

Nous avons laissé Voltaire à Berlin. Là, il avait auprès de lui deux hommes de lettres qui lui servaient de

---

(1) Longchamp. P. 122 — (2) P. 124. — (3) P. 347. — (4) P. 327.
(5) *Œuvres de Voltaire*, t. I. p. 368.

lecteurs, de copistes, mais qui n'étaient pas des maîtres à écrire (1). L'un se nommait Francheville, et était fils de celui à qui Voltaire confia le soin de la première édition de son *Siècle de Louis XIV* à Berlin. Il était très jeune, par conséquent incapable d'être autre chose que copiste. L'autre est devenu célèbre. A une écriture agréable et lisible (2), il joignait des connaissances variées, beaucoup d'esprit et de sagacité. Le lecteur a déjà nommé Collini, âgé de vingt-cinq ans lorsqu'il vit Voltaire pour la première fois, en 1752. Voltaire venait de chasser Tinois; il avait besoin de quelqu'un pour le remplacer. Collini (p. 26) lui fut présenté; il l'agréa comme il eût accepté un Céran. Mais il discerna bientôt le mérite de l'Italien, qui avait le goût de la littérature et de l'histoire, et avait fait déjà d'importantes recherches sur les sciences. Il avait l'intelligence de sa position, et il était apte à fournir des notes très nombreuses sur beaucoup de sujets. Voltaire l'honora toujours singulièrement. Après l'avoir renvoyé au mois de juin 1754, il continua de lui écrire des lettres pleines d'amitié. Il contribua à lui procurer un avenir agréable à la cour de Manheim chez l'électeur palatin. En le congédiant, il lui avait remis un rouleau de louis. Je regrette que Collini (p. 176) et Longchamp ne nous aient pas dit quelle était la valeur de la dernière gratification qu'ils reçurent de lui. Tous les deux ont écrit pour le public; afin de ne pas se compromettre, ils ont évité toute question de chiffres pour ce qui les regardait personnellement,

---

(1) Lettres au duc de Richelieu, des 10 juin et 25 novembre 1752.
(2) Lettre à d'Argental, du 30 juillet 1755.

et ont préféré des adjectifs vagues à des nombres. Aussi les *Lettres de Collini* sont-elles la réfutation de son *Séjour auprès de Voltaire*. Comme ce sont des confidences à un ami commun, elles inspirent plus de confiance qu'une brochure où il n'aurait pu entrer dans certains détails sans se susciter des ennemis, qui l'auraient accusé d'ingratitude envers un maître qu'il avait recherché par vanité et non par intérêt. Il est le seul qui mérite le titre de secrétaire de Voltaire. N'oublions pas que Voltaire le prit sans le connaître, et seulement parce qu'il fut le premier qui lui tomba sous la main.

Après Collini, Voltaire n'eut plus de secrétaire. En quittant Berlin, il avait emmené avec lui un domestique qui lui servit de copiste; il l'appelait son petit clerc. Le roi de Prusse le lui réclama; Voltaire le renvoya tout de suite (1). Alors il ne lui resta plus qu'un scribe qui ne pouvait suffire à tenir l'état des vaches et du foin en parties doubles, à la correspondance, aux tragédies, à Pierre le Grand et à Jeanne (2). Aussi, le 9 juin 1756, pria-t-il M. de Brenles et M. Polier de Bottens de lui chercher un domestique intelligent et qui sût écrire. Le 6 juillet, il fit la même demande à M. Dupont. En attendant, il conserva son scribe, qu'il appela depuis une espèce de secrétaire, qui avait beaucoup de mérite (3), et qu'il désigne habituellement dans sa correspondance sous le nom de l'ami Jean-Louis Wagnière (4).

---

(1) Lettres à Darget, du 11 juin, et à d'Argental, du 6 juillet 1755.
(2) Lettre à d'Argental, du 24 novembre 1759.
(3) Lettre au duc de Richelieu, du 8 octobre 1759.
(4) Lettres à Mme de Fontaine, du 5 mai 1759, et à Damilaville, du 26 juin 1767.

Néanmoins il parvint à trouver ce qu'il désirait. C'est à Grimm que nous devons cette biographie de l'un des domestiques de Voltaire : « M. Bigex, né dans un village de Savoie, eut sans doute occasion dans sa jeunesse d'apprendre le latin, car il en sait beaucoup, rapporte Grimm, dans sa *Correspondance littéraire*, du mois de novembre 1769. Son goût et son bon esprit le portèrent à la lecture des ouvrages de M. de Voltaire et de nos meilleurs écrivains, tandis que la misère le forçait d'être domestique et frotteur dans Paris. Je le connus dans cet état, et j'en fis mon principal copiste, mon homme de confiance. Avant d'entrer chez moi, il avait fait un voyage dans son pays, et, chemin faisant, il avait rendu hommage au seigneur patriarche, et avait reçu l'hospitalité, ainsi que tout le monde, au château de Ferney; Le patriarche ayant su par ses cuisiniers que M. Bigex travaillait chez moi à la vigne du Seigneur, et voulant renforcer son secrétariat, me demanda ce bon ouvrier. C'était me couper mon bras droit; mais je consentis avec joie à la fortune de M. Bigex, qui travaille depuis ce temps-là sous les ordres immédiats de son maître, qui est notre maître à tous, et qui ne manquera pas de coucher son nouveau secrétaire sur son testament à côté de M. Wagnière, premier commis du bureau de la réforme philosophique. M. Bigex s'est déjà rendu illustre par plusieurs faits d'armes depuis qu'il siège à Ferney. Il a écrit à M. de Voltaire plusieurs lettres qui ont été imprimées. Il a servi de témoin à son maître dans plusieurs occasions juridiques, et notamment dans la célèbre cérémonie du viatique, administré avec tant de solennité le jour de Pâques. Depuis ce procès-verbal, signé de bon accord à l'occasion de cette cérémonie par Antoine Adam, prêtre, et Antoine Bigex, philosophe, il s'est élevé entre les deux témoins une petite dispute littéraire qui pourrait avoir des suites. Antoine Adam, n'aimant pas sans doute Antoine Bigex, l'a accusé d'avoir volé nuitamment des fruits dans un jardin. Celui-ci, qui n'aime pas les épigrammes, a traduit son adversaire en justice pour rendre compte de ses assertions. Le procès, pendant au bailliage de Gex, va être plaidé et jugé en forme. On dit que le seigneur patriarche s'amuse de ce procès, et qu'il laissera libre cours à la justice. En attendant, M. Antoine Bigex, sans préjudicier à ses raisons civiles, a fait valoir ses raisons littéraires contre M. Antoine Adam, dans une lettre de huit pages, intitulée *Nouvelle provinciale*. Cette provinciale est pleine d'érudition et est une très bonne plaisanterie. L'anagramme *Ad omnia natus*, que le philosophe Antoine Bigex trouve dans le nom d'Antonius Adam, est très sérieusement appliqué à un. ci-devant soi-disant jésuite. »

Qu'était-ce que ce Père Adam, né en 1705, suivant M. de Cayrol? D'après la correspondance de Voltaire, c'était un Lorrain, élevé en Bourgogne (1), où il professa vingt ans la rhétorique chez les Jésuites de Dijon (2). Voltaire crut voir en lui un honnête homme (3), un assez bon diable (4), un être plein de mérite (5), un Jésuite

(1) Lettre à de Bernis, du 12 juin 1769.
(2) Lettre au prince de Ligne, du 14 mars 1765.
(3) *Œuvres de Voltaire*, t. XLV, p. 150.
(4) Lettre à Dupont, du 20 janvier 1759.
(5) Lettre au prince de Ligne, du 14 mars 1765.

dont un philosophe pouvait s'accommoder (1). Il le recueillit chez lui; il fut fort content de ses services (2), et même il alla jusqu'à avouer qu'il lui serait impossible de rencontrer un aumônier qui lui convînt autant, quoiqu'il se vantât de l'avoir déjà depuis près de dix ans, lorsqu'il lui rendait ce témoignage (3). Il ajoutait que Père Adam n'était point gênant, disait la messe fort proprement, et jouait très bien aux échecs (4), les deux seules choses dont il se mêlât (5). Condorcet a prétendu que Père Adam jouait aux échecs avec assez d'adresse pour cacher sa supériorité, afin de ne pas mettre Voltaire de mauvaise humeur. La Harpe, qui vécut plus d'un an avec eux, a réfuté Condorcet; il assura, dans le *Mercure* du 7 août 1790, qu'en toutes choses le Jésuite était plus que complaisant, mais qu'il ne perdait jamais volontairement au jeu. Après la partie d'échecs, que faisait l'ancien professeur? Voltaire lui avait reconnu de la capacité, de la bonne volonté; il en tira parti. Il le chargea de toutes les recherches d'érudition dont il avait besoin pour ses ouvrages. Ainsi s'explique le séjour prolongé du Jésuite à Ferney, d'après Condorcet lui-même. Il n'était pas vraisemblable qu'après avoir cultivé si longtemps les belles-lettres, il passât sa vie dans l'oisiveté, et que Voltaire ne le nourrît que pour s'amuser avec lui à remuer quelques pions sur un damier, dans ses moments d'ennui. Voltaire

---

(1) Lettre à l'abbé de Sade, du 12 février 1764.
(2) Lettre au prince de Ligne, du 14 mars 1765.
(3) Lettre à de Bernis, du 12 juin 1769.
(4) Lettre à l'abbé de Sade, du 12 février 1764.
(5) Lettre à Damilaville, du 9 décembre 1765.

aimait à croire que Père Adam n'était pas mécontent de lui (1) ; M. de Cayrol nous apprend que, dans ses lettres, le Jésuite ne cessait de manifester ses sentiments de reconnaissance envers son bienfaiteur, qui lui avait offert un asile vers la fin de 1763, après s'être assuré de sa foi (2). Ce ne fut qu'en 1776 que l'aumônier quitta le château de Ferney (3). Un voyageur curieux ne put découvrir le motif de cette séparation, mais il raconte que Voltaire n'accorda aucune pension au Jésuite, et qu'en le congédiant, il ne lui donna que 10 louis (4). Wagnière est plus explicite. « Le Père Adam, dit-il (p. 401), ne faisait autre chose que jouer aux échecs, et point du tout de recherches. M. de Voltaire fut enfin obligé de le renvoyer parce qu'il était devenu, non pas inutile, mais d'une société insupportable, et occasionnait continuellement des querelles, tant avec les étrangers qu'avec les personnes de la maison. Ce renvoi fut le troisième et le dernier. Il jouit, continue Wagnière (p. 56), d'environ 900 livres de rente (comme Jésuite, sans doute). M. de Voltaire lui faisait un legs honnête dans ses anciens testaments ; mais il l'en a privé dans le dernier, à cause de toutes ses tracasseries. Il lui a cependant fait encore tenir, depuis sa retraite, quelques sommes d'argent dont *j'ai les reçus.* » Il résulte de ce passage que, si Père Adam avait 900 livres de rente, il n'était point à charge à Voltaire, et que celui-ci ne se ruina pas à l'entretenir en le congédiant. Mais d'autres

---

(1) Lettre au prince de Ligne, du 14 mars 1765.
(2) Lettre à Dalembert, du 28 septembre 1763.
(3) *Mémoires de Bachaumont,* des 8 novembre et 6 décembre 1776.
(4) *Idem.*

assertions de Wagnière exigent un commentaire. Il affirme que Père Adam ne fut d'aucune utilité à Voltaire. S'il en eût été ainsi, pourquoi les voyageurs et Condorcet lui-même eussent-ils dit le contraire? Je m'abriterai derrière leur autorité, parce que je suis persuadé que Voltaire, l'ennemi le plus acharné des paresseux et des fainéants, l'auteur infatigable qui forçait ses valets à lui copier ses manuscrits quand ils avaient fini leur tâche, n'a pas laissé croupir dans le repos un professeur qui savait du grec et du latin, et était encore en état de lui rendre des services dont il ne dispensait pas même ses hôtes, Durey de Morsan, entre autres, suivant Wagnière (p. 405). D'un autre côté, si Père Adam eût été aussi insupportable et tracassier que l'avance Wagnière, pourquoi Voltaire eût-il été content de lui, et l'eût-il signalé comme un commensal peu gênant? Si Père Adam eût été tel que le dépeint Wagnière, comment expliquer que, pendant plus de treize ans, Voltaire aurait eu la patience d'endurer un pareil boute-feu? La Harpe aussi a loué la complaisance extraordinaire du Jésuite. Aucun philosophe n'a flétri ce compagnon de Voltaire. Ne fallait-il pas que sa conduite fût irréprochable pour que des écrivains si enclins à diffamer et à ridiculiser un Jésuite n'aient pas décoché un seul trait contre lui? Voltaire avait joué et mangé avec Collini (1); il jouait et mangeait avec Père Adam, mais il ne jouait ni ne mangeait avec Wagnière (2). Celui-ci n'a point pardonné au Jésuite la considération dont il jouissait, à cause de son

---

(1) Collini, p. 34 et 118. — (2) Lantier, t. II, p. 48.

âge et de son instruction. C'est donc la jalousie qui a amené Wagnière à dénigrer, à calomnier un vieillard honoré et loué par Voltaire, La Harpe, Condorcet et les pèlerins de Ferney. Je n'entreprendrais pas le panégyrique d'un aumônier de Voltaire ; mais je ne lui reprocherai pas non plus des défauts qu'il ne me parait pas avoir eus. Je répugnerais à le blâmer sur la déposition de Wagnière, que la raison et l'histoire contredisent.

Ce Wagnière avait succédé à Collini, mais sans le remplacer et sans obtenir la même considération que lui. S'il parvint à mériter l'amitié et la confiance de son maitre, c'est parce qu'il se fit un devoir de ne point le contredire, de le servir en esclave, en fermant les yeux sur tous ses défauts, en excusant tous ses mensonges, toutes ses hypocrisies, en se prêtant à tous ses caprices. Il se donna à lui corps et âme ; quand il le fallut, il lui sacrifia jusqu'à la vérité et jusqu'au peu de bon sens qu'il avait reçu de la nature. Il nous a laissé trois écrits sur ces relations. Il a certifié la vérité de tout ce qu'ils contiennent ; cette précaution ne nous empêche pas de ne découvrir souvent dans son langage que l'impudence et la niaiserie d'un disciple de celui qui conseillait à ses adeptes de mentir hardiment, de mentir toujours. Après la mort de Voltaire, Wagnière n'avait plus de motif de se dire l'auteur du *Commentaire historique;* il persista néanmoins à s'attribuer cet ouvrage, soit en Russie, soit en France. Cette prétention acheva de le couvrir de confusion. On lisait dans le *Commentaire historique* : « J'étais en 1732 à la première représentation de *Zaïre.* » Or, Wagnière ne naquit qu'en 1740 ; dans un siècle où personne n'adoptait les mystères de la métempsycose, il était difficile de rencontrer des âmes assez bonasses pour gober un pareil anachronisme, qui suppose plus de stupidité que de légèreté dans l'auteur d'une brochure si remarquable. Ainsi Wagnière n'avait pas même la sagacité de remarquer ni de corriger une inadvertance de Voltaire. Il avait été pourtant élevé à une bonne école. « Je n'avais que quatorze ans, dit-il (p. 9), lorsque je m'attachai à lui (à Voltaire), à la fin de 1754. Il daigna faire attention à l'envie extrême que j'avais de travailler, de m'instruire et de lui plaire ; il y parut sensible, m'encouragea, se prêta à mon éducation, me donnant lui-même des leçons de latin, que j'avais commencé d'étudier. » Pendant vingt-quatre, ans il écrivit constamment sous sa dictée ou copia ses manuscrits. Malgré ces leçons continuelles et cette habitude d'un style si joli, il ne put jamais conjuguer régulièrement un verbe. Il employait à chaque instant ces expressions : *il m'a eu dit, il m'a eu donné*. Aussi ses trois opuscules n'ont-ils été publiés en 1826, qu'après avoir été corrigés et purgés de tous solécismes par l'éditeur. Une intelligence si bornée était incapable de rendre aucun service à Voltaire. Wagnière ne resta qu'un scribe et qu'un courtier ; sa femme était aussi occupée au château. Pour juger de sa position et du soin que Voltaire prenait de l'instruction de son domestique, citons ces lignes : « Je suit nee lannee 1741 le 26 Avrils dans Oron au cantont de Berne de Guillome Corbot et de Jeanne Marie Lavernai. Je suit marie à Jean-Louis Wagnière et je demeure avec lui che Monsieur de *Volterre* au chatot de Ferney en suisse.

18.

Fait à Ferney le 10 Mars 1766. Sé Rose Françoise Susanne Wagnière nee Corbot. — Si M. Delaleu n'a pas encore passé le contrat au nom de Jean-Louis Wagnière, je le supplie de vouloir bien avoir la bonté de partager le principal en deux, et d'en mettre moitié sur la tête du mari et moitié sur la tête de la femme. Son très-humble obéissant serviteur, Voltaire, 10 mars 1766. A Monsieur Delaleu, secrétaire du roi, notaire, rue Sainte-Croix-Bretonnerie, à Paris. » La déclaration de Mme Wagnière est en tête de cette dernière lettre de Voltaire dans le *Livret* de celui-ci. L'ordre de Voltaire est relatif à une rente viagère. « Il avait placé sur ma tête, en 1766, une rente de 360 livres, mais je n'en jouissais pas, » avoue Wagnière (p. 16). A part ce contrat, dressé probablement comme le mandait Voltaire, Wagnière ne reçut jamais de lui la moindre gratification, quoique ses gages fussent seulement de deux cents francs, et ceux de sa femme de cent. Il est vrai que Voltaire donnait quelquefois de petits cadeaux à leurs enfants (p. 166). Les époux Wagnière n'eurent pas d'autre ressource que ces trois cents francs pendant les longues années qu'ils passèrent au château de Ferney. Wagnière fut le dernier copiste de Voltaire. Sa jeunesse et sa naïveté, qui égale sa mauvaise foi et sa fatuité de postillon, confirment tous nos jugements sur le secrétariat de celui qu'on appelle encore l'homme universel.

C'est néanmoins au milieu de ce cortège que Voltaire croyait mener une vie princière, un train de fermier général. Certains voyageurs, quelques biographes ont répété ces mots. Pourquoi? Ils ont pris pour des habitudes le gala extraordinaire de quelques fêtes, de quelques soirées.

Un mot sur ces fêtes et sur ces soirées.

Quand Voltaire eut achevé la construction et l'embellissement de son église, il eut soin de la faire bénir en grande cérémonie, dit-il, le 23 décembre 1761, à M. de la Marche. Il y allait tous les dimanches à la messe (1), afin de se laisser gravement encenser (2). Il rendait le pain bénit en personne (3) chaque année le jour de Pâques, dit Wagnière (p. 71); il joignait quelquefois au pain bénit une très bonne brioche pour M. le curé (4). En 1768, comme il voulut non seulement offrir le pain bénit, suivant son habitude, mais aussi communier, il convoqua ses deux gardes et ses domestiques portant six cierges récemment envoyés de Lyon, et assista au milieu d'eux à la messe paroissiale, qu'il interrompit par un petit sermon sur le vol, afin d'édifier ses vassaux par ses discours en même temps que par sa piété à la sainte table (5). En 1775, rapporte Wagnière (p. 63), il avait été malade, ainsi que Mme Denis; les colons, désirant célébrer une fête à l'occasion de leur convalescence, se formèrent en compagnies militaires de dragons et d'infanterie et se rendirent au château. Voltaire les accueillit en pleurant, et les conduisit à l'église pour entendre une

(1) Lettre à d'Argental, du 30 janvier 1761.
(2) Lettre à Dalembert, du 6 janvier 1761.
(3) Lettres à Mme du Bocage, du 27 décembre 1758, et à d'Argental, du 22 avril 1768.
(4) Lettre à Dalembert, du 27 avril 1768.
(5) *Correspondance littéraire* de Grimm, et *Mémoires de Bachaumont*, du 1er mai 1768.

grand'messe en musique ; le soir, il leur ménagea la surprise d'un feu d'artifice (1). Suivant Wagnière (p. 63), le jour de la Saint-François, il y avait illumination superbe dans tout le pays ; on honorait aussi le patron des rois de France avec le plus de solennité possible. En 1775, le 25 août, les Fernésiens tirèrent à l'arquebuse pour des prix. L'un de ces prix était une médaille d'or gravée à Ferney, et représentant le portrait de Turgot ; elle fut gagnée par Mme de Saint-Julien, à la grande satisfaction du seigneur (2). Dans ces moments, raconte le marquis de Villette (p. 108), il était ivre de joie ; dans ses transports d'allégresse, il oubliait et le nombre de ses années et le nombre de ses maladies ; il sautait comme un enfant et jetait son chapeau en l'air pour témoigner le plaisir qu'il éprouvait à l'aspect de ses colons ; il daignait accepter de leurs mains des corbeilles d'œufs, de fleurs, de fruits, et des jattes de lait, et surtout des couples de jeunes colombes. Ces hommages sincères, il les recevait avec une profonde émotion ; son cœur de propriétaire se fendait par la moitié. Aussi un festin et un bal étaient-ils commandés pour finir dignement ces journées de réjouissance. Dans un de ces banquets, Voltaire réunit deux cents paysans. Chaque dimanche, il permettait aux jeunes gens de danser dans son château ; il aimait à les regarder folâtrer et sautiller ; il poussait la complaisance et la bonté à leur égard jusqu'à leur prodiguer toutes sortes de rafraîchissements, si j'en crois Wagnière (p. 63).

(1) *Mémoires de Bachaumont*, du 22 mai 1775.
(2) Lettre à Devaines, du 31 août 1775.

Chaque fois qu'on jouait la comédie, la soirée finissait par un souper, suivi d'un bal; mais Voltaire n'y assistait pas; il se retirait pour se coucher et dormir profondément, lorsqu'il était censé travailler (1), suivant Wagnière (p. 48). Pendant les entr'actes, les rafraichissements n'étaient pas épargnés. C'est alors qu'il fallait contempler la figure de Voltaire pour apprécier jusqu'à quel point il aurait pu être bon homme (2). « Il le faux avouer, a dit Chabanon (3), sa sensibilité répandait un charme aimable sur les jouissances que la gloire lui procurait. Ces triomphes, consacrés à l'orgueil, développaient en lui des sentiments de bonté; et lorsqu'une circonstance d'éclat l'avertissait de sa supériorité, les mouvements de son âme le rapprochaient de ceux qu'il dominait par l'avantage des talents. Nul homme ne sut triompher avec plus de grâce et d'intérêt. Né pour la gloire, il faisait aimer la sienne, parce qu'il aimait mieux ceux qui la lui dispensaient. On sait qu'à la Comédie française, le jour de son couronnement, il répandit des pleurs. Il en avait l'usage familier et quelquefois immodéré. A la fin de toutes nos représentations, il venait sur le théâtre nous embrasser; il attestait les larmes dont il était baigné comme des preuves de son plaisir et de sa reconnaissance. » La source des larmes une fois tarie, Voltaire ouvrait les cataractes des compliments; ils se précipitaient incontinent avec

---

(1) Chabanon, *Tableau de quelques circonstances de ma vie*. Paris, 1795. In-8°, p. 140.

(2) Lettres à MM. Desmahis et Margenci, de l'anné 1758 (n° 2685, édit. Beuchot).

(3) Chabanon, p. 140.

impétuosité et abondance. Il y en avait pour tous les acteurs en général, et pour chacun d'eux en particulier. Ils avaient déclamé et gesticulé sur le théâtre le mieux décoré, le mieux éclairé, avec les plus beaux habits, la plus grande illusion (1); donc ils avaient joué supérieurement. Voltaire ne se contentait pas de leur donner le nom du personnage qu'ils avaient représenté ; il les comparait à toutes les célébrités de la scène. Une dame d'Hermenches était assimilée à Mlle Gaussin ; Gabriel Cramer avait le talent de Baron ; Mme Denis était une autre Dumesnil (2) ; celui-ci rappelait Lekain, celle-là Mlle Quinault. Et la petite Corneille, elle a enlevé tous les suffrages ! Comme elle était naturelle, vive, gaie ! comme elle était maîtresse du théâtre, tapant du pied, quand on la sifflait mal à propos (3). Elle récitait les vers comme son oncle les faisait ; elle était née actrice comique, tragique ; c'était un naturel étonnant (4) ! Tout était tableau, tout était animé (5) sur ce théâtre, mieux entendu et mieux décoré que celui de la Comédie française (6) ! Des coulisses, les compliments tombaient dans le parterre et envahissaient les loges. Les spectateurs en avaient par-dessus la tête. Écoutez ce que c'était que cet auditoire : il se composait de tous les gens qui se piquaient d'avoir de l'esprit depuis Dijon jusqu'à Turin (7) ; et tous pleuraient jusqu'à la fin du

---

(1) Lettre à Thibouville, du 14 mars 1762.
(2) Lettre au duc de Villars, du 25 mars 1762.
(3) Lettres à d'Argental et à Damilaville, du 8 mars 1762.
(4) Lettre à Thibouville, du 14 mars 1762.
(5) Lettre au duc de Villars, du 25 mars 1762.
(6) Lettres à d'Argental et à Damilaville, du 8 mars 1762.
(7) Lettre à Damilaville, du 8 mars 1762.

dernier acte. Tant de personnes ne s'attendrissaient pas à moins que la nature ne s'en mêlât (1). Pour produire cet effet sur des âmes d'un goût très sûr, sur des esprits ni frelatés, ni jaloux, qui ne cherchaient que leur plaisir, qui ne connaissaient pas celui de critiquer à tort et à travers, comme il arrive toujours à Paris, il fallait qu'il y eût un mérite extraordinaire et dans la pièce et dans les acteurs (2). Or, comme à Ferney on ne jouait guère que les chefs-d'œuvre de Voltaire, il résultait que c'était à lui que revenaient les derniers compliments, puisqu'il était la cause de tous les applaudissements. Les larmes et les éloges flattaient en lui et l'auteur et l'acteur. Il était intéressé à les multiplier. C'est ce qui l'assujettit à quelques dépenses, tant qu'il conserva la passion du théâtre.

Il n'y avait pas de troupe à Genève. Voltaire tirait parti des hommes intelligents, des femmes complaisantes qu'il avait sous la main; quand il lui arrivait des gens de lettres, il les retenait le plus longtemps qu'il pouvait. La Harpe passa plus d'un an chez lui avec son épouse; Chabanon avoue (p. 104) qu'il y restait sept mois consécutifs, le moins six semaines. Tout cela jouait la comédie. Mais il fallait des spectateurs. Voltaire invitait ses amis et les notabilités de Genève. Comme les portes de cette ville se fermaient de bonne heure, force était à Voltaire de conserver ses hôtes toute la nuit. Il n'avait que quatorze chambres; elles n'eussent pas suffi à son monde. C'est ce qui l'obligeait à ter-

---

(1) Lettre au duc de Villars, du 25 mars 1762.
(2) Lettre à d'Argental, du 8 mars 1762.

miner tous ses spectacles par un souper et un bal (1). Ce train n'était par conséquent pas l'effet d'un faste de châtelain généreux. Voltaire ne rechercha la société que comme un besoin de sa vanité. Sa magnificence n'était qu'un vernis d'égoïsme. Dès qu'il eut supprimé ses spectacles, il ne donna ni soupers ni bals. Il se retrancha dans son cabinet comme dans une citadelle, y vécut solitaire, et laissa à Mme Denis le soin d'accueillir les étrangers et de leur faire les honneurs de la table. Quant à lui, il daignait à peine leur montrer sa figure (2).

C'est en 1768 qu'eut lieu cette réforme. Nous l'avons vu, Voltaire avait assez de foin pour entretenir une écurie de douze chevaux ; il récoltait du froment, des fruits, des légumes pour nourrir vingt personnes ; il ne versait à ses hôtes que du vin de son crû de Tourney ou des environs. Il avait même du bois. Il regardait cette dernière emplette comme très onéreuse ; il se plaignait, le 15 janvier 1767, à M. de Ruffey, d'être obligé d'acheter pour 4,000 francs de bois par an. Il ne lui manquait que la viande. Aussi son ménage ne le ruinait-il pas, quoiqu'il le dît si souvent. D'après son *Livret*, il ne consacrait que 40,000 francs par an à ses dépenses. Il avait même trouvé le secret, au dire de Luchet (t. II, p. 185), de vivre très bien à ce prix, et d'éblouir maints visiteurs. Ainsi, Wagnière (p. 48) profite de l'occasion des réceptions cordiales et brillantes, des soupers, des bals, des rafraîchissements offerts avec somptuosité à

---

(1) Lettre à d'Argental, du 8 mars 1762.
(2) *Mémoires de Bachaumont*, du 11 novembre 1776.

tous les désœuvrés, pour détruire toutes les accusations d'avarice qui n'ont cessé d'être dirigées contre son maître. Il avoue que, quoique Voltaire nourrît dans sa maison *soixante personnes au moins par jour*, elle était *réglée* par ses soins de façon que, *pendant les dix dernières années de sa vie*, TOUTES SES DÉPENSES NE MONTAIENT GUÈRE QU'A QUARANTE MILLE FRANCS PAR AN. Les *Mémoires de Bachaumont*, du 22 décembre 1774, sont d'accord avec Wagnière.

Combien Voltaire dépensait-il donc avant 1768 ? Cette année fut une époque pour les salons de Paris et de l'Europe. Il y avait quinze ans que Mme Denis demeurait avec son oncle ; elle avait gardé avec elle les époux Dupuits pour lui tenir compagnie et jouer avec elle la comédie. M. et Mme La Harpe depuis un an brillaient dans les soirées du château. Et voilà que tous ces personnages quittent Ferney, et viennent s'abattre sur la capitale. Leur arrivée produisit une grande sensation, et donna matière à bien des conjectures (1). De violentes querelles et des intrigues avaient occasionné cette séparation (2). Voltaire restait seul comme un pélican dans son désert ; il ne voulait pas même conserver de chevaux (3) ; dans un moment de dépit, il envoya tous les habits sacerdotaux de son théâtre à son curé, pour en faire des aubes et des chasubles (4). Il lui tardait de ne plus posséder qu'une chambre pour ses livres, et une autre

---

(1) *Mémoires de Bachaumont*, du 14 mars, et *Correspondance littéraire* de Grimm, d'avril 1768.
(2) Lettre à M. de Florian, du 4 avril 1768.
(3) Lettre au duc de Richelieu, du 1er mars 1768.
(4) Lettres à d'Argental, du 22, et à Dalembert, du 27 avril 1768.

pour se chauffer plus commodément l'hiver. Ainsi mort et enterré (1), il résolut de ne plus servir d'aubergiste à l'Europe ; cette profession, qu'il avait exercée quatorze ans consécutifs, l'avait fatigué (2).

« Au mois d'avril 1759, Voltaire, raconte Grimm, dans sa *Correspondance littéraire* de mai 1768, avait fait une fête de sa prise de possession de Ferney. Des Délices, il s'y rendit dans un carrosse de gala, accompagné de Mme Denis, qui avait mis la robe la plus riche et qui portait tous les diamants de la maison. Lui-même avait un habit de velours cramoisi, doublé et à parements d'hermine, et galonné de queues d'hermines sur toutes les tailles ; et quoique cet habit parût un peu chaud pour la saison, tout le monde fut obligé d'en admirer le goût et la magnificence. C'est dans cet accoutrement que l'oncle et la nièce assistèrent à la grand'messe de la paroisse, chantée en faux bourdon, pendant laquelle on tirait des boîtes en guise de canon. » Et en mars 1768, Voltaire était sur le point de vendre ce Ferney 200,000 livres (3). En attendant, il se mettait dans la réforme (4), et commençait par détruire son théâtre, la source de ses maux et de ses dépenses (5). Il ne pouvait plus suffire à la dépense d'un prince de l'empire ni d'un fermier général (6). Il examina sa vie et pleura sincèrement son faste. Il avait reçu plus de quatre

---

(1) Lettre au duc de Richelieu, du 1er mars 1768.
(2) Lettre à Mme du Deffant, du 30 mars 1768.
(3) Lettre à Hennin, du 18 mars 1768.
(4) Lettre au duc de Choiseul, du 1er avril 1768.
(5) Lettre à d'Argental, du 22 avril 1768.
(6) Lettre à M..., du 15 avril 1768.

cents Anglais, dont aucun ne s'était souvenu de lui (1). Dès 1765, il avait causé dans sa retraite avec plus de cinq cents personnes, de tout état et de tout pays (2). Quand il n'avait pas un monde prodigieux (3), il comptait cinquante convives (4), quelquefois cent (5) ; une année c'étaient cent bouches par jour (6). En 1762, il donna une représentation extraordinaire ; il ne fut pas sûr du nombre de ses hôtes ; il varie entre deux cents (7) et trois cents (8). Cette erreur nous rappelle que Voltaire nous a trop accoutumés à des exagérations pour que nous ne croyions pas qu'il s'en soit permis sur cet article comme sur tous ceux que nous avons étudiés. Les voyageurs qui ont visité son salon n'ont pu concevoir où il plaçait tant d'étrangers. Cette impossibilité physique de resserrer deux cents personnes dans une pièce qui n'avait que vingt-quatre pieds, ainsi que Voltaire en convient dans sa lettre du 13 août 1768, à Bouret, tranche la question (9). Voltaire lui-même nous autorise à le contredire. En 1760, il avait chez lui le duc de Villars, quand arrivèrent l'intendant de Bourgogne et le fils de l'avocat général Omer de Fleury, accompagné d'un cortège de proconsul. On se trouva cinquante-deux à table ; après le souper, il fallut se

---

(1) Lettre à Mme du Deffant, du 30 mars 1768.
(2) Lettre à la même, du mois de mars 1765.
(3) Lettre à d'Argence de Dirac, du 26 octobre 1761.
(4) Lettre à d'Olivet, du 19 mars 1761.
(5) *Correspondance inédite de Voltaire avec de Brosses*, p. 338.
(6) *Idem*, p. 190.
(7) Lettre à de Bernis, du 25 mars 1762.
(8) Lettre à d'Argental, du 8 mars 1762.
(9) *Lycée français*, t. III, p. 188.

quitter. Les uns couchèrent à Ferney, les autres aux Délices ou à Tourney (1). Quand Voltaire eut remis les Délices, il lui resta moins de pièces à offrir, par conséquent il lui fut plus difficile qu'autrefois de loger, d'héberger deux à trois cents personnes. Chabanon séjourna sept mois à Ferney ; il n'y vit (p. 141) jamais plus de soixante à quatre-vingts spectateurs sortir du spectacle pour souper. Ce chiffre mérite plus de considération que les hyperboles de Voltaire.

Quoi qu'il en soit, Voltaire se plaignait de voir ses affaires toutes délabrées en 1768 ; le 30 mars, il laissa croire à Mme du Deffand que Mme Denis allait à Paris pour presser ses débiteurs et solliciter des arrérages. Grimm (2) lui-même fut la dupe de ses lamentations, et resta persuadé que les bals, les festins, les concerts de Mme Denis avaient amené une grande gêne, qui datait de 1765, époque à laquelle, selon lui, il s'était mangé près de 800,000 livres aux Délices, par suite de la dissipation et du désordre de ladite maman (3). Cette assertion est d'autant plus difficile à admettre, qu'elle est en contradiction avec l'état de la fortune de Voltaire. Nous savons, d'après Wagnière, et nous avons prouvé, par des documents authentiques, que Voltaire doubla ses revenus les vingt dernières années de sa vie, ce qui serait inexplicable avec les prétendues pertes de Grimm, l'ordre que Voltaire mettait dans toutes ses affaires, et le soin qu'il avait de s'occuper de tous les plus petits détails de sa maison. Néanmoins d'autres

---

(1) Lettre à Thieriot, du 19 octobre 1760.
(2) *Correspondance littéraire*, avril 1768. — (3) *Idem*, mars 1765.

philosophes partagèrent l'opinion si invraisemblable de Grimm. Collé voulut connaître la vérité. Mᵉ Delaleu lui dit, en avril 1768, en parlant de Voltaire : « Eh ! comment pourrait-il être ruiné ? il a 80,000 livres de rente viagère, 40,000 de rente en biens-fonds et un portefeuille de 600,000 livres. » Dans sa correspondance antérieure au départ de sa nièce, Voltaire ne témoigne aucune inquiétude sur la rentrée de ses fonds. Il lui était dû une forte somme à Montbéliard ; il la réclama avec ses phrases de rhétorique, et sans laisser supposer qu'elle dût décider de son sort. Il écrit donc, le 8 décembre 1767, à la seigneurie de Montbéliard : « Messieurs, je reçois la lettre dont vous m'honorez du 4 décembre. Permettez-moi d'abord de vous dire que le compte de M. Jean Maire n'est pas juste. Il prétend par votre lettre qu'au 1ᵉʳ octobre dernier on me doit environ 55,700 livres, après déduction faite de 4,500 livres qu'on m'a fait passer en lettres de change sur Lyon, payables au 12 novembre. Or, messieurs, par le compte de MM. Jean Maire et Surleau, du 30 septembre 1767, et par leur compte joint à leur lettre, il m'est dû, d'une part, 61,041 livres, et de l'autre 150 ; le tout faisant 61,191 livres. De ces 61,191 livres, il faut déduire 4,500 livres que j'ai touchées à Lyon à la fin de novembre, sans préjudice de mes droits. Reste 56,191 livres qui me sont dues. Et, à la fin du mois où nous sommes, il me restera dû un quartier, montant à la somme de 15,531 livres. Total au 1ᵉʳ janvier : 72,222 livres. Ajoutez à ce compte, qui est très juste, 900 livres qu'il m'en a coûté, tant à Besançon qu'à Colmar, pour m'opposer aux poursuites illégales de mes cocréanciers, et pour soutenir l'antériorité de mes hypothèques, desquelles 900 livres je produirai l'état. Le tout se monte, au 1ᵉʳ janvier, à 73,122 livres. Voilà, messieurs, sur quoi vous pouvez tabler. Il s'agit donc maintenant de me payer cette somme et de m'assurer le courant. J'entre dans ma soixante-quinzième année, je n'ai pas de temps à perdre, et ce courant ne vous sera pas longtemps à charge. Vous ne pouvez m'envoyer actuellement que 10,000 livres : soit. Ayez donc la bonté d'abord de me les faire envoyer en lettres de change sur Lyon, payables à vue. Vous me promettez 10,000 francs au mois de janvier; très volontiers encore. Donnez-moi donc, messieurs, des délégations acceptées pour le reste, délégations en bonne forme, délégations irrévocables, tant pour ma vie durant que pour celle de mes neveux et nièces, pour ce qui leur appartiendra après ma mort. Cela finira toute discussion. Vous sentez, messieurs, à quel triste état vous m'avez réduit en ne me payant point. Je *dois* actuellement plus de 25,000 livres. Je suis un *père de famille* à la tête d'une grosse maison. *Je ne puis trouver à emprunter, n'ayant que du viager.* Je me flatte que vous ne voudrez pas remplir de tant d'amertume la fin de ma vie. » Cette lettre confirme les jugements de M. Delaleu. Voltaire n'aurait pas été si patient, s'il avait été réduit à la misère. Ce qu'il plaça en 1769 sur le duc de Wurtemberg achève de prouver qu'en 1768 il n'était pas extrêmement malheureux. Aussi Wagnière (p. 269) certifie-t-il que Voltaire ne se servit du prétexte du dérangement de sa fortune que pour sauver l'honneur de Mᵐᵉ Denis, qu'il avait chassée de Ferney.

Une fois installée à Paris, Mme Denis s'occupa de toute autre chose que de courre les débiteurs de son oncle ; celui-ci s'inquiéta encore moins de leur négligence. Dans toutes ses lettres, il se vanta de donner 30,000 livres à sa famille (1). La vérité est qu'il assura une rente de 20,000 livres à Mme Denis. Pouvait-il lui allouer une retraite moins forte? Cela n'est pas probable, car elle lui avait rendu d'immenses services : pendant dix-neuf ans elle lui avait sacrifié ses goûts les plus chers, et peut-être un brillant mariage, en se rendant auprès de lui. Il était convenable que les philosophes, qui l'avaient courtisée dans un château, ne la retrouvassent pas dans la gêne au milieu de la capitale. Voltaire était donc intéressé à ne pas la laisser vivre comme une petite bourgeoise, dans un petit hôtel. Il ne put se passer longtemps d'elle. Aussi, le 11 octobre 1769, les *Mémoires de Bachaumont* annoncèrent-ils qu'elle était retournée à Ferney.

Pendant cette absence, dit Wagnière (p. 270), Voltaire avait détruit quelques abus dans son ménage, et pris la résolution de recevoir moins de monde. Mme Denis fut obligée de s'accoutumer aussi à la retraite. Dès que le théâtre eût été converti en atelier, les Genevois, de plus en plus contenus par les troubles de leur cité, mirent moins d'empressement à hanter Ferney (2) ; les étrangers, n'ayant plus de motif de séjourner, ne firent plus qu'y passer. La passion de Voltaire pour le théâtre finit par se réveiller ; il rouvrit alors à deux battants les portes de son théâtre, suivant Wagnière (p. 88) ; mais

(1) Grimm, *Correspondance littéraire*, avril 1768. — (2) *Idem*.

sa vieillesse et son humeur ne lui permirent que très rarement d'y jouer ou d'y laisser jouer ses pièces. Dès lors 40,000 livres suffirent à toutes ses dépenses. Était-il plus prodigue auparavant? Je ne crois pas; car, dans sa lettre, du 30 mars 1768, à Delaleu, son notaire, il avoue que ses dépenses courantes de chaque mois s'élèvent à 3,000 livres, et qu'il lui faut 36,000 livres pour faire aller sa maison. On peut conclure de ce passage qu'il a dû peu excéder ce budget avant 1768, si jamais il l'a excédé.

Chaque année, les dépenses de Voltaire à Ferney ne passèrent pas 40,000 livres, quoiqu'il en eût 100,000 de rente, lorsqu'il en fit l'acquisition, en 1758.—Ainsi, à Ferney comme à Berlin, à Colmar, à Paris et à Cirey, il ne dépensa jamais tous ses revenus. Avouons que Chaudon (t. II, p. 12) n'avait pas tort de regarder comme l'une des sources de l'augmentation permanente de sa fortune l'économie qui régnait dans son ménage. Dans sa *Correspondance littéraire* (t. II, p. 61), La Harpe émet la même opinion.

« Qu'est-ce que le nécessaire? qu'est-ce que le superflu? J'entends par le nécessaire, disait Buffon, dans son *Essai d'arithmétique morale*, la dépense qu'on est obligé de faire pour vivre comme l'on a toujours vécu; avec ce nécessaire, on peut avoir ses aises et même des plaisirs; mais bientôt l'habitude en a fait des besoins. Ainsi, dans la définition du superflu, je compterai pour rien les plaisirs auxquels nous sommes accoutumés, et je dis que le superflu est la dépense qui peut nous procurer des plaisirs nouveaux. »

On peut regarder comme le nécessaire de Voltaire les

40,000 livres qu'il consacrait à la dépense de sa maison, pour vivre chaque année comme il avait toujours vécu. Il lui restait du superflu. A quoi lui servait-il? Nous savons que chaque année il plaçait de fortes sommes sur l'État et sur de grands seigneurs. Les libéralités ne figurent jamais sur l'état des dépenses d'une maison, puisqu'elles sont prises sur le superflu plutôt que sur le nécessaire. Il s'agit de découvrir si Voltaire n'employait aucune fraction de son superflu à soulager les malheureux. Le chapitre suivant sera consacré à l'*Histoire de ses libéralités*.

A ce mot de libéralité, on présume que Voltaire a dû donner beaucoup, car, toute sa vie, il fut plus accablé de présents que le *directeur de femmes*, selon Boileau. Ses lettres sont comme autant de reçus.

Ainsi : reçu des oignons de tulipe, le 26 avril 1756, de Duverney ; — douze pruniers originaires de Damas et autant de cerisiers de Césaronte, outre des gros gobets, espèce de cerisiers, le 26 février 1758, de Mme d'Epinai ; — des arbres, le 3 novembre 1767, de M. Moreau ; — des noix de bois de cèdre de Sibérie, le 30 mars 1772, de Catherine II.

Voilà pour les terres, voici pour la bouche. Le 6 mars 1759, Voltaire apprend à M. Tronchin qu'il a reçu des œufs de perdrix, de M. de La Vallière. — Le 21 août 1768, il dit à M. Christin, qu'il a reçu des faisans du duc de Mailly.— Reçu des perdrix, le 25 décembre 1765, de M. Desprez de Crassi ; — des perdrix rouges, le 7 mars 1774, de Florian ; — des pâtés farcis de truffes, le 14 janvier 1763, d'Argence de Dirac ; — des saucissons, le 30 mai 1762, de ce dernier, et, le 5 mai 1763, d'Albergati ; — des melons, le 13 septembre 1771, de M. Vasselier ; — des pêches, en 1734, de la comtesse de La Neuville ; — des confitures, le 23 janvier 1733, de Formont ; — deux gros fromages, le 2 novembre 1768, du comte de Rochefort.

Les boissons complètent le service. Reçu du vin, le 5 mai 1763, d'Albergati. — Il y a vin et vin. — Reçu un panier de bouteilles de vin de Champagne, le 18 janvier 1768, du comte de Rochefort. — Reçu du vin de Hongrie, en 1739 et en 1740, de Frédéric II, puis, le 7 juillet 1754, de l'Électeur palatin ; enfin, le 23 octobre 1767, du comte Fekété.

Si Voltaire boit le meilleur thé, le 29 mai 1759, il le doit à la générosité du comte de Schowalow.

Qu'on devine tout ce qu'a dû recevoir Voltaire de ses milliers d'hôtes ou de disciples, puisque, le 31 décembre 1774, il remercie Chabanon de l'attention qu'il a eue de lui envoyer un petit élixir.

CHAPITRE QUATRIÈME

HISTOIRE DES LIBÉRALITÉS DE VOLTAIRE.

I. — *De la bienfaisance au* xviii° *siècle.*

« Par les principes, dit l'auteur d'*Émile*, la philosophie ne peut faire aucun bien que la religion ne le fasse encore mieux, et la religion en fait beaucoup que la philosophie ne saurait faire. »

Quels sont ces principes qui enfantent des résultats si différents? Pour un chrétien, Dieu est le principe, la raison et la fin de toutes choses. Il n'ambitionne point d'autre récompense, quelque bien qu'il fasse; Dieu lui suffit. De là cet oubli de soi-même, cette générosité, cette délicatesse, qui aime à cacher la main qui donne à la main qui reçoit, suivant ces paroles de Jésus-Christ : « Prenez garde de faire vos bonnes œuvres devant les hommes afin d'être vus d'eux; autrement vous n'aurez pas de récompense de votre Père qui est dans les cieux. Lors donc que vous faites l'aumône, ne sonnez pas la trompette devant vous, comme font les hypocrites dans les synagogues et dans les places publiques, pour être honorés des hommes. En vérité, je vous le dis, ils ont reçu leur récompense. Mais, lorsque vous faites l'aumône, que votre main gauche ne sache pas ce que fait votre droite, afin que votre aumône soit dans le secret ; et votre Père, qui voit dans le secret, vous le rendra. » Telle est la charité. Aussi l'auteur d'*Émile* disait-il : « Ne faites pas seulement l'aumône, faites la charité. »

Dans une société où Dieu n'était qu'un mot ou une hypothèse, l'objet d'un sarcasme ou d'un blasphème, on s'empressa de mépriser et de repousser la Charité, qui confondait l'homme avec Dieu ; on lui substitua la *Bienfaisance*, et ce mot du moyen âge, faussement attribué d'abord à Balzac, puis à l'abbé de Saint-Pierre, fit fortune, suivant le marquis d'Argenson. L'homme ne se trouvant plus qu'en présence de l'homme, la source des nobles sentiments se tarit ; la chaîne d'amour et de reconnaissance qui liait le riche avec l'indigent se brisa. De là cette haine des pauvres contre les riches ; de là aussi cette aversion des grands pour les malheureux, dans lesquels ils ne virent plus que de la *canaille*, cette expression favorite de Voltaire, de Rousseau et de tous les philosophes. Repoussés des châteaux et des hôtels, des milliers d'individus grelottaient dans la rue et souffraient tous les maux d'Ugolin ; à aucune époque, il n'en périt davantage de faim ; jamais il n'y eut plus de suicides.

Il était impossible de nier ces faits. C'est alors que la *Bienfaisance* rappela cette maxime de La Rochefoucauld : « Ce qu'on nomme libéralité n'est le plus souvent que la vanité de donner, que nous aimons mieux que ce que nous donnons. » Elle s'ingénia à célébrer les prix, les pensions, les souscriptions, les fondations; elle étala avec ostentation ses registres, ses comptes rendus; elle fit l'éloge de tous ses adeptes. Aucune bonne action n'échappa à ses recherches; prose et vers, les philosophes employaient tout pour qu'aucune aumône n'échappât à l'oubli. C'est pourquoi Linguet s'écriait (page 425 du tome III de ses *Annales*) : « Ces Messieurs ont un autre Évangile que celui des chrétiens. Le leur dit : Quand vous faites un petit bien, prenez des trompettes pour l'annoncer. »

La célébrité étant devenue la fin de la *Bienfaisance*, reste à savoir si les malheureux n'ont pas eu occasion de regretter tous les siècles où avait régné la *Charité*.

Quels sont donc les personnages dont la Bienfaisance a été l'objet des éloges de tous les philosophes? Voyons si leurs libéralités étaient proportionnées à leur fortune.

L'abbé Raynal affecta de laisser des marques de sa munificence dans les villes où il passait. A Lausanne, il fonda trois prix pour trois vieillards pauvres et infirmes. A Lyon, il établit un prix de 600 francs, et un autre de 1,200, dont devait disposer l'Académie, qui l'avait reçu dans son sein. Il donna à l'assemblée provinciale de la Haute-Guienne une rente perpétuelle de 1,200 livres à distribuer entre les cultivateurs et les propriétaires qui auraient le mieux exploité leurs terres. Il dota l'Académie française, l'Académie des inscriptions et belles-lettres et l'Académie des sciences, chacune d'une rente perpétuelle de 1,200 livres destinée à encourager les écrivains distingués. Il remit une autre rente de la même somme à la Société d'agriculture de Paris, pour envoyer de bons modèles d'instruments de labourage dans tous les départements. A Saint-Geniez, il assura des bouillons et des médicaments pour les indigents (1). Pour apprécier ces prix et ces fondations, rappelons-nous que Raynal n'était qu'un escroc, qu'un simoniaque.

Helvétius fit une pension à Sabatier de Castres (2) ; il en assura une de 2,000 livres à Marivaux, et une autre de 3,000 à Bernard-Joseph Saurin. Celui-ci s'étant marié, Helvétius lui remit 60,000 livres à titre de capital de la rente qu'il lui payait, d'après une ancienne gageure (3). Grimm certifie qu'il était bon homme, généreux, noble et bienfaisant, et qu'il donnait beaucoup et continuellement, et de la manière du monde la plus simple et la plus libérale (4). N'oublions pas qu'il n'avait que deux enfants, qu'il avait été maitre d'hôtel de la reine et fermier général, et qu'il laissa à sa mort 4 millions de fortune, suivant les *Mémoires de Bachaumont*, du 4 octobre 1772. Tous les philosophes se sont plu à le glorifier. Malheureusement, dans son *Voyage à Bourbonne*, publié à la suite de ses *Mémoires*, Diderot nous donne ce renseignement : « Mme de Nocé est une voisine d'Helvétius. Elle nous apprit que le philosophe était l'homme du monde le plus malheureux à sa campagne. Il est environné là de voisins et de paysans qui le haïssent.

---

(1) *Biographie universelle*, art. *Raynal*.
(2) Sabatier de Castres, *Les Trois Siècles*, art. *Helvétius*.
(3) La Harpe, *Correspondance littéraire*, t. I, p. 67.
(4) *Correspondance littéraire*, de janvier 1772.

On casse les fenêtres de son château, on ravage la nuit ses possessions, on coupe ses arbres, on abat ses murs, on arrache ses armes des poteaux. Il n'ose aller tirer un lapin sans un cortège qui fasse sa sûreté. Vous me demanderez comment cela s'est fait? Par une jalousie effrénée de la chasse. M. Fagon, son prédécesseur, gardait sa terre avec deux bandoulières et deux fusils. Helvétius en a vingt-quatre avec lesquels il ne saurait garder la sienne. Ces hommes ont un petit bénéfice par chaque braconnier qu'ils arrêtent, et il n'y a sorte de vexations qu'ils ne fassent pour multiplier ce petit bénéfice. Ce sont d'ailleurs autant de braconniers salariés. La lisière de ses bois était peuplée de malheureux retirés dans de pauvres chaumières ; il a fait abattre toutes ces chaumières. Ce sont ces actes de tyrannie réitérés qui lui ont suscité des ennemis de toute espèce, et, comme disait Mme de Nocé, d'autant plus insolents, qu'ils ont découvert que le bon philosophe est pusillanime. Je ne voudrais point de sa belle terre de Voré, à la condition d'y vivre dans des transes perpétuelles. Je ne sais quel avantage il a retiré de sa manière d'administrer sa terre ; mais il y est seul, mais il y est haï, mais il y a peur. » Cette confidence de Diderot aurait dû servir de préface à *Helvétius à Voré*, comédie historique en un acte par J. C. F. Ladoucette, représentée pour la première fois, à Paris, sur le théâtre de Molière, le 7 juillet 1798, et rééditée pour la troisième fois en 1843.

« Fontenelle, remarque Dalembert dans son *Éloge de Mme Geoffrin*, n'avait que les vertus d'une âme froide, des vertus molles et peu actives, qui, pour s'exercer, avaient besoin d'être averties, mais qui n'avaient besoin que de l'être. Mme Geoffrin allait chez lui, et lui peignait avec intérêt et sentiment l'état des malheureux qu'elle voulait soulager. *Ils sont bien à plaindre*, disait le philosophe, et il ajoutait quelques mots sur le malheur de la condition humaine, et puis il parlait d'autre chose. Mme Geoffrin le laissait aller, et quand elle le quittait : « *Donnez-moi*, lui disait-elle, 50 louis pour ces pauvres gens. — Vous avez raison, » disait Fontenelle ; et il allait chercher les 50 louis, les lui donnait et ne lui en reparlait jamais, tout prêt à recommencer le lendemain, pourvu qu'on l'en avertît encore. » Ainsi son ami intime, Brunel, procureur du roi au bailliage de Rouen, ayant besoin d'argent, se rappela que Fontenelle avait amassé une somme de 1,000 écus ; il alla les lui demander. Fontenelle répondit qu'il les avait destinés à un autre usage. Brunel répondit laconiquement : « Envoyez-moi vos 1000 écus, j'en ai besoin. » A ce mot Fontenelle se défit de son trésor. Une autre fois, Beauzée se trouva en province dans une telle pénurie qu'une somme de 600 livres lui était absolument nécessaire. Il s'adressa à Fontenelle, et obtint de lui une lettre de change de la somme qu'il attendait (1). Fontenelle pouvait, sans se gêner, prêter ou donner ces sommes, puisque, suivant Collé (t. II, p. 332), il jouissait de 35,000 livres de revenu dont il dépensait peu ; car, remarque Garat (t. I, p. 110), sa maison se bornait à peu près à sa chambre à coucher et à son cabinet de travail, et il soupait tous les soirs

---

(1) *Éloge de Fontenelle*, par de Fouchy.

en ville. On lui reproche d'avoir laissé les descendants de Corneille dans la misère.

Pareillement Montesquieu ne mangeait jamais chez lui et n'avait que deux mauvais chevaux de carrosse à Paris, quoiqu'il jouît de 60,000 livres de rente (1). Il passa la plus grande partie de sa vie dans son château, où il recevait peu de monde. Il augmenta son bien, et s'efforça de rendre ses vassaux heureux, comme il l'avoue. Mais comme il ne *dépensa pas 4 louis par air*, on s'abstint de le prôner. Dès qu'on sut qu'il avait brisé les fers d'un père de famille retenu captif sur une terre étrangère, on lui assigna une place distinguée parmi les hommes bienfaisants. Sa générosité et sa discrétion devinrent le sujet de deux comédies : l'une, de Mme de Montesson fut vivement applaudie sur le théâtre du duc d'Orléans ; l'autre de M. Pilles (2), ne rencontra pas les mêmes encouragements auprès d'un public moins enthousiasmé pour une action qui ne lui parut ni héroïque, ni digne de l'apothéose de la scène. Je suis persuadé que Montesquieu aurait été de l'avis de ce parterre, et qu'il eût rougi de la *décadence d'admiration* des grands au récit d'un si faible sacrifice de sa fortune.

On a loué aussi la générosité de Mme de Tencin. Elle donnait d'excellents soupers aux hommes de lettres, qu'elle appelait ses *bêtes*. Elle leur imposa une livrée. Chaque année elle leur offrait comme étrennes un coupon de velours noir pour en faire une culotte. On a

---

(1) Soulavie, *Pièces inédites sur les règnes de Louis XIV et Louis XV* 1809. In-8°, t. II, p. 328.

(2) Grimm, *Correspondance littéraire*, de janvier 1784.

calculé qu'elle a dû distribuer environ quatre mille culottes. Malgré cette attention pour les philosophes, elle laissa dans la misère son fils Dalembert (1), et en mourant elle ne légua rien à son neveu d'Argental, qui n'était pas à son aise, suivant Collé (t. I, p. 136). N'oublions pas que c'est à un assassinat qu'elle fut redevable d'une partie de sa fortune.

Mme de Tencin morte, ce fut chez Mme Geoffrin qu'affluèrent les philosophes et les artistes. Pendant trente ans, elle leur donna d'excellents dîners chaque semaine. Aussi fut-elle prônée par Thomas, par Morellet et par Dalembert. Malheureusement leurs éloges nous apprennent le peu de cas que nous devons faire de son mérite. Si elle acheta des tableaux, il est permis de croire que ce n'était que pour plaire aux artistes, puisque Thomas remarque qu'elle passa le rabot sur les sculptures de son appartement. Ses panégyristes conviennent qu'elle n'avait point d'instruction ni de goût pour la lecture. Il fallait qu'elle eût bien peu d'esprit pour que La Harpe (2) eût noté qu'il ne lui échappa jamais un mot remarquable, à une époque où il n'y avait pas un suisse, un exempt de police, une femme de chambre, un laquais, un manant, un mendiant, un négociant, un colporteur, dont les journaux ne conservassent de spirituelles reparties. Cependant elle avait la passion de la célébrité ; elle l'obtint, grâce à sa bonne table. Elle comprit qu'elle devait s'attacher des parasites. De là son attention à offrir à celui-ci une pendule, à celui-là

---

(1) La Harpe, *Correspondance littéraire*, t. IV, p. 176.
(2) *Ibidem*, t. I, p. 277.

un bureau, et à un autre un meuble utile. Elle voulut avoir sa liste de pensionnaires. Elle profita d'un moment où Thomas était malade pour le forcer d'accepter une rente viagère de 1,200 livres. Plus tard, elle lui remit une somme de 6,000 livres. Vers 1760, elle constitua une rente viagère de 600 livres en faveur de Dalembert ; à sa mort elle lui en laissa une autre de 1,800. Un jour elle dit à Morellet : « Donnez-moi votre nom et votre extrait de baptême, et passez demain chez mon notaire, vous en retirerez un contrat. J'ai placé 1,500 livres sur votre tête, n'en dites rien à personne, et ne m'en remerciez pas. » Et Morellet de conclure qu'elle était aussi simple que bienfaisante. Il est impossible de lui refuser la qualité de la simplicité, car elle l'étalait avec trop de faste. Témoin ces jetons qu'elle distribuait à ses amis pour leur rappeler que *l'économie est la mère de la libéralité*, et cette maxime orientale : *Si tu fais du bien, jette-le dans la mer ; et si les poissons l'avalent Dieu s'en souviendra*, qu'elle avait encadrée. Elle dédaigna de s'affubler de riches fourrures que lui avait envoyées l'impératrice de Russie ; elle refusa un portrait orné de diamants que lui présenta un roi, et ne voulut le porter que dépouillé de diamants. Elle répugnait à recevoir des présents ; mais elle aimait à en accabler tout son entourage. Il n'est pas jusqu'à sa laitière à qui elle ne crût devoir deux vaches pour la dédommager d'une vache que cette pauvre femme avait perdue. Mais quand on a lu les *Éloges* de Thomas, de Morellet et de Dalembert, et qu'on vient à parcourir d'autres écrits plus sincères, on est tenté de penser que beaucoup de ces libéralités étaient des spéculations, des moyens de célébrité. Sans ses dîners, qui se souviendrait de Mme Geoffrin? Elle avait quarante mille livres de rente, au dire de La Harpe ; a-t-elle usé de sa fortune de façon à mériter d'être mise au rang des femmes dont les indigents ne perdent jamais le nom? Il est certain qu'elle connut des premières la misère des descendants de Corneille, et qu'elle ne songea à les secourir que quand la mode fut venue de les enrichir. Le marquis d'Argenson (p. 439) était persuadé qu'elle ne tint table d'hôte que pour se faire une brillante réputation en vivant avec ceux ou celles qui avaient la réputation d'avoir le plus d'esprit et de connaissances. Marmontel (l. VI) pensait de même et ajoutait : « Elle était bonne, mais peu sensible ; bienfaisante, mais sans aucun des charmes de la bienveillance ; impatiente de secourir les malheureux, mais sans les voir, de peur d'en être émue ; inquiète en servant ses amis, dans la crainte de compromettre ou son crédit ou son repos. Simple dans ses goûts, dans ses vêtements, dans ses meubles, mais recherchée dans sa simplicité, ayant jusqu'au raffinement les délicatesses du luxe. Modeste dans son air, dans son maintien, dans ses manières, mais avec un fonds de fierté et même un peu de vaine gloire. Rien ne la flattait plus que son commerce avec les grands. » Dans ses lettres, du 15 et du 25 décembre 1754 et du mois de janvier 1755, à l'abbé de Guasco, Montesquieu nous apprend qu'il résolut de rompre entièrement avec elle, parce qu'il s'aperçut qu'elle n'était qu'une femmelette capricieuse, acariâtre, capable de méchanceté et de noirceur, et de procédés malhonnêtes, n'en imposant qu'à des âmes viles, qu'à des caillettes et qu'à de petits esprits rampants et subalternes. Après de pareils témoignages, il est permis de réduire à leur juste valeur les hyperboles de l'enthousiasme de coterie.

Une grande leçon de générosité et de délicatesse avait été donnée à tous ces fanfarons de fondations de prix, de rentes viagères, de cadeaux annuels destinés à rappeler chaque année au monde le nom du bienfaiteur plutôt qu'à secourir l'indigence et le malheur. C'était en 1750. Piron reçoit une rente viagère de six cents livres. « Il ne sait à qui s'en prendre, raconte Collé (t. I, p. 287); le bienfaiteur se cache. Mlle Quinault, l'ancienne comédienne, lui demanda, il y a quelques mois, son baptistaire, sous le prétexte d'une gageure qu'on avait faite pour savoir son âge ; et ces jours derniers, un notaire lui ayant écrit pour le prier de passer dans son étude, il s'y rendit ; on lui fit signer et accepter ce contrat de 600 livres de rente viagère sur la maison de Condé, et on lui donna vingt-cinq louis pour une année d'avance de ladite rente. Piron, comme on le juge bien, a voulu percer ce mystère ; Mlle Quinault n'a point voulu parler, et même a juré ses grands dieux qu'elle ignorait et ne se doutait pas même de quelle main ce bienfait partait. » Personne ne suivit cet exemple.

Telle était la bienfaisance. La plupart des libéralités n'étaient que des moyens d'attirer l'attention du public, de s'attacher des créatures, de se faire pardonner des escroqueries, de se débarrasser d'importunes demandes. Il n'y eut que quelques personnes qui s'oublièrent complètement lorsqu'elles jetaient quelques louis aux malheureux. Rarement ces aumônes étaient proportionnées à la fortune des bienfaiteurs. Cependant, à aucune époque on ne leur prodigua plus de louanges, on ne parla davantage de vertu, on ne s'attendrit aussi éloquemment sur les maux du genre humain. Ce n'était pas sans raison ; car de belles phrases, de magnifiques prosopopées n'empêchaient point le peuple de mourir de faim à la vue des philosophes dont la débauche et la gourmandise abrégeaient les jours. C'est pourquoi Palissot les peignit dans ces vers :

> Pour moi, je les soupçonne
> D'aimer le genre humain, mais pour n'aimer personne.

Voltaire passait pour le plus opulent des philosophes. Il se disait très riche ; il parlait de son château, de ses terres et de ses vassaux dans ses lettres et ses ouvrages. Il a dû être le plus libéral des hommes de lettres, puisque le devoir de l'aumône est proportionné au superflu des revenus. Sa fortune était, pour ainsi dire, providentielle ; il l'avait gagnée dans des loteries, dans des spéculations dont le succès ne dépendait point de sa volonté ; n'était-ce pas une nouvelle raison pour se mettre plus souvent en relation avec l'indigent ?

Voltaire devait être libéral. Mais pouvait-il l'être ? Ses capitaux étaient placés sûrement sur l'État et sur des princes, des seigneurs et des banquiers. Dans le cas où on négligeait de lui payer ses rentes, il lui suffisait de commander une saisie sur les fermiers de ses débiteurs. A aucune époque il n'a dépensé tous ses revenus ; il avait par conséquent en tout temps des sommes considérables à placer, et dont il pouvait disposer pour suivre les nobles sentiments de son cœur.

Voltaire pouvait donc être libéral, comme il le devait être. L'a-t-il été ?

Ce n'est pas le moins intéressant de ses chapitres du *Siècle de Louis XIV* que celui où Voltaire se complaît à raconter avec quelle largesse et en même temps quelle délicatesse l'auguste monarque récompensait ou encourageait toutes les illustrations de la France et de l'Europe ; ces remarques prouvent que Voltaire n'était point étranger aux nobles sentiments. De même, dans sa *Vie de Molière*, il dit de l'immortel comique : « Il faisait de son bien un usage noble et sage. Molière employait une partie de son revenu en libéralités qui allaient beaucoup plus loin que ce qu'on appelle dans d'autres hommes des charités. Il encourageait par des présents considérables de jeunes auteurs qui marquaient du talent : c'est peut-être à Molière que la France doit Racine. Il engagea le jeune Racine à travailler pour le théâtre. Il lui fit composer la tragédie de *Théagène et Chariclée*, et, quoique cette pièce fût trop faible pour être jouée, il fit présent au jeune auteur de cent louis. » Je n'examinerai pas, avec feu M. Bazin, si ce fait est vraisemblable, et s'il est possible d'admettre que Molière, qui n'eut jamais plus de trente mille livres de rente, eût donné instinctivement et aveuglément une somme de cent louis à un jeune homme qui ne lui avait apporté qu'une pièce médiocre. Si Voltaire n'a pas hésité à raconter cette anecdote, c'est qu'il était persuadé que Molière avait pressenti l'avenir de Racine, et que, par une illumination soudaine, il s'était oublié, et qu'il s'était appauvri pour brusquer l'aurore d'un nouveau génie, en lui fournissant tous les moyens de s'abandonner à son essor. Un encouragement de cette nature était capable de dilater et d'élever le cœur d'un débutant. En attribuant le développement des talents de Racine à la générosité de Molière, Voltaire indiquait le stimulant le plus efficace que devait employer un homme de génie en face de la jeunesse, toujours gênée, sinon pauvre, et par-là même craintive dans les épanchements de ses illusions.

Pourquoi Voltaire augurait-il si bien du génie et de l'âme humaine? Il nous l'apprend. Le 26 août 1736, il écrivait à Frédéric II : « L'amour du genre humain, que j'ai toujours eu dans le cœur, fait mon caractère. » Dans le mois d'octobre 1737, il lui mandait encore : « L'humanité est le principe de toutes mes pensées. » Aussi regardait-il la libéralité comme une grande vertu lorsqu'elle se propose le soulagement des malheureux. Et, pour qu'on ne se méprît point sur le sens de ses paroles, il disait dans son *Dictionnaire philosophique*, à l'article *Générosité* : « Il y a une économie sage et raisonnée, qui devrait toujours régler les hommes dans la dispensation de leurs bienfaits. On fait des générosités à ses amis, des libéralités à ses domestiques, des aumônes aux pauvres. » Reste à savoir si Voltaire a suivi ces préceptes, et si sa conduite nous rappelle ces sentiments que nous avons loués dans l'écrivain.

Conservons le mot de libéralité, et prenons-le dans le sens que lui donnait Voltaire.

Nous ne nous occuperons que de ses libéralités. Dans sa requête en faveur des serfs du mont Jura, Voltaire profitait d'une bonne occasion pour ridiculiser des moines et pour les abandonner au mépris d'une province. Mais dans l'affaire des Calas, des de la Barre, des Sirven, des Martin, des Montbailli, des Lally, il se vengeait des parlements en les abandonnant à l'exécration du public, et s'attirait par-là même l'attention et la bienveillance d'un gouvernement hostile à ces parlements, et la reconnaissance de familles nombreuses. Il lui était facile de cacher sa haine sous la pompe de l'humanité et de la justice : il le fit avec tant d'habileté, tant d'éclat, tant d'ostentation, que l'Europe s'attendrit sur ses mémoires et ne vit en lui que l'avocat de l'infortune. Il retira tant de gloire de la revision de ces procès, qu'il n'est pas téméraire de croire que l'humanité et la justice ne furent pas l'unique mobile de sa conduite et de son éloquence dans ces graves circonstances. S'il eût été réellement dévoré du zèle de la justice, comment expliquer le silence qu'il garda lors de la destruction des Jésuites? Il n'ignorait pas les services qu'ils avaient rendus à la jeunesse, les encouragements qu'ils avaient prodigués à la précocité de certains encyclopédistes, les secours qu'ils avaient maintes fois offerts à plusieurs philosophes, la protection qu'ils lui avaient accordée à lui-même, l'impossibilité de les remplacer, et surtout la fausseté et l'illégalité des motifs allégués pour les chasser de leurs maisons, comme il l'avoue dans le chapitre LXVIII de son *Histoire du Parlement*, et dans le chapitre XXVIII de son *Précis du Siècle de Louis XV.* En les défendant, il eût déplu au roi son seigneur, il eût déplu aux philosophes, il n'eût pas été sûr d'avoir l'opinion publique pour lui. Aussi dédaigna-t-il d'exploiter en leur faveur sa rhétorique des probabilités dont il s'était servi si heureusement pour d'autres.

Il avait en effet déployé une prodigieuse activité dans les procès des Calas, des de la Barre, des Sirven, des Martin, des Montbailli et des Lally. On ne peut l'expliquer que par le besoin de s'immiscer dans toutes les affaires. Il y avait au fond de son âme une telle fermentation d'idées, de projets, de désirs, qu'il lui fallait des occupations pour le distraire de la polémique. L'action lui plaisait encore plus que la discussion et la méditation. Il n'était l'écrivain le plus fécond de son époque que parce qu'il ne pouvait pas en être le personnage le plus actif. Depuis le rôle le plus infâme de l'espion jusqu'aux plus délicates négociations du diplomate, depuis la direction d'un bureau de fermier général jusqu'au portefeuille d'un ministre, il eût tout accepté; tous les dons de son génie, il les eût prostitués au roi qui aurait voulu l'employer. Il avait poussé la flatterie jusqu'à la bassesse pour obtenir une place à la cour; le gouvernement refusa de se l'attacher. C'était une faute, et une très grande faute; car Voltaire était avant tout l'adulateur le plus fin, le plus souple, le plus gracieux, le plus intarissable. Il était aussi propre à tout. Ce qu'il ne savait pas, il le devinait. Il fut l'homme le plus complet de son siècle, surpassant en universalité et égalant presque en spécialité quiconque osait l'aborder. Souple comme Alcibiade et ferme comme Achille, rusé comme Ulysse et prudent comme Nestor, cynique comme Diogène et sage comme Socrate, dialecticien comme Démosthènes et éloquent comme Cicéron, savant comme Varron et poète comme Virgile, valétudinaire

comme Sénèque et hardi comme Samson, gai comme
Démocrite et mélancolique comme Héraclite, sceptique
comme Bayle et religieux comme Newton, simple comme
Leibnitz et fastueux comme Salluste, vain comme un
Athénien et grave comme un Romain, causant comme
Aspasie et travaillant comme Pline, méditant sans effort
et produisant sans épuisement. On eût dit que les neuf
Muses l'avaient choisi pour leur interprète; nouveau
protée, il a connu toutes les passions et toutes les émo-
tions dont peuvent être susceptibles les fils d'Adam.
Quel que fût le ministère qu'on lui eût confié, seulement
pour vingt-quatre heures, il ne l'aurait pas quitté sans
s'accorder une forte indemnité d'au moins 100,000 livres, et sans gratifier de pensions ses nièces et ses
neveux, ses cousins et ses cousines, ses amis et les amis
de ses amis; mais il eût brillé dans les délibérations du
conseil et il eût indiqué les plus salutaires réformes.
Au ministère de la ville et de la cour, il n'eût pas sur-
chargé de baguettes dorées quelques inutiles palais,
mais il eût multiplié les fontaines, favorisé les établis-
sements du commerce, pourvu à la propreté des rues, à
la sûreté des citoyens. Ministre des affaires étrangères,
il eût rappelé aux souverains la grandeur de sa patrie.
Ministre de la justice, il eût aboli la vénalité des offices,
la multitude des coutumes, établi un code aussi clair
que concis, et exigé que tous les arrêts fussent écrits en
langage intelligible, et les rapports publiés dans une
forme à laisser croire que les robins étaient dispensés
de bredouiller les formules du temps de Hugues Capet
et de Charles V. Ministre de la marine ou de la guerre,
il eût encouragé le mérite, créé une caisse de retraite,

assuré la solde aux militaires, et les eût soustraits à la barbarie et à l'insolence des vivriers. Contrôleur général, il eût vérifié tous les comptes avec la patience de Barème, et se fût appliqué à égaler la recette à la dépense. Aucun abus ne lui aurait échappé nulle part. Si, dans ses Mémoires, il a étonné le monde par la lucidité et la sûreté de son jugement, il a prouvé, par l'administration de sa fortune, qu'il n'était étranger à aucun détail, à aucune minutie, à aucune question pratique, et que sa volonté était aussi énergique, aussi opiniâtre que son sens était exquis. Personne ne reçut peut-être de la nature un génie aussi éminent pour les affaires. En le tenant à l'écart, le gouvernement le réduisit à devenir le plus dangereux et le plus infatigable de ses ennemis. De là ces mots de Voltaire à Dalembert, le 20 avril 1761 : « J'ai vu qu'il n'y avait rien à gagner à être modéré, et que c'est une duperie. Il faut faire la guerre et mourir. »

Repoussé dans ses prétentions, Voltaire, comme toutes les intelligences dévoyées, se jeta à corps perdu dans le camp des mécontents. Il n'y trouva ni honneur, ni délicatesse, ni probité ; du moment qu'il put le morigéner, il se mit à sa tête. Mensonges, calomnies, rien ne lui coûta pour lui plaire. Aussi disait-il, le 19 mars 1761, à d'Argental : « Plus je vieillis, plus je suis hardi. » Il disait encore, le 13 novembre 1773, à Dalembert : « Je deviens plus insolent à mesure que j'avance en âge. » Toutefois il ne négligea aucune occasion de traiter toutes les grandes questions positives qui s'offraient à lui, et il parvint à diriger les débats dans ces procès fameux auxquels il avait su intéresser toute l'Europe. Il brûla de jouer un rôle dans les troubles de Genève, remarque Grimm (1), et sacrifia ses amis véritables et essentiels au parti du peuple, sans autre vue que celle de faire l'homme d'État. Au pays de Gex, raconte le président de Brosses (2), il voulut tout gouverner, tout conduire à sa tête, et se rendre maître de l'administration, entreprenant de chasser les commis rebelles à ses ordres pour les remplacer par d'autres individus plus souples, plus aveugles, plus craintifs; il finit par fatiguer les administrants et les administrés par ses importunes tracasseries. Quel que fût le procès sur lequel un de ses vassaux venait le consulter, il en surveillait les suites depuis son cabinet, et le recommandait partout, à Besançon, à Dijon, voire même jusqu'au conseil du roi. Il n'y avait pas une chicane, une dispute qu'il ne prît à cœur; dans ses moments d'ennui, avoue Chaudon (t. II, p. 152), il se plaisait à dévorer tous les mémoires des avocats. Il n'aimait pas moins à lancer et à pousser tous ceux qui avaient besoin de sa protection. Dès qu'on lui demandait une lettre de recommandation pour la France, comme pour l'Allemagne, la Prusse ou la Russie, il en faisait un coup d'État. Malheur à qui rejetait ses prières! Il écrivait billets sur billets; esprit et éloquence, vers ou prose, il n'épargnait rien dans ses suppliques. Il ne reculait devant aucune démarche, et ne se rebutait jamais. Tant qu'on n'avait pas mis oui au lieu de NON au bas de ses requêtes, il restait le sollici-

---

(1) *Correspondance littéraire*, de mai 1768.
(2) *Correspondance inédite de Voltaire avec de Brosses*, p. 232.

teur le plus sincère, le plus patient. Chassé par la porte, il rentrait par la fenêtre ; si on avait disposé de la place qu'il sollicitait, il fallait lui promettre la première vacante, et surtout ne pas négliger d'en payer les appointements quand on l'avait accordée. La vanité n'a pas toujours été étrangère à ces actes d'humanité. Quelquefois c'était le seul moyen de se débarrasser d'un pesant fardeau, ou bien une spéculation dont le protégé ne s'apercevait que plus tard. Mais il y aurait de l'injustice et de la mauvaise foi à ne pas louer cette perfection de zèle avec laquelle Voltaire mettait sa plume au service de ceux qui recouraient spontanément à lui, et d'autres que des liens d'amitié ou des services réciproques auraient entraînés à lui emprunter de l'argent s'il ne les eût tirés d'embarras en les envoyant mendier ailleurs ce qu'il pouvait et devait, sans se gêner, puiser dans sa propre cassette.

Oui, Voltaire a été obligeant, extrêmement obligeant, et peut-être le plus obligeant des hommes de lettres. Mais il faut convenir aussi que maintes fois il n'a été obligeant que pour se dispenser d'être libéral, et qu'il n'a pas été aussi libéral qu'obligeant. Voyez Harpagon : il change de couleur et perd sa gaieté dès que Frosine parle de quelque petite assistance, de petit secours, d'un peu d'argent. Alors elle s'ingénie à le flatter, à le séduire par les services qu'elle est à même de lui rendre dans une négociation délicate. Elle s'aperçoit de l'effet de ses ruses, elle remarque la joie qu'elle a fait renaître ; elle se hâte de profiter de cet instant de plénitude de cœur pour exposer ses besoins ; aux compliments elle joint les larmes. Hélas ! le ladre reste impassible à toutes ses attaques. Il en est de même de Voltaire dans sa correspondance. Il agrée les louanges, mais il esquive toute prière et change incontinent de thème. Sans doute il était bon, généreux, humain par nature, comme le dit Palissot, et néanmoins, suivant le même Palissot, aucun homme ne mérita moins le nom de philosophe. Pourquoi ? c'est que Voltaire ne suivait pas les mouvements de son âme, qu'il calculait avec toutes ses suggestions, et que de l'écrivain obligeant et délicat, il ne montrait que l'homme intéressé et avare. Aussi a-t-il toujours été accusé d'avarice, malgré ses libéralités.

Les libéralités d'un philosophe sur lequel toute l'Europe abaissait continuellement les regards ne pouvaient rester inconnues. Aussi Grimm (1) se demandait-il : « Quel est l'homme qui peut se vanter d'avoir vécu aussi utilement que M. de Voltaire, pour le bonheur du genre humain ? » Condorcet cite la bienfaisance comme l'un des principaux traits du caractère et de l'âme de Voltaire, et dit qu'on peut le compter parmi le très petit nombre des hommes en qui l'amour de l'humanité a été une véritable passion ; qu'il a existé peu de personnages qui aient honoré leur vie par plus de bonnes actions, et qu'ainsi l'usage qu'il fit de sa fortune aurait dû la lui faire pardonner. Chabanon (p. 161) confesse aussi que « peu d'hommes, dans le cours de leur vie, ont fait autant de bien que Voltaire ; qu'il faut avoir vécu avec lui pour savoir tout celui qu'il opérait, sans faste et sans éclat. » Mais Grimm, Condorcet et Chabanon n'asseoient leur jugement sur aucun fait ; leur témoignage est donc

(1) *Correspondance littéraire*, de mai 1768.

sans autorité. Collini mérite le même reproche : « Voltaire, dit-il (p. 182), était bon et bienfaisant; on sait qu'il obligea de sa bourse et de son crédit des hommes qui avaient écrit contre lui; qu'il secourut et encouragea des gens de lettres qui commençaient leur carrière, et en qui il reconnaissait quelques talents. Rien n'a été moins fondé que le reproche d'avarice que l'on a fait à ce grand homme. » Puis Collini oublie la question et la laisse en litige, et se contente de reconnaître (p. 184) que « Voltaire avait l'art de jouir et d'augmenter sa fortune. » Cette conclusion n'était point une réponse à la calomnie qui avait poursuivi Voltaire. Luchet rappelle (t. II, p. 144) qu'on revenait sans cesse sur son avarice; mais il n'est pas meilleur logicien que Collini, et ne nous donne que des boutades de rhétorique, au lieu d'anecdotes qu'on aurait été transporté de recueillir. Duvernet cite un Lefèvre, un Le Maire, un Linant, un Mouhy, un M. Pitot, un Baculard d'Arnaud, comme ayant été comblés de biens par Voltaire, et il s'écrie : « Voilà l'homme généreux, le philosophe humain que de crasseux libellistes ont pendant soixante ans accusé d'une avarice sordide. » Depuis la première édition de sa *Vie de Voltaire*, en 1786, jusqu'en 1796, il fréquenta Longchamp et Wagnière, et interrogea tous ceux qui avaient vécu dans l'intimité de son héros. Il se proposait d'entrer dans des détails qui tourneraient à la gloire de ce dernier. Ses longues et pénibles élucubrations n'aboutirent à rien, puisque, sauf quelques coups de ciseaux qu'il donna aux manuscrits de Lonchamp et de Wagnière, il n'enrichit sa biographie d'aucune particularité nouvelle. Cette stérilité permet de supposer qu'il ne moissonna rien, parce que Voltaire n'avait rien semé. Car si Voltaire avait été réellement bienfaisant, ses amis n'auraient pas manqué de publier ses aumônes, puisque depuis 1734 ils étaient mis en demeure de le faire. En vain ses ennemis répétaient qu'un fait se prouve et ne se présume pas, ses amis persistaient à regarder comme prouvé ce qui n'avait jamais été prouvé. De sorte que M. Berville écrivit dans la *Galerie française*, à l'article Voltaire, que « nul homme n'a fait plus de bien sur la terre que Voltaire, que jamais il ne refusa un service qui fût en son pouvoir, et qu'il fit le plus digne usage de sa fortune. »

Des phrases, encore des phrases et toujours des phrases; voilà tout ce que les amis de Voltaire nous fournissent pour l'histoire des libéralités de Voltaire. Lepan (p. 101) est le seul qui se soit avisé de réduire en chiffres toutes ces déclamations. Ce calcul ne fut pas favorable à la gloire de Voltaire. La raison n'indique néanmoins aucun autre moyen pour trancher la question. Les libéralités se font au moyen de pièces d'argent ou de choses qui s'estiment à prix d'argent; il faut des nombres, et rien que des nombres, et pas une seule phrase, pour apprécier le mérite d'un bienfait. La quotité donnée une fois connue, grâce aux nombres, rien n'est plus facile que de savoir s'ils sont proportionnés à la fortune du bienfaiteur et au besoin de l'indigent.

Recourons donc aux chiffres, et voyons si l'arithmétique fournira des armes contre Voltaire. Prenons ses libéralités telles qu'elles nous sont transmises. Quand on veut s'assurer qu'une multiplication est juste, on en fait la preuve par la division. C'est en examinant chacune des libéralités de Voltaire que nous parviendrons à savoir si leur total dépose en sa faveur ou tend à flétrir sa mémoire.

« On a fait plusieurs fois à M. de Voltaire, remarque Wagnière (p. 48), le reproche de lésine et d'avarice. Cela est cependant un peu contradictoire avec ses libéralités. » Wagnière se trompe. Il n'y a point de caractère absolu et qui n'offre aucune nuance. La hyène ne caresse-t-elle pas aussi ses petits, et ne les presse-t-elle pas contre ses mamelles avec autant d'empressement que le font d'autres bêtes moins féroces et moins cruelles? Le lion ne rugit pas toujours; la chenille ne respecte-t-elle pas quelquefois la fleur qui vient de s'épanouir au rayon du soleil? quelques libéralités ne suffiraient pas pour prouver que Voltaire fut injustement accusé d'avarice. Il se disait très riche, c'était une raison pour qu'on s'adressât à lui dans le besoin. Celui qui n'a rien frappe à la porte de celui qui possède; et quand il a faim, qu'il manque de vêtements pour se couvrir, de bois pour se chauffer, d'argent pour payer son loyer, le riche ne peut pas se défaire de lui avec des phrases, des compliments de condoléance; il est forcé de puiser dans sa bourse pour se débarrasser des importunités du solliciteur. Vous ne trouverez peut-être aucun homme qui n'ait fait l'aumône dans de pareilles circonstances. L'avarice ne consiste pas alors à ne pas donner, mais à donner le moins possible, à marchander avec les nécessités de l'indigence, à donner de mauvaise humeur, à craindre de trop donner, et à croire avoir beaucoup donné, à croire avoir donné ce qu'on s'est laissé arracher, ce qu'on a tâché, par mille prétextes, mille détours, mille défaites, mille mensonges, de ne pas lâcher d'une main rapace. Ce serait une chose singulière, si, dans une vie de quatre-vingt-quatre ans passés dans des châteaux, et dans l'administration d'une fortune aussi considérable, Voltaire était parvenu à se soustraire perpétuellement à toute occasion de délier les cordons de sa bourse en faveur des malheureux.

Comment s'exécutait-il dans ces fatales circonstances? Comme toute action d'humanité mérite un éloge, il paraîtra peut-être infâme aux yeux de quelques personnes de s'appesantir sur les libéralités de Voltaire, de les étudier dans leur principe, et de les juger avec sévérité. Ce rôle n'est ni sublime, ni consolant; mais l'historien consciencieux est forcé d'immoler ses répugnances pour rendre à la vérité l'hommage que lui doit tout homme qui prend la plume. La Baumelle pouvait se dispenser d'examiner chacun des vers de *la Henriade*. Pour nous, il ne nous est pas permis d'accepter aveuglément tous les témoignages favorables ou défavorables à la mémoire de Voltaire.

Afin de mettre le lecteur en état de juger lui-même des sentiments de Voltaire, nous allons consacrer un article à toutes les classes de la société, et à toutes les personnes que Voltaire se flattait d'avoir accablées de bienfaits ou que ses amis ont mises au rang de ses obligés.

II. — *Voltaire et sa famille.*

« Je me suis trouvé père de famille, sans avoir d'enfants, » écrivait Voltaire au roi de Prusse, le 10 novembre 1749. Il se flatta de donner à ses parents des témoignages de sa tendresse. De là ce mot, du 3 mars 1769, à Mme de Saint-Julien : « Né presque sans bien, j'ai trouvé moyen d'être utile à ma famille. »

De quoi se composait sa famille?

C'était d'abord un arrière-cousin maternel, du nom de Daumart. Le 31 mai 1757, Voltaire mandait à Mme de Fontaine : « Vous saurez que Mme Denis était chargée d'envoyer 300 livres à Daumart. Je vous prie de lui dire que je lui donnerai 300 livres tous les ans, à commencer à la Saint-Jean prochaine. Je vous enverrai un mandat à cet effet sur M. Delaleu, ou vous pourrez avancer cet argent sur les revenus du pupille, et sur la rente qu'il me fait : cela est à votre choix. J'ignore ce qui convient au jeune Daumart; je sais seulement que 100 écus lui conviendront. Trouvez bon que je m'en tienne à cette disposition que j'avais déjà faite. Mme Denis embellit tellement le lac de Genève, qu'il reste peu de chose pour les arrière-cousins. » Plus tard Voltaire recueillit chez lui le jeune Daumart pour le faire traiter par Tronchin, qui le rendit boiteux (1), et si boiteux, que le pauvre boiteux était le plus déterminé des boiteux de la province. Malgré cela il ne laissait pas de tuer, en clopinant, tous les renards et les cormorans qu'il rencontrait (2). Voltaire crut devoir l'envoyer aux eaux, pour le guérir d'un rhumatisme qui ressemblait à une sciatique : les eaux n'eurent aucune vertu sur le voyageur; Voltaire inquiet s'adressa à un chirurgien-major

---

(1) Lettre à Mme de Fontaine, du 15 avril 1759.
(2) Lettre à la même, du 5 mai 1759.

des gendarmes du roi et lui exposa l'état de son parent (1). Ce médecin, pas plus que Tronchin, ne rétablit Daumart, dont la vie devint pire que la mort (2). Il passa des années entières couché sur le dos, toujours suppurant, sans pouvoir se remuer, au point qu'il fallait lui présenter à manger comme à un enfant (3). Il mourut au château de Ferney. Mais Voltaire avait profité de sa présence pour l'amener à signer une lettre à l'archevêque d'Auch, dans laquelle Voltaire était comblé d'éloges (4).

Sur le *Livret de Voltaire*, nous avons remarqué ces mots : « 3,600 livres à mes neveux. » Cette pension de 3,600 livres que Voltaire prélevait sur ses revenus de 1775 pour ses neveux, n'avait pas toujours été aussi considérable. Le 30 mars 1768, il mandait à M. Delaleu qu'au lieu de 1,200 livres qu'avait touchées jusqu'alors M. d'Hornoy, il aurait désormais une aubaine de 1,800, et qu'il serait aussi favorisé que l'abbé Mignot qui recevait depuis longtemps une rente de cette dernière somme. Mais Voltaire ne payait pas régulièrement ces deux pensions, il profitait du dérangement de ses affaires pour accumuler des arrérages et laisser attendre ses neveux.

C'est pourquoi, le 18 janvier 1777, il disait à M° Dutertre : « Il faudra que mes neveux attendent comme moi le débrouillement de mes affaires, et qu'ils ne soient payés qu'à la fin de 1778 de la petite pension qu'ils ont bien voulu accepter. Ils recevront alors deux années, et

---

(1) Lettre à Bagieu, du 11 janvier 1761.
(2) Lettre à Mme de Fontaine, du 27 février 1761.
(3) Lettre à Mme de Florian, du 28 janvier 1763.
(4) *Œuvres de Voltaire*, t. LXI, p. 456.

si je meurs dans l'intervalle, ils trouveront dans ma succession de quoi se dédommager. »

Ces gratifications n'étaient pas tout à fait aussi méritoires qu'on serait tenté de le croire. L'abbé Mignot, fils de Pierre-François Mignot, marié à Marie Arouet, était, depuis 1750, conseiller au parlement de Paris. M. de Dompierre d'Hornoy, fils de Mme de Fontaine, n'eut le même titre qu'en 1763. Voltaire ne cessa de leur recommander tous les procès qu'il eut à soutenir à Paris, toutes les affaires qui ressortissaient au parlement dont ils faisaient partie. Tous les services, toutes les démarches qu'il pouvait attendre de leur zèle, de leur position, il les demanda. Il exploita surtout la jeunesse de M. d'Hornoy. Il l'apostrophait ainsi dans une lettre, du 5 mai 1759, à Mme de Fontaine : « Je n'oublierai point les offres que vous me faites d'être quelquefois à Paris mon ambassadeur auprès des puissances nommées banquiers, notaires ou procureurs de parlement. » Le 11 juin 1761, il écrivait à Mme de Fontaine : « Je vous exhorte à vous faire raison des Bernard. Si vous pouviez tirer quelque chose de la banqueroute de ce faquin de Samuel, fils de Samuel, maître des requêtes, surintendant de la maison de la reine, et banqueroutier frauduleux, ce serait une bonne affaire pour la famille. Il faudrait charger d'Hornoy de cette affaire quand il aura fait son droit, et qu'il aura emporté vigoureusement ses licences : il prendra des conseils de son oncle l'abbé, et il n'est pas douteux qu'alors il ne triomphe. » Plus tard, le 20 novembre 1774, il félicita M. d'Hornoy d'être devenu un très bon rapporteur. Le 14 auguste 1763, il le chargea d'une commission très importante. Il finit par faire de lui un

Moussinot II. C'est ce qu'attestent toutes les lettres, encore inédites, qu'il lui envoyait.

Voltaire avait aussi deux nièces, sœurs de l'abbé Mignot. L'aînée se nommait Marie-Louise, et l'autre Marie-Élisabeth. Suivant sa lettre, du 4 novembre 1738, à Moussinot, Voltaire pensait qu'elles auraient 350,000 livres à partager avec leur frère, après la mort de leurs parents. Il s'attacha particulièrement à l'aînée, et ne négligea rien pour lui plaire. Le 4 janvier 1738, il mandait à Moussinot : « Je vous prie instamment d'aller voir Mlle Mignot l'aînée, de lui donner le sac de 1,000 livres, lui demandant bien pardon de ma grossièreté, et lui disant qu'il y en a 400 pour la cadette. » A cette cadette il eut volontiers donné pour mari quelque bon gros robin; mais pour l'aînée, il songea à un jeune homme de condition, et pressa beaucoup la conclusion de ce mariage, comme il le mandait, le 6 décembre 1737, à Thieriot. Il espérait les établir dans le voisinage de Cirey. Le 21 décembre 1737, il disait à Thieriot : « Je connais mieux la cadette que l'aînée, mais quand il s'agira d'établir cette cadette, je ferai tout ce qui sera en mon pouvoir. Au bout du compte, je n'ai de famille qu'elles; je serai très aise de me les attacher. Il faut songer qu'on devient vieux, infirme, et qu'alors il est doux de retrouver des parents attachés par la reconnaissance. Si elles se marient à des bourgeois de Paris, serviteur très humble ! elles seront perdues pour moi. » Mais, le 23 suivant, Voltaire apprenait à Thieriot que Marie-Louise refusa sa main au campagnard qu'on lui proposait avec la perspective de 8,000 livres de rente au moins. L'oncle se résigna et attendit. Bientôt un M. de La Rochemondière, conseiller auditeur à la Chambre des comptes, se présenta. « Si je peux faciliter le mariage, avouait Voltaire, le 7 février 1739, à Thieriot, en assurant 25,000 livres, je suis tout prêt ; et s'il en veut 30, j'en assurerai 30 ; mais, pour de l'argent comptant, il faut qu'il soit assez philosophe pour se contenter du sien, et de 20,000 écus que ma nièce lui apportera. Je me suis cru, en dernier lieu, dans la nécessité de prêter tout ce dont je pouvais disposer. Le prêt est très assuré, le temps du payement ne l'est pas ; ainsi je ne peux m'engager à rien donner actuellement par un contrat. Mais ma nièce doit regarder mes sentiments pour elle comme quelque chose d'aussi sûr qu'un contrat par-devant notaire. J'aurais bien mauvaise opinion de celui qui la recherche si un présent de noce de plus ou de moins qu'il doit laisser à ma discrétion, pouvait empêcher le mariage. C'est une chose que je ne peux soupçonner. Je ferai à peu près pour la cadette ce que je fais pour l'aînée. » Cette dernière finit par épouser M. Denis, et alla s'établir à Lille. De là cette confidence de Voltaire à Thieriot, le 8 mars 1738 : « Je l'eusse mieux aimée à Paris ou dans mon voisinage. Elle épouse du moins un homme dont tout le monde m'écrit du bien. Elle sera heureuse partout où elle sera. Si vous avez un peu d'amitié pour la cadette, recommandez-lui de faire comme son aînée ; je ne dis pas de s'en aller en province, mais de choisir un honnête homme, quelque garçon de mérite avec qui je pusse vivre. Je ne veux point laisser mon bien à un sot. Je lui donnerai à peu près autant qu'à son aînée. » Le 5 juin suivant, Voltaire racontait les noces de cette cadette prédestinée à venir manger à Paris un bien honnête avec M. de Fontaine, qu'elle avait choisi pour chère moitié. Il lui assurait une dot de 25,000 livres. Comme Arouet était intervenu dans ces contrats, Voltaire chargea Thieriot, le 22 et le 28 mars, de demander pour quelle somme il s'y était engagé. Suivant Mme de Graffigny (p. 13), Voltaire avait d'abord eu l'intention d'accorder 80,000 livres et de la vaisselle d'argent de la valeur de 12,000 à sa nièce de prédilection, mais il se réduisit à 30,000 livres. A cette occasion Mme du Chastelet disait (1) : « Je ne trouve point le présent de M. Arouet vilain, pour un présent. M. de Voltaire a doté sa nièce; cela est tout différent et n'est pas commun. J'aurais bien voulu, quand je me suis mariée, que chacun de mes oncles et de mes tantes m'eussent fait un aussi beau présent que celui de M. Arouet. »

Il résulte de sa correspondance que Voltaire ne fit que constituer une rente en faveur de ses nièces, sans leur en abandonner le capital. Ce ne fut pas la seule fois qu'il se flatta de les avoir enrichies. Le 14 septembre 1762, il disait à d'Argental : « J'avais des rentes viagères et de l'argent comptant. Je me suis défait de ce dernier embarras, en assurant à Mme Denis 16,000 livres de rente; j'en ai donné 3 à Mme de Fontaine. » Mais elles ne devaient en jouir qu'après sa mort. Mme de Fontaine, étant décédée avant lui, ne reçut donc de lui que sa dot. Elle lui rendit de grands services. Elle ne reculait ni devant les frais, ni devant les fatigues du voyage pour le visiter. Nous savons qu'elle était chargée de faire ses emplettes de tableaux et de

(1) *Pièces inédites de Voltaire*, p. 271.

meubles, et qu'elle lui envoya beaucoup de pastels. Le 6 septembre 1755, il la priait de payer les copies qu'elle avait commandées de *la Pucelle d'Orléans*, suivant l'ordre qu'il lui en avait donné.

Dans une lettre, du 10 mai 1738, à Thieriot, Mme Denis (1) disait de son mari, commissaire ordonnateur des guerres : « Mon oncle aime tendrement M. Denis : je n'en suis pas étonnée, car il est fort aimable. Je ne sais s'il m'est permis de parler comme cela d'un mari que l'on aime tendrement : cependant, comme je suis persuadée que l'on peut ouvrir son cœur à ses vrais amis, et que je me flatte que vous voulez bien vous mettre de ce nombre, je vous parle librement de ma situation que je trouve très heureuse. Je me suis liée avec un caractère extrèmement aimable, joint à beaucoup d'esprit; nous avons tous deux les mêmes goûts, nous nous aimons réciproquement, et je ne changerais pas mon sort pour une couronne. Je crois que je m'accommoderais assez de la vie que je mène ici (à Landau); j'y ai une fort bonne maison, et quatre cents officiers à ma disposition, qui sont autant de complaisants, sur lesquels j'en tirerai une douzaine d'aimables qui souperont souvent chez moi. » Elle coula ainsi les jours les plus agréables, s'affranchit de toute gêne, et s'abandonna à la société qui encombrait son salon. Dans ses festins, dans ses soirées, elle se distingua par son affabilité et parvint à charmer tous ceux qui la connaissaient. Elle devint une femme du monde accomplie. Malheureusement la mort de son mari, arrivée en 1744,

---

(1) *Pièces inédites de Voltaire*, p. 289.

la força de diminuer ses dépenses. Elle était trop accoutumée au tourbillon des plaisirs pour ne pas s'ennuyer dans une retraite. Elle était jeune, elle était riche ; elle espéra convoler en secondes noces. En attendant, elle ne perdit aucune occasion de se distraire, suivant les Mémoires et les lettres de tous ceux qui l'ont connue.

De son côté Voltaire perdit Mme du Chastelet. Il avait besoin de quelqu'un pour faire les honneurs de sa maison. Mme Denis lui convenait-elle? Voltaire lui reconnaissait toutes les qualités qu'il désirait de trouver. Aussi, le 2 juin 1757, mandait-il à Thieriot : « Mme Denis a le talent de meubler des maisons et d'y faire bonne chère, ce qui, joint à ses talents de la musique et de la déclamation, compose une nièce qui fait le bonheur de ma vie. » Il ne parla plus d'elle qu'avec tendresse. Le 10 mai 1764, il écrivait à Damilaville : « Mme Denis, maîtresse de la maison, me tient lieu de femme. » Dans une autre lettre, du 8 novembre 1766, au même correspondant, il se sert de cette expression : « Ma femme et moi. » Quelquefois il l'appelait maman Denis, comme on le voit dans ses missives, du 14 novembre 1766, à Mme de Florian, et du 15 mars 1768, à M. Hennin. Le président de Brosses, Marmontel, Longchamp, Rousseau, les *Mémoires* de Bachaumont s'accordent à louer la manière dont elle recevait les étangers.

Pour demeurer chez Voltaire, elle avait renoncé à un mariage, elle avait quitté la capitale, ce séjour si agréable pour une femme galante. En accueillant les visiteurs, en leur faisant les honneurs de la table et de la maison, elle épargnait un temps précieux au philosophe, et lui rendait un service dont personne n'aurait pu et peut-être n'aurait voulu se charger. Le soin qu'elle avait de n'offrir que des bals, des soirées, des spectacles et des festins dignes de l'opulence et de la réputation de son oncle, l'exposait journellement au courroux de ce dernier. Il est vrai que boire, manger, causer, folâtrer, danser et s'amuser semblaient être le but de toute son existence. Aucun biographe, ni aucun voyageur ne citent un seul trait de bienfaisance de sa part ; on parle de ses divertissements, mais on garde le silence sur ses bonnes œuvres. Elle ne paraît pas avoir plaidé une seule fois la cause des malheureux auprès du vieillard millionnaire, ni sollicité quelque secours en leur faveur. Elle nourrissait bien ses parasites, mais elle ne s'inquiétait pas de leur sort.

Voltaire eût souhaité de la voir plus économe et plus simple. Il tolérait ce qu'il ne pouvait empêcher. Chaque fois qu'on lui demandait des secours ou qu'il réclamait des arrérages de ses débiteurs, il avait soin de s'oublier, et d'exploiter le nom de Mme Denis. Il s'en servit admirablement comme de la précaution oratoire la plus pathétique pour se débarrasser des emprunteurs insolvables, ou pour faciliter ses rentrées. Il semblait n'être que l'avocat de sa nièce. Quand cette ruse avait réussi, il se gardait bien de lui confier ses capitaux. Sans cesse il comptait avec elle, et lui allouait le budget qu'elle ne devait pas dépasser, quoique ses revenus lui permissent de la laisser faire de plus fortes dépenses. Il se vanta de lui avoir donné la seigneurie de Ferney ; la vérité est qu'il n'acheta ce domaine sous le nom de

Mme Denis, qu'afin de le vendre plus facilement dans le cas où il aurait été obligé de s'expatrier. Il lui assura des rentes, mais dont elle ne jouirait que quand il serait mort. En attendant, il la tenait dans une gêne continuelle. Toute sa générosité à son égard se borna à un entretien honnête.

Le lecteur peut juger maintenant combien Voltaire exagérait, quand il écrivait, le 27 janvier 1769, à Thieriot : « Je me suis dépouillé d'une partie de mes rentes en faveur de mes neveux et de mes nièces. »

FIN DU PREMIER VOLUME.

TABLE DES MATIÈRES

Préface. 1

CHAPITRE PREMIER

Pages.

De quelques lésineries et friponneries de Voltaire. 1

CHAPITRE DEUXIÈME

HISTOIRE DE LA FORTUNE DE VOLTAIRE.

I. Sources de la fortune de Voltaire. 37
II. Accroissement de la fortune de Voltaire. 55
III. Des banqueroutes essuyées par Voltaire. 80
IV. État des revenus de Voltaire en 1778. 90
V. Rapports de Voltaire avec ses débiteurs. 105
VI. Comme quoi Voltaire prêtait à des taux exorbitants. . . 128
VII. Idolâtrie de Voltaire pour les rentes viagères. 131

CHAPITRE TROISIÈME

HISTOIRE DES DÉPENSES DE VOLTAIRE.

I. Régime de Voltaire. 149
II. Voltaire parasite des grands. 177
III. Voltaire chez Mme du Chastelet. 183

		Pages.
IV.	Voltaire à Paris.	196
V.	Voltaire à la cour du roi de Prusse.	200
VI.	Voltaire à la recherche d'une résidence somptueuse au meilleur marché possible.	204
VII.	Voltaire à Monrion et à Lausanne.	215
VIII.	Voltaire aux Délices.	218
IX.	Voltaire comte de Tourney.	231
X.	Voltaire patriarche de Ferney.	254

CHAPITRE QUATRIÈME

HISTOIRE DES LIBÉRALITÉS DE VOLTAIRE.

I.	De la bienfaisance au xviii° siècle.	335
II.	Voltaire et sa famille.	359

www.ingramcontent.com/pod-product-compliance
Lightning Source LLC
Chambersburg PA
CBHW060610170426
43201CB00009B/963